Fórmulas DAX para Power Pivot

Una Guía Simple hacia la Revolución de Excel

Rob Collie

Holy Macro! Books
PO Box 82 Uniontown, OH 44685

Fórmulas DAX para Power Pivot

Autor: Rob Collie

Traductor: Miguel Escobar

Diseño: Tyler Nash

Editor Técnico: Scott Senkeresty

Diseño de portada: Shannon Mattiza 6'4 Productions & Jocelyn Hellyer

Publicado por: Holy Macro! Books, 13386 Judy, Uniontown, OH 44685 USA

Distribuido por: Independent Publishers Group, Chicago, IL

Primera Edición en Inglés: Noviembre 2012

Primera Edición en Español: Abril 2014

ISBN: 978-1-61547-029-7 Print, 978-1-61547-220-8 PDF, 978-1-61547-341-0 ePub, 978-1-61547-120-1 Mobi

Contents

Agradecimientos

Bill Jelen – por el enorme apoyo, ánimo y humor. Nunca podría haber navegado las aguas del comercio de libros sin su ayuda y el trato justo.

David Gainer – por enseñarme la mitad de todo lo valioso que conozco, y enseñarme a confiar en la otra mitad. Tres tiempos de vida no sería suficiente para pagarte. QHD (¿Qué Haría Dave?) – el más impactante juego de roles de todos los tiempos :)

Ken Puls – por cristalizar la necesidad de que yo escribiera este libro. Todo está bien con la naturaleza ahora - estamos de nuevo en un estado donde no hay nada de Excel conocido para Rob y desconocido para Ken.

Zeke Koch - por ser tan "insanamente" despierto y sin compromisos (en el buen sentido), y por permitir que algo de eso se me pegue a mí. WWZD era la única instancia del juego "WW" que he jugado.

El fallecido Heikki Kanerva - por tomar un riesgo conmigo, apoyarme, y abogar por mí. Te extrañamos.

David Gonzalez - por animarme a ir a hablar con Heikki.

Jeff Larsson - por ayudarme a sobrevivir (¡apenas!) la campaña de 1997-1999.

David McKinnis – por la gira de dialogo de Opciones de Herramientas para Word97, "un monumento a las espaldas sin espinas de los directores de programas en todo el mundo."

Ben Chamberlain, Malcolm Haar, y Chetan Parulekar - por ayudarme a entender que yo era realmente útil (de referencia, el discurso de aceptación en Sally Field) y ayudar a un chico inseguro a encontrar su primera base.

John Delo – por parchar OLE32 en RAM, la mayor "salvada de palo" en la historia del software. Además de ser un digno adversario, y por tomar el chapuzón como un hombre. (La pistola de agua de champán en los ojos era una defensa hábil, bien jugado).

Jon Sigler - por ser el próximo en línea sacando la cara por mí.

Richard McAniff - por hornos y filetes, y más sabiduría de la que he apreciado en el momento.

Robert Hawking y Juha Niemisto - por pacientemente darle la bienvenida a otro gerente verde de programa a la complejidad de su mundo.

Amir Netz – por enviarme ese correo "deberías venir a ver nuestro nuevo proyecto" en 2006, y por animarme a empezar el blog en 2009.

David Kruglov - por reforzar lo que dijo Amir, y por meterme en esa conferencia de SharePoint.

Maurice Prather – por presentarme a David K, por rescatarnos de gran manera cuando estábamos dejando el pueblo, y por lo general simplemente por ser un gran amigo. Todavía te debo una explicación de largo atraso para algunas cosas.

Donald Farmer, TK Anand, Ariel Netz, Tom Casey, John Hancock – por apoyarme en un momento MUY difícil, y por darme una preciosa ventana de ocho meses durante los cuales he encontrado mi lugar en el mundo.

Donald "Tommy Chong" Farmer, de nuevo – por ser un increíblemente buen deportista tal, y un buen ser humano en todas partes, incluso después de cambiar de equipo.

Kasper de Jonge - por una increíble asistencia transcontinental y de afinidad, por decir cosas buenas de mi juego después de derrotarme, por mudarse a los EE.UU. y hacerse cargo de la silla de Rob Collie en MS (!), por revisar el libro, y por proporcionar algunas imágenes muy necesarias allí al final.

Denny Lee – por apoyo crítico en ocasiones, demasiadas para enumerar. En pocas palabras el hombre, ¿eh?

Marianne Soinski - para enseñarle a un cierto chico de 12 años, alumno de bajo rendimiento, a escribir, a escribir DE VERDAD, y por perdonar (¡por adelantado!) los pecados de escritura que más tarde se comprometerían en estas páginas y en el blog.

El Equipo Sambreel – más tequila por favor.

Lee Graber – wow, hemos recorrido un largo camino desde sentados en la mesa de conferencias mirándonos el uno al otro en confusión.

Howie Dickerman, Marius Dumitru, y Jeffrey Wang – por alinear mis preguntas en los últimos años, incluso (¡especialmente!) cuando eran error del usuario.

Howie Dickerman, nuevamente – también por revisar el libro, en un corto plazo.

Marco Russo y Alberto Ferrari, alias "Los Italianos" – por proporcionar ese nivel de la enseñanza, de ir hasta y más allá de las fronteras de mi comprensión.

David Churchward, Colin Banfield, y David Hager – los all-stars de blog posts invitados. Todos ustedes son demasiado modestos para admitir la extensión de su propia habilidad y contribución.

Dany Hoter y Danny Khen – para un marco verdaderamente pragmático, de mente abierta y humilde de espíritu. Por buscar la entrada en un mundo donde el walkie-talkie de todos se ha quedado atascado en ENVIAR. Realmente se destaca.

Eran Megiddo – por retroactivamente ayudarme a digerir algunas de las verdades más crudas de la vida.

Chad Rothschiller, Eric Vigesaa, Allan Folting, Joe Chirilov – Sonrío cada vez que pienso en ustedes. Amables, inteligentes, ingeniosos monstruos del comercio de software. Todos ustedes me ayudaron más de lo que les ayudé.

Mike Nichols – México.

Greg Harrelson – por empezar la liga de fantasy football en 1996, sin darse cuenta que me llevaría a mi obsesión con Excel.

Joe Bryant – por escribir el artículo que marca tendencias "Valor Con base de Redacción," el cual realmente, REALMENTE me hizo girar en la plena adicción a Excel.

Dennis Wallentin - por excelentes señales de pandillas, por ser un gran ser humano, y por luchar a través.

Dick Moffat - Por abrirme los ojos a la diapositiva en la credibilidad de Excel como plataforma de desarrollo.

Mary Bailey Nail – por capear el aluvión de artillería, por forzarme a descubrir la FMIEEM, y por garantizar que toda lógica de negocio tipo "año tras año" que me encuentre en el futuro se parecerá a un juego de niños.

Dan Wesson – por darle la bienvenida a una "hoja de cálculo con esteroides" en el mundo científico, y por disfrutar de ello. Además, por introducir la palabra "anogenital" en mis conversaciones tecnológicas - el generador de risa mejor garantizado de todos los tiempos.

Jeff "Dr. Synthetic" Wilson – por tu determinación y retroalimentación.

Scott Senkeresty – por pegarse alrededor por muchas fases diferentes de Rob en los últimos dieciséis años o más, y por revisar este libro con más cuidado y con entusiasmo de lo que jamás hubiera esperado de alguien (¡en forma cruda no menos!)

El resto del equipo en Pivotstream - por tener el coraje y la visión para apostar por la granja de Power Pivot hace tres años, y por apoyarme en este proyecto de libro.

Tyler Nash – por procesar pacientemente las interminables rondas de revisiones.

Pandora – el jazz de nadie es más suave que el tuyos.

El equipo de Starbucks en Cedar-Fairmount - por un suministro constante de cafeína e interacción social en los últimos años.

Phoenix Coffee - por inventar el Stuporball. Fuiste la amante del café de la escritura del libro - por favor no le digas a Starbucks.

RJ y Gabby Collie – por estar orgullosos de su padre. Nunca hubiera adivinado lo genial que se sentiría. Además, por ser tan jóvenes reflexivos en general.

Jocelyn Collie – por permanecer cerca durante el movimiento, por aceptar y apreciar a su marido bobo "tal cual", por inspirar mi interruptor de la defensa al ataque, por las mañanas de escuela, y por inspirar mi interruptor de la defensa al ataque, por las mañanas de escuela, y por siempre saber dónde está todo.

Libros de Trabajo y Conjuntos de Datos de Apoyo

Cuando por primera vez me comprometí a escribir el libro, decidí que no iba a intentar un CD complementario o compañero electrónico similar de muestras, conjuntos de datos, etc.

Tomé esa decisión por dos razones:

1. He descubierto que cuando estoy en condiciones de decir algo como "echar un vistazo a los archivos de soporte si esto no es claro", se me ofrece muy fácil una vía de escape. Tratar el libro como un entregable puramente independiente me mantiene disciplinado (o más disciplinado, al menos) para ofrecer explicaciones claras y completas.

2. Materiales complementarios como ése hubieran demorado el lanzamiento del libro y el hecho que sea más caro.

Pero a medida que me acercaba a la terminación del libro me di cuenta de que todavía podía proporcionar algunos de esos materiales de manera informal, descargables desde el blog.

Así que voy a subir la base de datos de Access original que he utilizado como fuente de datos, así como el libro de trabajo mismo desde varios puntos en el tiempo, que avanzaba a través del libro:

http://ppvt.pro/ArchivosDAX

Ten en cuenta que esta será una página "viva" – un lugar donde se puede solicitar aclaraciones sobre los archivos, sugerir mejoras para ellos, etc. Como el tiempo lo permita voy a modificar y mejorar el contenido de la página.

Una Nota sobre Hipervínculos

Te darás cuenta de que todos los hipervínculos en este libro tienen este aspecto:

http://ppvt.pro/<foo>

Donde <foo> es algo que es corto y fácil de escribir. Ejemplo:

http://ppvt.pro/1stBlog

Se trata de un "enlace corto" y tiene la intención de hacerles la vida mucho más fácil a los lectores de la edición impresa. Dicha liga te llevará a la primera entrada del blog que he publicado, que se puso en marcha en octubre de 2009.

Su URL "real" es la siguiente:

http://www.PowerPivotpro.com/2009/10/hello-everybody/

¿Cuál prefieres escribir?

Tan sólo unas pocas notas:

1. **Estos enlaces cortos siempre empezarán con http://ppvt.pro/** – que es la abreviatura de "Power PivotPro," el nombre de mi blog.

1. **¡Estos vínculos distinguen mayúsculas de minúsculas!** Si el enlace en el libro termina en "1stBlog" como arriba, escribir "1stblog" o "1stBLOG" ¡*No* te llevará a la página deseada!

2. **No todos estos enlaces conducirán a mi blog** – algunos te llevarán a los sitios de Microsoft, por ejemplo.

3. **El libro no depende de los siguientes enlaces** – los temas tratados en este libro pretenden ser completos en sí mismos. Los enlaces que se proporcionan son estrictamente opcional, contenido del tipo "más información".

4. **Algunos de estos enlaces solo tienen versiones en habla inglesa**, mientras que este libro fue escrito originalmente para la audiencia del habla inglesa, muchos enlaces tienen una versión en español.

Introducción- Mis Dos Objetivos para este Libro

Fundamentalmente claro está, este libro pretende entrenarte en Power Pivot. Captura las técnicas que he aprendido en tres años de enseñar Power Pivot (en persona y en mi blog), así como su aplicación ampliamente en mi trabajo diario.

Como era de esperar, pues, los contenidos en este documento son muy instructivos - un libro tipo "cómo-hacer" si alguna vez hubo uno.

Pero también quiero que comprendas cómo maximizar el impacto de Power Pivot en tu carrera. No es sólo una mejor forma de hacer las tablas dinámicas. No es sólo una manera de reducir el esfuerzo manual. No es sólo un mejor motor de fórmula.

Aunque trabajé en la primera versión de Power Pivot mientras estaba en Microsoft, no tenía ni idea de lo impactante que sería hasta aproximadamente dos años después de haber dejado la empresa. Tuve que ponerlo a prueba en el mundo real para ver todo su potencial, e incluso entonces me tomó un tiempo para abrumar mi naturaleza escéptica (mi perfil de Twitter ahora me describe como "escéptico convertido a Sumo Sacerdote.")

Ésta **es la rara tecnología que puede (y lo hará) cambiar radicalmente la vida de millones de personas** - Tiene más en común con la invención de la PC que con la invención de, por ejemplo, el reproductor de vídeo (VCR).

El PC puede ser un ejemplo particularmente relevante en realidad. En una prestigiosa escuela secundaria de Seattle a principios de 1970, Bill Gates y Paul Allen descubrieron un amor mutuo por la programación, pero no había gran demanda de programadores en ese punto. Sólo cuando se presentó el primer PC (Altair) estaba allí la oportunidad de obtener beneficios económicos de sus habilidades adecuadamente. Versión corta: fundaron Microsoft y se convirtieron en multimillonarios.

Pero aleja la imagen y verás mucho más. *Miles* de personas se convirtieron en millonarios en Microsoft solos (por desgracia, su servidor se perdió ese barco por un par de años). Además, sin el Altair, no habría habido ningún PC IBM, no Apple, no Mac, no Steve Jobs. No iPod, no iPhone, no Appstore, no Electronic Arts, no Myst, no World of Warcraft. **¡El número de personas que se hizo rico como resultado de la PC absolutamente empequeñece el número de personas que no tenían nada que ver con la invención de la propia PC!**

Creo que Power Pivot ofrece el mismo efecto potencial de generación de riqueza para los usuarios de Excel como el PC ofreció programadores en ciernes como Gates y Allen: sus habilidades innatas siguen siendo las mismas, pero su valor se convierte muchas veces mayor. Antes de profundizar en la materia de instrucciones en los Capítulos 2 y más allá, el Capítulo 1 resumirá el nuevo papel interesante en al mundo cambiante.

Y como muchas cosas en mi vida, la historia comienza con una referencia de una película ☺

1-Una Revolución Construida en Ti

¿Esto suena familiar?

En la película *Fight Club*, El personaje de Edward Norton se refiere a la gente que conoce en los aviones como "amigos de una sola porción" - persona de la cual se hace amigo durante tres horas y nunca vuelve a ver. Tengo una perspectiva única de este fenómeno, gracias a un ejemplo del mundo real que es relevante para este libro.

Una mujer toma su asiento en un vuelo de negocios a través del país y se complace en ver que su compañero de asiento que parece ser un tipo bastante normal. Ellos entablan una conversación amistosa, y cuando se le pregunta qué hace para ganarse la vida, ella brinda la respuesta habitual: "Soy una analista de marketing."

Esa respuesta satisface el 99% de sus amigos de una sola porción, en el que la conversación normalmente se convierte en algo más. Sin embargo, este tipo es la excepción, y hace la temida pregunta de seguimiento: "Oh, ¡estupendo! ¿Qué quiere *decir* eso, en realidad? "

Ella suspira, muy ligeramente, debido a que la respuesta honesta a esta pregunta siempre aburre a muerte. Peor que eso en realidad: a menudo hace que el amigo de una sola porción retroceda un poco, y exprese un sentimiento rozando la pena.

Pero ella es una especie de persona fáctica, por lo que da una respuesta objetiva: "Bien, básicamente, yo trabajo con Excel durante todo el día, creando tablas dinámicas" Ella confía plenamente en que esto es un retroceso en la conversación, un punto en el que ella y su compañero de asiento no comparten un terreno común.

¿Suena conocida la historia de esta mujer? ¿A veces te encuentras en la misma posición?

¡Bueno imagina su sorpresa cuando este particular amigo de una sola porción se convierte realmente **emocionado** después de escuchar su respuesta! Él sonríe - es el punto culminante de su día el conocerla.

Porque, verás, en este vuelo, se sentó a mi lado. Y tengo buenas noticias para personas como ella, que probablemente te incluya a ti :-)

Excel pros: el mundo está cambiando a su favor

Si estás leyendo esto, puedo decir con confianza que el mundo está al borde de un descubrimiento increíble: se trata de darse cuenta de lo inmensamente valioso que eres. En gran parte, este libro está dirigido a ayudar a obtener todos los beneficios disponibles para ti durante esta revolución.

Eso suena probablemente bastante atractivo, pero ¿por qué estoy tan cómodo haciendo declaraciones audaces sobre alguien que nunca he conocido? Bueno, aquí es donde el asunto del amigo de una sola porción se presenta: He conocido **muchas** personas como tú al pasar los años, y para mí, eres mucho 'mi tipo de persona'.

De hecho, durante muchos años, mientras trabajaba en Microsoft, era mi trabajo conocer gente como tú. Yo era un ingeniero del equipo de Excel, y dirigí una gran cantidad de los esfuerzos para diseñar una nueva funcionalidad para los usuarios relativamente avanzados.

Conocer esas personas, y verlos trabajar, era fundamental, así que viajé a encontrarlos. Cuando yo estaba buscando gente que conocer, el único criterio que apliqué fue esto: tienes que usar Excel por diez o más horas por semana.

Encontré gente así (como tú) en todo el mundo, en lugares que van desde bancos masivos en Europa a los cuartos traseros de los concesionarios de automóviles en Portland, Oregon. También hay muchos de ustedes que trabajan en la propia Microsoft, trabajando en diversos roles de finanzas, contabilidad y marketing, y pase mucho tiempo con ellos también (más sobre esto más adelante).

Durante esos años, formé un "perfil" de la hoja de cálculo de estas personas que conocí. Una vez más, a ver si esto te suena familiar.

Atributos de un Excel Pro:

- Obtienen los datos de una o más fuentes.
- Preparan a los datos, a menudo utilizando BUSCARV.

- Se crean entonces tablas dinámicas sobre los datos preparados.

- Algunas veces, ellos subsecuentemente utilizan los datos resultados de las tablas dinámicas, utilizando fórmulas, para producir reportes pulidos. Otras veces, las tablas dinámicas sirven como reportes por si solas.

- Luego comparten los informes con sus colegas, por lo general a través de correo electrónico o al guardarlo en una unidad de red. Pasan al menos la mitad de su tiempo en volver a crear los mismos reportes, actualizados con los últimos datos, de forma recurrente. Al principio, parecía ser una coincidencia que había tanta similitud en la gente que estaba conociendo. Pero con el tiempo se hizo evidente que no se trataba de un accidente. Empezó a parecer más como una ley de la física - un estado inevitable de las cosas. Al igual que el calor y la presión en la corteza terrestre aprovechan el bolsillo ocasional de carbono y lo transforman en un diamante, las demandas del mundo moderno de 'reclutar' cierto tipo de persona y darles la forma de un Excel Pro.

> Además: La mayoría de los Pros de Excel no piensan en sí mismos como Pros: Me parece que la mayoría son bastante modestos acerca de sus habilidades. Sin embargo, tómalo de alguien que ha estudiado el uso de Excel en profundidad: si encajas en los criterios de viñetas más arriba, eres un Excel Pro. Usa la insignia con orgullo.

Incluso puedo poner un estimado de cuántos de ustedes están ahí fuera. En Microsoft solíamos estimar que había 300 millones de usuarios de Excel en todo el mundo. Este número se disputó, y puede estar muy bajo, sobre todo hoy. Es una buena base, nada más. Pero esos eran **todos** los usuarios de Excel - desde el más casual hasta el más experto. Nuestros datos de instrumentación nos mostraron además que sólo el 10% de todos los usuarios de Excel *crean* tablas dinámicas.

'Crear' es una palabra importante aquí – mucho más que el 10% *consume* tablas dinámicas realizadas por los demás, pero sólo el 10% es capaz de crearlas desde cero. *Creación* de tablas dinámicas, entonces, resulta ser un indicador preciso de manera abrumadora sobre si alguien es un Excel Pro. También podríamos llamarlos Pivot Pros.

Puedes sentirte muy solo en tu lugar de trabajo en particular, ya que estadísticamente hablando es bastante rara - ¡menos del 0,5% de la población del mundo tiene tu conjunto de habilidades! Sin embargo, en números absolutos estas **lejos** de ser el único en el mundo - de hecho, eres uno de aproximadamente treinta millones de personas. Si Excel Pros tuvieran conferencias o convenciones, sería todo un espectáculo.

> Yo, también, ajusto a la definición de Excel Pro. No es una casualidad que me encontré atraído por el equipo de Excel después de unos años en Microsoft, y no es casualidad que al final me fui para iniciar un negocio centrado en Excel /Power Pivot (y blog). Aunque he estado utilizando la palabra "ustedes", para describir Excel Pros, estoy tan cómodo con la palabra "nosotros".

Como dije al principio, estoy convencido de que nuestra importancia está a punto de estallar en la conciencia general. Después de todo, ya somos cruciales.

Nuestra Importancia Hoy

Como prueba de lo importante que somos, aquí está otra historia de Microsoft, que raya en la leyenda. El hecho real ocurrió hace unos diez años, y los detalles son confusos, pero en última instancia se trata de ti, de nosotros.

Alguien del equipo de base de datos SQL Server se ha reunido con el CEO de Microsoft Steve Ballmer. Ellos estaban tratando de conseguir su apoyo a una "inteligencia de negocios" (BI) iniciativa dentro de Microsoft - para hacer la propia empresa un banco de pruebas para algunos de los nuevos productos de BI en desarrollo en ese momento. Si Steve apoyaba el proyecto, el equipo de BI tendría un tiempo mucho más fácil ganando terreno dentro de las divisiones de contabilidad y finanzas de Microsoft.

En aquellos días, Microsoft tenía un poco de cultura de "pruébamelo". Era un enfoque común para 'hacerse el tonto' y decir algo como, "Bueno, dime qué es valioso." Que es exactamente el tipo de cosas que Steve le dijo a la gente de BI ese día.

A la que dieron un ejemplo, haciendo una pregunta de esta manera: "Si le preguntásemos cuánto han crecido las ventas de Microsoft Office en América del Sur el año pasado en comparación con lo mucho que creció el año anterior, pero sólo durante la temporada de vacaciones, probablemente no lo sabría."

Steve no estaba impresionado. Él dijo, "Seguro que lo sabría," provocando un silencio incómodo. El equipo de BI **sabía** que él no tenía las herramientas para poder responder esa pregunta – habían hecho su tarea. Pero, ahí estaba uno de los hombres más ricos y poderosos en el mundo diciéndoles lo contrario.

Uno de las personas senior de BI eventualmente solo le pregunto directamente, "Okay, **muéstranos** como harías eso."

Steve rompió en pie en el centro de su oficina y empezó a gritar. Tres personas se apresuraron, y él comenzó a agitar los brazos frenéticamente y bramando órdenes, transmitiendo el desafío y la información que necesitaba. Todo esto ocurrió con un aura de familiaridad - esto era un hecho común, un flujo de trabajo típico de Steve y su equipo.

Esas tres personas desaparecieron luego para producir los resultados requeridos. En Excel, por supuesto.

Excel en el núcleo

Darnos tiempo para aceptarlas: el CEO de la compañía más rica del mundo (¡Y uno de los más avanzados tecnológicamente!) depende en **gran medida** de Excel Pros para que sean sus ojos y oídos de todas las cosas financieras. Sí, estoy seguro de que ahora, muchos años después, tiene una amplia gama de sofisticadas herramientas de BI a su disposición. Sin embargo, estoy igualmente seguro de que su confianza en Excel Pros no ha disminuido en una cantidad significativa.

¿Hay algo especial acerca de Microsoft en este sentido? ¡Por supuesto que no! Esto es cierto en todas partes. No hay excepciones. Incluso en empresas en las que afirmaban haber "ido más allá de las hojas de cálculo", siempre me dijeron, extraoficialmente, que Excel sigue alimentado 90% de las decisiones. (De hecho, un ejecutivo de una gran competidora de Microsoft me dijo recientemente que su división, que produce un producto de BI comercializado como una "mejor" manera de reportar números que Excel, ¡utiliza Excel para **todos** los informes internos!)

Hoy, si una decisión - no importa lo importante que es, o cuán grande es la organización - es informada por los datos, es abrumadoramente probable que los datos estén saliendo de Excel. Los datos podrán ser comunicados en forma impresa o PDF, o incluso a través de diapositivas. Pero se produce en Excel, y por lo tanto por un Excel Pro.

El mensaje es claro: hoy somos un componente indispensable de la era de la información, y si desapareciera, el mundo moderno se detendría durante la noche. Sin embargo, nuestro papel en el desarrollo del mundo es sólo el comienzo.

Tres ingredientes de la revolución

Hay tres razones por la cuales los Excel Pros están a punto de tener una muy buena década.

Primer Ingrediente: explosión de datos

La capacidad cada vez mayor de hardware, junto con la importancia cada vez mayor de la Internet, ha llevado a una explosión verdaderamente sorprendente en la cantidad de datos recogidos, almacenados y transmitidos.

Las estimaciones varían ampliamente, pero en un solo día, el Internet puede transmitir más de mil exabytes de datos. ¡Eso es digno de 180 CD-ROM 'de datos de cada persona en el planeta, en apenas 24 horas!

Sin embargo, no es sólo el volumen de datos que se está expandiendo; el número de fuentes también se está expandiendo. Casi cada clic que hagas en el Internet se registra (de miedo pero cierto). Los medios sociales son ahora "explotados" por la frecuencia con que se menciona un determinado producto, y si se mencionan de manera positiva o negativa. El termostato de su casa puede estar "llamando a casa" a la compañía eléctrica una vez por minuto. Las unidades de GPS en los vehículos de reparto están revisando de manera similar con 'base de operaciones'.

Esta explosión de volumen y variedad es a menudo agrupada bajo el término "Big Data". Unas cuantas personas inteligentes están por delante en esta ola de bombo marcándose a sí mismos como "Profesionales de Big Data". En el momento en que hayas terminado con este libro, tú por derecho puedes tener la tentación de hacer lo mismo.

Hay una razón muy simple de por qué 'Big Data' es igual a "Gran Oportunidad para Excel Pros" Los seres humanos sólo pueden comprender una sola página (como máximo) de información a la vez. Piensa en esto: incluso unos pocos cientos de filas de datos son demasiado grandes para un ser humano mirar y tomar una decisión humana. Debemos resumir los datos - 'críticos' en un menor número de filas (es decir, un informe o reporte) - antes de que podamos digerir.

Por lo tanto "grande" simplemente significa "demasiado grandes para mí para ver a la vez." El mundo es la producción de grandes volúmenes de datos, pero los seres humanos todavía tienen pequeños datos. Si se trata de unos pocos cientos de filas o unos pocos miles de millones, la gente necesita un Excel Pro para reducir el tamaño para el consumo humano. La necesidad de ti sólo está creciendo.

 Para más información sobre Big Data, consulta http://ppvt.pro/SaavyBigData.

Segundo ingrediente: presión económica

El mundo ha estado en una recesión económica desde 2008 y hay pocas señales de ese ceder. En general, esta es una cosa mala. Si se juega bien, sin embargo, puede ser un beneficio para el Excel Pro.

Consideremos, por un momento, la industria de BI. BI esencialmente desempeña el mismo papel que Excel: ofrece información digerible para los tomadores de decisiones. Es más formal, más centralizada y más caro - una función de TI en lugar de una función de Excel Pro - pero llena la misma necesidad básica para información procesable.

Un hecho sorprendente: paradójicamente, el aumento del gasto de BI durante las recesiones, cuando el gasto en prácticamente todo el mundo está cayendo. Este fue el caso durante la caída de las punto-com de 2000 y es cierto hoy otra vez.

¿Por qué sucede esto? En pocas palabras: cuando la presión está encendida, el valor de las decisiones inteligentes se incrementa, al igual que el costo de las malas. Me gustaría explicar de esta manera: cuando el dinero está cayendo del cielo, siendo "inteligente" no es tan valioso. En esos momentos, la persona más valiosa es la única que puede sacar el mayor balde por la ventana. Sin embargo, cuando el dinero fácil deja de fluir, y los márgenes de todo quedan presionados, "inteligente" se convierte una vez más en valioso.

 Conocimientos son la clave

Hasta este punto, he utilizado términos como 'Datos crujidos', 'Reportes', 'Datos Pequeños' e 'Información digerible' para hacer referencia a la salida producida por Excel Pros (y la industria de BI). En última instancia, sin embargo, los tomadores de decisiones necesitan *conocimientos* - necesitan aprender cosas de los datos que les ayuden a mejorar el negocio.

Me gusta usar la palabra "conocimiento" para recordarme a mí mismo que no podemos simplemente crujir datos a ciegas (y suavemente), con la mano que fuera. Tenemos que tener en cuenta que nuestro trabajo es entregar conocimientos, y crear un entorno en el que otros puedan encontrar rápidamente su cuenta. Les animo a pensar en su trabajo de esta manera. Hace una gran diferencia.

A diferencia de gasto BI, el gasto en las hojas de cálculo no se mide - la gente compra Microsoft Office cada pocos años no importa qué, así que no nota un cambio en el "gasto Excel" durante las recesiones. Sospecho, sin embargo, que si de alguna manera podría controlar el número de horas dedicadas a Excel en todo el mundo, veríamos un aumento durante las recesiones, por la misma razón por la que vemos los picos de gasto BI.

Así que la cantidad y variedad de datos que necesitan ser 'crujidos' está explotando, y al mismo tiempo, el valor de negocio de conocimiento es cada vez mayor. Esta es una mezcla potente.

Todo lo que necesita es una chispa para encenderlo. Y vaya tenemos una chispa brillante.

Tercer Ingrediente: Power Pivot

La necesidad del mundo por ideas y conocimiento está llegando a un pico. Al mismo tiempo, la cantidad de datos se está disparando, proporcionando nuevas oportunidades de conocimiento masivo (materia prima para la producción de ideas y conocimiento). ¿Dónde el mundo va a cambiar?

Va a tomar un *ejército* de profesionales altamente calificados para navegar por estas aguas. No todo el mundo está hecho para este trabajo, ya sea - sólo personas que *gustan* de datos van a ser buenos en ello. Ellos también deben recibir capacitación ya - no hay tiempo para aprender, iporque los conocimientos son necesarios ahora!

Creo que se ve hacia dónde voy. **Ese ejército existe hoy en día, y son todos ustedes.** Ya disfrutas de datos, ya eres un pensador analítico calificado, y ya estás capacitado en la herramienta de análisis de datos más flexible del mundo.

Sin embargo, hasta ahora han habido un par de cosas que te detienen:

1. **Ya estás muy ocupado.** Muchos de ustedes están inundados hoy, y por una buena razón. Incluso un informe moderadamente complejo Excel puede requerir cientos de acciones individuales por parte del autor, y la mayoría de las acciones que haya que repetir cuando reciba nuevos datos o de una solicitud levemente diferente de sus consumidores. Nuestro trabajo en Excel es verdaderamente "1% inspiración y 99% transpiración", para usar las famosas palabras de Edison.

2. **La integración de datos de múltiples fuentes es tedioso.** Excel puede ser bastante flexible, pero eso no quiere decir que hace todas las tareas sin esfuerzo. Hacer varias fuentes "jugar bien" juntas en Excel puede absorber enormes trozos de tu tiempo.

3. **Verdaderamente 'Grandes' cantidades de datos no caben en Excel.** Aunque la expansión de capacidad de hojas de un millón de filas (en Excel 2007 y posteriores) no se ocupa de todas las necesidades de hoy en día. En mi trabajo en Pivotstream a veces necesito hacer cálculos en conjuntos de datos de más de 100 millones de filas, e incluso series de 100.000 filas de datos puede llegar a ser excesivamente lento en Excel, en particular cuando los está integrando con otros conjuntos de datos.

4. **Excel tiene un problema de imagen.** Simplemente no recibe una cantidad adecuada de respeto. Para los no iniciados, que se parece mucho a Word y PowerPoint - una aplicación Office que produce documentos. A pesar de que esas mismas personas no pueden empezar a elaborar un informe eficaz en Excel, y depender fundamentalmente de las conocimientos que ofrece, ellos todavía sólo asignan Excel Pros el mismo respeto que alguien que puede escribir una buena carta en Word. Eso puede ser deprimente, pero es tristemente cierto.

La repuesta está aquí

Power Pivot aborda todos estos problemas. De hecho, creo que es justo decir que las elimina completamente. **Tú** eres el ejército que el mundo necesita. Sólo necesitabas una actualización a tu conjunto de herramientas. Power Pivot provee dicha actualización y algo más. Yo diría que probablemente necesitábamos una mejora del 50% de Excel, pero lo que tenemos es más como una actualización de 500%, y esto no es un número que lanzo a la ligera.

 Imagina que el año es 1910, y eres es uno de los primeros pilotos biplano del mundo. Un día en el aeropuerto, alguien aparece mágicamente y te proporciona un nuevo avión de reacción de 2012. Subes dentro y descubres que ¡la cabina ha sido diseñada para imitar la cabina del piloto de tu biplano 1910! Recibes una actualización dramática a tu avión sin tener que volver a aprender a volar desde el principio. Ese es el tipo de "regalo" que ofrece Power Pivot para Excel Pros.

Apuesto a que estás interesado en ver ese nuevo avión jet. Vamos a dar un recorrido.

2- ¿Qué Versión de Power Pivot Deberías de Utilizar?

Tres Versiones Primarias

1. En el momento en que estás leyendo esto, se han producido tres diferentes versiones principales de Power Pivot:
2. **Power Pivot 2008 R2** – Yo simplemente lo llamo "Power Pivot v1." El "2008 R2" se refiere a una versión de SQL Server por sí misma y tiene muy poco sentido para nosotros.
3. **Power Pivot 2012** – como era de esperar yo llamo a esto "Power Pivot v2." De nuevo, el 2012 se refiere a una versión de SQL Server, y de nuevo, no nos importa mucho.
4. **Power Pivot 2013** – que se lanzará con Excel 2013. Probablemente voy a terminar llamando a este "Power Pivot 2013"

Los dos primeros están disponibles en PowerPivot.com, mientras que la tercera se suministra con Excel 2013.

De los tres, estaré utilizando v2 (Power Pivot 2012) en este libro. v2 ofrece muchas mejoras sobre v1, pero hay un número de razones por las cuales 2013 no es ampliamente adoptado aún.

Las diferencias peculiares en la Interfaz de Usuario: v2 vs. 2013

Los conceptos tratados en este libro son 100% aplicables a 2013 a pesar de que las capturas de pantalla y las figuras tienen la apariencia v2.

Las diferencias entre v2 y 2013 son "cosméticas"– Fórmulas y funciones se comportan iguales, por ejemplo. Pero a veces la "cosmética" puede significar "extraño".

Y definitivamente hay algo incómodo con 2013 que tienen que arreglar. En pocas palabras, es más difícil de encontrar y editar las fórmulas en el 2013 que en v1 y v2. He estado en conversaciones con mis antiguos colegas de Microsoft acerca de esto, y lo entienden, pero aún no están preparados para anunciar una solución.

Bueno, conseguí desahogarme. Sigamos :-)

2013 Power Pivot solamente Disponible en la Versión "Pro Plus"

Microsoft realmente me sorprendió en el último momento, al igual que 2013 fue lanzado oficialmente. Se anunció en voz baja que Power Pivot sólo se incluye en la versión "Pro Plus" de Office 2013. Esto no es lo mismo que el "Profesional" - Pro Plus sólo está disponible a través de licencias por volumen o suscripción y no está disponible en ninguna tienda.

Y a diferencia de 2010, no hay ninguna versión de Power Pivot que se puedes descargar para 2013. Si no tienes Pro Plus, simplemente no puedes obtener Power Pivot.

Para más información sobre este problema, consulta http://ppvt.pro/2013ProPlus

¿32-bit o 64-bit?

Cada una de las tres versiones de Power Pivot está disponibles en dos "sabores" - 32-bit y 64-bit. ¿Cuál debo de utilizar?

 En Power Pivot.com, 32-bit se etiqueta "x86" y 64-bit se etiqueta "AMD64."

Si tienes la opción, yo *altamente* recomiendo 64 bits. 64-bit permite trabajar con grandes volúmenes de datos, pero también es más estable durante su uso intensivo, incluso con volúmenes de datos más pequeños. Corro 64 bits en todos mis equipos.

Por ejemplo, tengo 300 millones filas del conjunto de datos que funciona bien en mi computadora portátil con 4 GB de RAM, pero con Power Pivot 32 bits, ninguna cantidad de RAM haría esto posible. (De hecho, no iba a funcionar, incluso si lo reduzco a 20 millones de filas).

Así que si tienes la opción, ve con 64-bit - que ofrece más capacidad y mayor estabilidad. Dicho esto, puede que no tengas ese lujo. Se tiene que coincidir con su elección para su copia de Excel.

¡No se puede ejecutar Power Pivot 64 bits con 32 bits de Excel, o viceversa!

Así que la primera pregunta que debemos responder es si se está ejecutando 32 bits o 64 bits de Excel.

En Excel 2010, se puede encontrar la respuesta aquí, en la página de ayuda

Figura 1 Encontrar si tu versión de Excel es de 32 bits o de 64 bits

Si estás ejecutando 32 bits de Excel, no temas: la mayoría de las personas también. En realidad, no puedo pensar en ninguna razón para ejecutar Office de 64 bits, excepto en sí Power Pivot, por lo que la tendencia de 64 bits en realidad es sólo el comienzo. (¿Quién necesita Outlook de 64 bits, Word y PowerPoint? Nadie).

Algunos complementos de Office sólo funcionan en 32 bits, por lo que vuelve a comprobar antes de decidirte a desinstalar Office de 32 bits y cambiar a 64 bits.

Se requiere Office 2010 o más reciente

No, lamentablemente no se puede ejecutar Power Pivot con Excel 2007 o versiones anteriores.

Había muy buenas razones técnicas para ello, y no fue un intento de Microsoft para obligar a la gente a usar Office 2010. Recuerda, el complemento Power Pivot es libre, y habría sido mejor para Microsoft, también, si Power Pivot trabajase con 2007.

Si eres curioso en cuanto a las razones detrás de la exigencia de "2010 o posterior", véase este post:

http://www.PowerPivotpro.com/2010/12/Power Pivot-for-excel-2007/

Una Nota Sobre Windows XP

En las versiones más recientes de Windows (Vista, Win7 y Win8), la ventana de Power Pivot tiene una cinta al igual que lo hace Excel:

Figura 2 La ventana de Power Pivot tiene una cinta en la mayoría de las versiones de Windows

Sin embargo, en Windows XP, la ventana de Power Pivot ofrece un menú de estilo antiguo y la barra de herramientas:

Figura 3 En Windows XP, la ventana de Power Pivot tiene un menú tradicional y la barra de herramientas

Todas las capturas de pantalla de este manual se han tomado en Windows 8, y por lo tanto muestran la cinta en la ventana de Power Pivot.

Si estás usando Windows XP y deseas una guía de "traducción", Microsoft tiene una aquí:

http://ppvt.pro/XP2Ribbon

3- Aprendiendo Power Pivot con "la Manera de Excel"

Power Pivot es como tener quince años de mejoras de Excel de una sola vez

Power Pivot fue lanzado por primera vez en 2009, pero el desarrollo comenzó *quince* años precedentes a eso, en 1994. En aquel entonces, se llamaba Microsoft SQL Server Analysis Services (SSAS). En realidad, SSAS está muy viva y muy bien como producto hoy - sigue siendo el número 1 en ventas de motor de base de datos analítica en el mundo. SSAS era / es un motor de cálculo de la fuerza industrial para el negocio, pero dirigido a profesionales altamente especializados en TI.

A finales de 2006, un arquitecto de Microsoft, Amir Netz puso en marcha un proyecto de incubación secreto (nombre clave: Géminis) con un objetivo ambicioso: hacer que todo el poder de SSAS esté disponible y comprensible para Excel Pros. Unos meses más tarde, me reclutó para unirse al esfuerzo (él y yo habíamos colaborado antes, cuando yo estaba en el equipo de Excel). Géminis fue puesto en libertad bajo el nombre de Power Pivot en 2009.

 Continuando con la metáfora "biplano y jet", piensa en SSAS como el avión de reacción, y el Proyecto Géminis (Power Pivot) como el esfuerzo de instalar una cabina de estilo Excel y panel de instrumentos para que los Excel Pros puedan hacer la transición.

La conclusión clave para ti es la siguiente: **Power Pivot es un gran producto, mucho más profundo de lo que cabría esperar de algo que apareció hace tan poco en la escena.**

En realidad, esto tiene dos implicaciones muy importantes:

1. **Es muy difícil de agotar las capacidades de Power Pivot.** Su larga tradición significa que se han abordado un número asombroso de necesidades, y esta es una muy buena noticia.

2. **Es muy útil aprender en la secuencia correcta.** Al recorrer la cabina de su nuevo jet, mucho será familiar para ti – la función SUM() se encuentra, también ROUND(), e inclusive nuestro antiguo amigo RAND(). Pero hay nuevas funciones, así, con nombres como FILTER() y EARLIER() y CALCULATE(). Naturalmente, deseas comenzar con las funciones más simples y más útiles, pero es difícil saber cuáles son *esas*.

3. Este segundo punto es muy importante, y vale la pena destacar.

Aprende Power Pivot Como Aprendiste Excel: Comienza Simple y Crece

Cuando fuiste introducido primeramente a Excel (u hojas de cálculo en general), es probable que empezaste simple: Aprender fórmulas aritméticas simples y la sintaxis de referencia de estilo "A1". No bucear en cosas como las tablas dinámicas hasta más tarde. (De hecho, las tablas pivote ni siquiera existían en las primeras versiones de Excel).

Figura 4 Una representación aproximada de la típica curva de aprendizaje de Excel

Empezaste con las cosas simples, te convertiste bueno en ello, y sólo entonces ramificaste a nuevas características. Gradualmente, agregaste a tu bolsa de trucos, más y más cada vez.

Power Pivot no es diferente. Hay características simples (fácil de aprender y ampliamente útil) y las características avanzadas (más difícil de aprender y útil en casos más específicos).

He secuenciado cuidadosamente los temas de este libro para seguir la misma curva "simple a avanzado" que he desarrollado y refinado, mientras que he entrenado a Excel Pros en los últimos años. El resultado es un enfoque que ha demostrado ser muy exitoso.

Figura 5 La curva de aprendizaje que defiendo para Excel Pros a medida que adoptan Power Pivot

Recomiendo altamente que vayas avanzando en el libro "en orden". Verás que los capítulos de este libro están organizados en más o menos el orden de la imagen de arriba.

Cuando utilizar Power Pivot, y Como se Relaciona con el uso Normal de Tablas Dinámicas

He oído esta pregunta mucho. En pocas palabras, Power Pivot es útil en cualquier situación en la que normalmente se desea utilizar una tabla dinámica. Si tienes 100 filas de datos o 100 millones, si es necesario analizar o informar sobre las tendencias, patrones y / o agregados de los datos, en lugar de las filas originales de los propios datos, las posibilidades son muy buenas que Power Pivot tiene algo que ofrecerte.

Cuando se utiliza una tradicional (sin Power Pivot) tabla dinámica, el flujo de trabajo en general se ve algo como esto:

1. **Obtener datos** a partir de una o más fuentes, típicamente aterrizando en hojas de cálculo Excel (pero a veces directamente en el "PivotCache" en casos avanzados).

2. **Si se trata de varias tablas de datos,** utilizar BUSCARV() o similar para crear tablas individuales integrados

3. **Agregar columnas calculadas** cuando sea necesario

4. **Construir Tablas Dinámicas** contra esos datos

Puedes usar tanto las tablas dinámicas directamente como el informe / el análisis final, o construir hojas de informes independientes que hacen referencia a las tablas dinámicas utilizando fórmulas

Nuestra filosofía rectora de Power Pivot fue "hacerlo igual Excel siempre que sea posible, y donde no es posible, que sea 'rima' muy de cercana con Excel." En consecuencia, el flujo de trabajo de 5 pasos de la anterior muestra como está para Power Pivot:

1. **Obtener datos** de una o mas fuentes, aterrizando en tablas de hojas de trabajo en la ventana de Power Pivot

2. **Utilice relaciones para enlazar rápidamente varias tablas,** todo sin pasar BUSCARV() o fórmulas similares tediosas.

3. **Opcionalmente complementar esos datos con columnas calculadas y medidas,** utilizando las funciones de Excel que siempre has conocido, además de algunas *poderosas* nuevos.

4. **Construir Tablas Dinámicas** contra esos datos

5. **Puede usar tanto las tablas dinámicas directamente** como el informe / análisis final, o convertir las tablas dinámicas en fórmulas con un solo clic para el diseño flexible, o aún puedes crear hojas de informes independientes que hacen referencia a las tablas dinámicas utilizando fórmulas.

 En términos netos se debe pensar en Power Pivot como "Excel + +" - las únicas cosas nuevas que tienes que aprender deben traer enormes beneficios.

Lo que este Libro Cubrirá a Profundidad

Guía simple: lo que sea de más "conocimiento común", menos páginas voy a gastar en ello. Me imagino, por ejemplo, que el botón que se utiliza para crear tablas dinámicas no vale la pena un montón de tinta. Ese tema, y muchos otros, han sido cubiertos en profundidad en el primer libro de Power Pivot por Bill Jelen.

Por el contrario, el lenguaje de fórmulas de Power Pivot necesita mucha atención, por lo que recibe muchos capítulos y consume la mayor parte del libro.

Pero incluso en temas que son relativamente sencillos, todavía voy a señalar algunas de las sutilezas, las pequeñas cosas que usted no se imagina. Así, por ejemplo, en mi breve capítulo sobre la importación de datos, voy a llamar a proporcionar algunos consejos rápidos sobre las cosas que he descubierto con el tiempo.

¿Y qué es esta cosa «DAX» de todos modos? "DAX" es el nombre dado al lenguaje de fórmulas en Power Pivot, y es un acrónimo para Data Analysis eXpressions. No estoy realmente tan encariñado con el nombre - Me gustaría que se llamase "Formula +" o algo que suene más como una extensión para Excel en lugar de algo completamente nuevo. Pero el nombre no es lo importante - el hecho es que el DAX es sólo una extensión para fórmulas de Excel.

OK, vamos a cargar algunos datos.

4- Cargar datos a Power Pivot

Cero asistentes fueron lastimados en la creación de este capítulo

No es mi intención el dar instrucciones sobre cómo utilizar los asistentes de importación en este capítulo. En su mayoría son auto-explicativas y hay mucha literatura existente sobre ellos. En vez, quiero compartir con ustedes las cosas que he aprendido acerca de la importación de datos a través del tiempo.

Piensa en este capítulo como principalmente "todas las cosas que aprendí de la manera difícil acerca de la importación de datos."

Dicho esto, todos los capítulos tienen que empezar en alguna parte, así que vamos a cubrir algunos fundamentos...

Todo Debe "Caer" en la Ventana de Power Pivot

Como he indicado en capítulos anteriores, todos los datos pertinentes DEBEN cargarse en la ventana de Power Pivot en lugar de en hojas de cálculo de Excel normales. Pero esto no es más difícil que la importación de datos en Excel ha sido nunca. Es probablemente más fácil de hecho.

Lanzando la Ventana de Power Pivot

La ventana de Power Pivot es accesible a través de este botón en la ficha de la cinta de Power Pivot en el Excel:

Figura 6 Este botón abre la ventana de Power Pivot

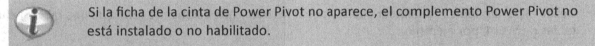

Si la ficha de la cinta de Power Pivot no aparece, el complemento Power Pivot no está instalado o no habilitado.

Una pestaña de hoja = Una Tabla

Cada tabla de datos que cargues en Power Pivot tiene su propia etiqueta de hoja. Así si importes tres tablas diferentes de datos, el resultado final será algo parecido a esto:

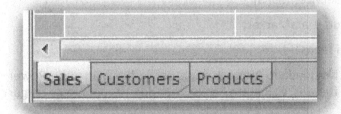

Figura 7 Tres tablas cargadas en Power Pivot. Cada uno tiene su propia etiqueta de hoja.

No puedes editar las celdas en la Ventana de Power Pivot

Así es, las hojas de Power Pivot son de sólo lectura. No se puede seleccionar una celda y comenzar a escribir.

Puedes eliminar o renombrar pestañas de hojas completas y columnas, y se puede añadir columnas calculadas, pero no puedes modificar las celdas de los datos, nunca.

¿Suena mal? En realidad, es algo bueno. Esto hace que los datos sean más confiables, pero aún más importante es que te obliga a hacer las cosas de una manera que te ahorra un *montón* de tiempo después.

Todo en la ventana de Power Pivot se guarda en el mismo archivo XLSX

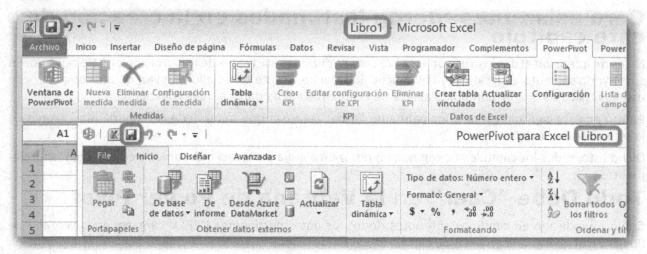

Figura 8 Los contenidos en ambas ventanas se guardan en el mismo archivo, independientemente de la ventana desde donde se guarda

 Cada instancia de la ventana de Power Pivot está bien "atada" al XLSX (o XLSM / XLSB) que había abierto al hacer clic en el botón de Ventana de Power Pivot de Excel. Puedes tener tres libros XLSX abiertos al mismo tiempo, por ejemplo, y tres diferentes ventanas abiertas de Power Pivot, pero el contenido de cada ventana de Power Pivot sólo está disponible para (y se guarda en) su XLSX original.

Muchas Diferentes Fuentes

Power Pivot puede "comer" los datos de una amplia variedad de fuentes, entre ellas las siguientes:

- De hojas normales de Excel en el libro actual

- Desde el portapapeles - cualquier copiar / pegar los datos que están en la forma de una tabla, incluso tablas de Word, por ejemplo

- Desde archivos de texto – CSV, tab delimited, etc.

- Desde Bases de Datos – como Access y SQL Server, y también Oracle, DB2, MySQL, etc

- Desde listas de SharePoint

- Desde reports de MS SQL Server Reporting Services (SSRS)

- De fuentes en la nube como Azure y SQL Azure DataMarket

- Desde la llamada "fuentes de datos" o "data feeds"

Por lo tanto literalmente hay algo para todos. Me he quedado impresionado por la flexibilidad de Power Pivot en términos de datos "comiendo" de distintas fuentes, y siempre he encontrado una manera de cargar los datos que necesito.

Para cada uno de los métodos anteriores, ofreceré una breve descripción y mi consejo.

Tablas Vinculadas (Tipo de Fuentes de Datos)

Si tienes una tabla de datos en Excel como esta:

CalendarYear	MonthNumberOfYear	SalesTerritoryRegion	EnglishProductSubcategoryName	Budgeted Sales
2001	7	Australia	Mountain Bikes	71510
2001	7	Australia	Road Bikes	190248
2001	7	Canada	Mountain Bikes	4183
2001	7	Canada	Road Bikes	15429
2001	7	France	Mountain Bikes	7916
2001	7	France	Road Bikes	31825
2001	7	Germany	Mountain Bikes	4384
2001	7	Germany	Road Bikes	36068

Figura 9 Solamente una tabla de datos normal en una hoja de Excel

Se puede agarrar rápidamente en Power Pivot mediante el botón "Crear tabla vinculada" en la ficha de la cinta de Power Pivot:

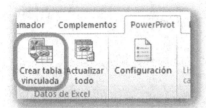

Figura 10 Esto duplicará la tabla de Excel seleccionado en la ventana de Power Pivot

Ventajas

- Esta es la forma más rápida de obtener una tabla de Excel en Power Pivot

- Si modificas los datos en Excel - las celdas cambian, agregan filas, etc - Power Pivot recogerá los cambios arriba. Así que esta es una forma disimulada para evitar la limitación "no se puede modificar en la ventana de Power Pivot".

- Si agregas columnas, estas también se recogerán. Llamo a esto específicamente porque Copiar / Pegar (abajo) no hace esto, y yo con frecuencia me encuentro deseando haber utilizado Enlace en lugar de copiar / pegar por esa razón.

Limitaciones

- **No se puede vincular una tabla del Libro A a la ventana de Power Pivot del Libro B.** Esto sólo crea una tabla vinculada en la ventana de Power Pivot "atado" al XLSX donde reside la tabla actualmente.

- **Esto *no es* una buena manera de cargar *grandes* cantidades de datos** en Power Pivot. Un par de miles de filas está bien. Pero diez mil filas o más pueden causarte problemas y moler tu computadora a un punto muerto.

- **De forma predeterminada, Power Pivot actualizará su copia de esta tabla *cada vez* que** salga de la ventana de Power Pivot y vuelva a ella. Esto sucede si ha cambiado algo en Excel o no, y conduce a un retraso mientras Power Pivot re-carga los mismos datos.

- **Tablas vinculadas no pueden ser programadas para actualización automática** en un servidor de Power Pivot. Sólo se pueden actualizar en el escritorio. (Esto es cierto para Power Pivot v1 y v2. Creo que esto ya no es así en el 2013, pero aún no lo he probado yo mismo).

- **No puedes posteriormente cambiar a un tipo de fuente diferente** – esto realmente no es una limitación específica de las tablas vinculadas. Esto es verdad de cada tipo de fuente en la lista: cualquier tipo de fuente de datos se utiliza para crear una tabla dicha tabla no puede ser cambiado más adelante a utilizar otro tipo de fuente de datos. Así que si se crea una tabla de Power Pivot mediante tablas vinculadas, no se puede cambiar en el futuro que se proceda de un archivo de texto, base de datos, o cualquier otra fuente. Tendrás que eliminar la tabla y volver a crearla a partir de la nueva fuente.

A menudo es muy tentador empezar a construir un libro de Power Pivot desde una fuente "informal" como Tablas Ligadas o Copiar / Pegar , con un plan para cambiar y conectar el libro en una fuente más sólida (como una base de datos) más tarde. ¡Resiste la tentación siempre que sea posible! Si vas a utilizar una base de datos después, cargar los datos de su fuente informal (como Excel) en dicha base de datos e importar desde allí. El paso adicional ahora te ahorrará un montón de tiempo después.

Consejos y Otras Notas

- **Para evitar el problema de "gran número de datos",** A menudo guardo una hoja de cálculo como CSV (valores separados por comas) y luego importo el archivo CSV en Power Pivot. He importado archivos CSV con más de 10 millones de filas en el pasado.

- **Para evitar el retraso** cada vez que regreses a la ventana de Power Pivot, recomiendo cambiar esta configuración en la ventana de Power Pivot a "Manual

Figura 11 Cambiar el modo de actualización a Manual

Pegar datos en Power Pivot (Tipo de Fuentes de Datos)

Si copias un lote con forma de tabla de los datos en el portapapeles de Windows, este botón en la ventana de Power Pivot se enciende:

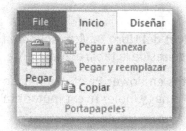

Figura 12 Este botón podría haberse llamado "Pegar como nueva tabla"

Ventajas

- **Puedes pegar desde cualquier fuente con forma de tabla** y no se limitan al uso de sólo Excel (a diferencia de tablas vinculadas)

- **Puede pegar de otros libros** y que no se limitan al mismo libro que su ventana de Power Pivot

- **Tablas pegadas apoyan tanto "Pegar / Reemplazar" y "Pegar / Anexar" como** muestran los siguientes botones:

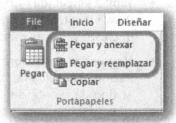

Figure 13 Estos métodos de pegar pueden ser útiles

Limitaciones

- **Sufre del mismo problema de "gran conjunto de datos"** que las Tablas Vinculadas.

- **Nunca se puede pegar una columna adicional.** Una vez que la tabla se ha pegado, sus columnas son fijas. Puedes añadir una columna calculada, pero nunca puedes cambiar de opinión y agregar dicha columna que pensabas que omitiste la primera vez que has pegado. Esto se convierte en un inconveniente que se podría esperar.

- **No todas las fuentes, aparentemente con forma de tabla son verdaderamente con forma de tabla.** Tablas en las páginas web son conocidas por esto. A veces tienes suerte y otras no.

- **No se puede cambiar a otro tipo de origen de datos** (cierto para todos los tipos de fuentes de datos).

Importando Archivos de Texto (Tipo de Fuentes de Datos)

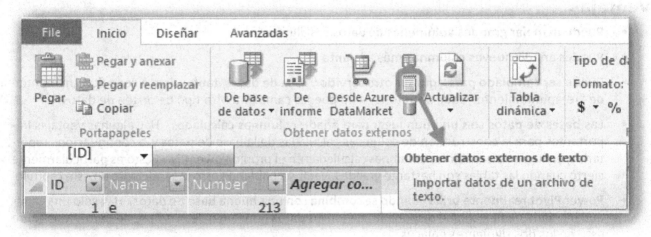

Figura 14 El botón de importación de texto en la ventana de Power Pivot

Ventajas

- **Puede manejar grandes volúmenes de datos casi ilimitados**

- **Puedes añadir nuevas columnas luego** (si eres un poco cuidadoso al respecto, ver más abajo)

- **Los archivos de texto se pueden localizar en cualquier lugar** en el disco duro o incluso en unidades de red (pero no en los sitios web, por lo menos en mi experiencia). Por lo tanto algún proceso backend puede actualizar un archivo de texto todas las noches en un lugar fijo (y el nombre), por ejemplo, y todo lo que tienes que hacer es actualizar el libro Power Pivot al día siguiente para recoger los nuevos datos.

- *Puede ser cambiado apuntando a un archivo de texto diferente,* pero todavía no se puede cambiar a un tipo de fuente completamente diferente (como la base de datos).

Limitaciones

- **Sin nombres de columnas fiables** A diferencia de una base de datos, archivos de texto no son robustos con respecto a los nombres de columna. Si el orden de las columnas de un archivo CSV se cambia, es probable que confunda Power Pivot en la siguiente actualización.

- **No se puede cambiar a otro tipo de origen de datos** (cierto para todos los tipos de fuentes de datos).

Bases de Datos (Tipo de Fuentes de Datos)

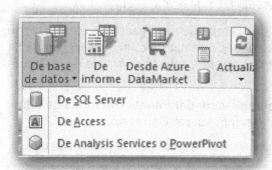

Figura 15 El botón de importar de base de datos en la ventana de Power Pivot

Ventajas

- **Puede manejar grandes volúmenes de datos casi ilimitados**

- **Puedes añadir nuevas columnas más adelante**

- **Puede ser cambiado para apuntar otro servidor, base de datos, tabla, vista o consulta.** Un montón de "re-apuntamiento" aquí, pero todavía no puedes cambiar a otro tipo de origen de datos.

- **Las bases de datos son un buen lugar para añadir columnas calculadas.** Hay algunas ventajas importantes para la construcción de columnas calculadas de la base de datos y, a continuación, importarlas, en lugar de escribir las columnas calculadas en el propio Power Pivot. Esto es particularmente cierto cuando las tablas son bastante grandes. Vamos a hablar de esto más adelante en este capítulo.

- **Power Pivot realmente brilla cuando se combina con una buena base de datos.** Hay sólo una cantidad increíble de flexibilidad disponible cuando los datos provienen de una base de datos. Más sobre esto en los dos siguientes enlaces.

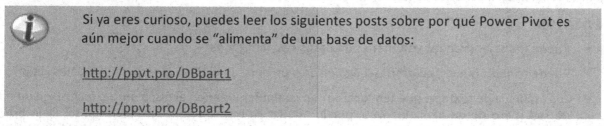

Si ya eres curioso, puedes leer los siguientes posts sobre por qué Power Pivot es aún mejor cuando se "alimenta" de una base de datos:

http://ppvt.pro/DBpart1

http://ppvt.pro/DBpart2

Limitaciones

- **No siempre es una opción.** No todo el mundo tiene SQL Server a su disposición, y / o no todo el mundo sabe cómo trabajar con bases de datos.

- **No se puede cambiar entre los tipos de bases de datos.** Una tabla procedente de Access no puede cambiarse más adelante por una apuntada a SQL Server. Así que en realidad, estas son tipos de fuentes de datos separadas, pero son tan similares que no quería añadir una sección completamente separada para cada uno.

- **No se puede cambiar a otro tipo de origen de datos** (cierto para todos los tipos de fuentes de datos).

Tipos de Fuentes de Datos Poco Comunes

Listas de SharePoint

Éstos son ideales cuando se tiene una fuente de datos que se mantiene y editada por seres humanos, sobre todo si más de una persona comparte el deber de la edición. Pero si su empresa no utiliza SharePoint, esto no es muy importante para usted.

Sólo SharePoint 2010 y posteriores pueden ser utilizados como una fuente de datos de Power Pivot.

El Gran Power Pivot FAQ es un ejemplo de una lista de SharePoint público, donde yo y otros de la comunidad pueden registrar las respuestas a las preguntas más frecuentes, que luego se comparten con el mundo. Se encuentra aquí:

http://ppvt.pro/TheFAQ

Reportes de Reporting Services (SSRS)

Este es otro ejemplo de "si su empresa ya lo utiliza, es una fuente de datos muy buena", pero por lo demás, no es relevante.

Solamente SSRS 2008 R2 y posteriores pueden ser utilizados como una fuente de datos para Power Pivot.

Fuentes en la Nube como Azure DataMarket y SQL Azure

Amigos, yo soy un gran, gran, gran fan de Azure DataMarket, y mejoran cada día. ¿Quieres hacer una referencia cruzada de los datos de ventas con datos meteorológicos históricos para todas las ubicaciones de tus almacenes en los últimos tres años? Esos datos están ahora fácilmente a tu alcance. ¿Datos de la tasa de cambio internacional? Sí, eso también. O tal vez ¿los precios del gas históricos? ¿Precios de las acciones? Sí y sí. Hay miles de esas fuentes disponibles en DataMarket.

No tengo espacio aquí remotamente a brotar sobre DataMarket, por lo que voy a señalar a algunos posts que explican qué es, cómo funciona y por qué creo que es una gran parte de nuestro futuro como Excel Pros. En el segundo post explico cómo puede obtener 10,000 días de datos meteorológicos gratis:

http://ppvt.pro/DataMktTruth

http://ppvt.pro/DataMktWeather

http://ppvt.pro/UltDate

SQL Azure es otro de esos "si usted lo está utilizando, es relevante, de lo contrario, pasemos" fuentes. Pero al igual que DataMarket, creo que la mayoría de nosotros vamos a plantear SQL Azure en nuestras vidas como Excel Pros en los próximos años.

"Data Feeds"

Feeds de datos son básicamente una forma en la que un programador puede escribir fácilmente un "adaptador" que hace que un origen de datos determinado sea disponible de manera que Power Pivot pueda extraer datos de él.

De hecho, SharePoint y SSRS (y tal vez DataMarket también, no me acuerdo) están expuestos a Power Pivot a través del protocolo Data Feed - así es como se han habilitado estos tipos de fuentes "bajo el capó".

Así que estoy mencionando esto aquí, en caso de que tu empresa tiene algún tipo de aplicación de servidor interno personalizado y quiere exponer sus datos a Power Pivot. La forma más rápida de hacerlo puede ser la de exponer los datos de esa aplicación como una fuente de datos, siempre y cuando tienes un programador disponible para hacer el trabajo.

Para más información sobre el protocolo de alimentación de datos, que también se conoce como OData, ver:

http://www.odata.org/

Otras Características Importantes y Consejos
Cambiar el nombre por adelantado - ¡MUY importante!

Los nombres de tablas y columnas que se van a utilizar por todas partes en sus fórmulas. Y Power Pivot NO "auto-corrige" fórmulas cuando renombras una tabla o columna! Así que si decides cambiar el nombre de las cosas más adelante, puedes tener un montón de correcciones manuales a la fórmula

Y, además, malos nombres de tablas y columnas en las fórmulas sólo hacen las cosas más difíciles de leer. Por lo tanto vale la pena invertir unos minutos por adelantado para arreglar las cosas.

 Recomiendo encarecidamente que entres en el hábito de "importar datos, a continuación, cambiar inmediatamente antes de hacer cualquier otra cosa." Se ha convertido en un reflejo para mí. No seas la persona cuyas fórmulas referencian cosas como "Columna1" y "Tabla1" ¿ok?

No importar más columnas de las que necesitas

Voy a explicar por qué en un capítulo posterior, pero por ahora sólo tienes que seguir esta regla simple:

 Si no piensa utilizar una columna en tus informes o fórmulas, no importarla. Siempre se puede volver y agregar más tarde si es necesario, a menos que utilices Copy / Paste.

Botón de Propiedades de la Tabla

Este es un botón muy importante, pero se esconde en la segunda ficha de la cinta en la ventana de Power Pivot:

Figura 16 Para todos los tipos de fuentes de datos distintos de Tablas Ligadas y Copiar / Pegar, necesitarás este botón

Este botón es lo que te permite modificar la consulta detrás de una tabla existente. Por lo tanto va a ser muy importante para ti en algún momento. Conozco a alguien que utilizó Power Pivot durante ¡dos meses antes de darse cuenta de que había una segunda ficha de la cinta!

Cuando se hace clic en él, se le devuelve a uno de los cuadros de diálogo que viste en la secuencia original de importación:

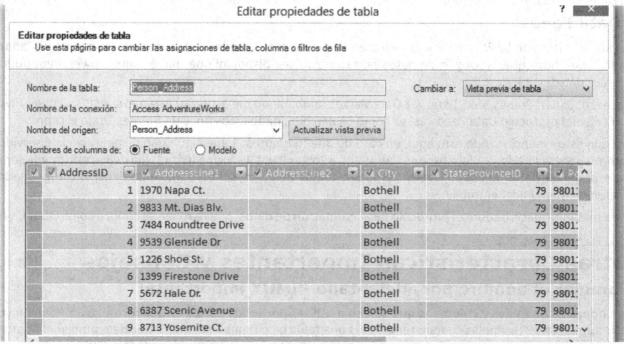

Figura 17 Aquí puedes seleccionar las columnas que has omitido originalmente, o incluso pasar a utilizar una tabla diferente, consulta o vista de una base de datos

Botón Propiedades de la tabla. No salgas de casa sin él.

Botón de Conexiones Existentes

También se encuentra en la segunda ficha de la cinta ("Diseñar"):

Figura 18 Este botón también será muy útil

Haciendo clic en este muestra una lista de todas las conexiones previamente establecidas en el libro actual:

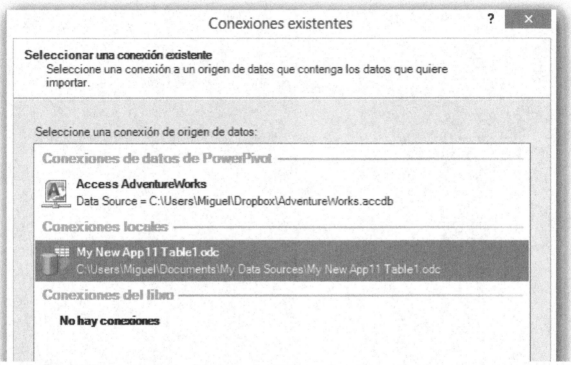

Figura 19 Lista de las conexiones establecidas en el libro actual

Este cuadro de diálogo es importante por dos razones:

1. **El botón Editar te permite modificar las conexiones existentes.** En la imagen de arriba, verás un camino a una base de datos Access. Si quiero apuntar a una base de datos de Access diferente, hago clic en Editar. Lo mismo si quiero apuntar a un archivo de texto diferente, o si quiero apuntar a una base de datos de SQL Server diferente, etc

2. **El botón Abrir te permite importar rápidamente una nueva tabla de esa conexión existente.** Recomiendo *encarecidamente* hacer esto en lugar de empezar de nuevo desde el botón "A partir de bases de datos" en la primera ficha de la cinta. Tienes la oportunidad de pasar las primeras pantallas del asistente de esta manera, y no dejar en desorden el libro con un millón de conexiones que apuntan a la misma fuente exacta.

5- Intro a Columnas Calculadas

Dos Tipos de Fórmulas en Power Pivot

Cuando hablamos sobre DAX (el lenguaje de fórmulas para Power Pivot, que se debe considerar como "Excel Formulas+"), **hay dos lugares diferentes donde se pueden escribir fórmulas: Columnas calculadas y medidas.**

Columnas calculadas son menos "revolucionarias" de las dos, así que vamos a empezar por ahí. En este capítulo voy a introducir los conceptos básicos de las columnas calculadas y luego volver al tema más adelante para alguna cobertura más avanzada.

Agregando Tu Primera Columna Calculada

No se puede agregar columnas calculadas hasta que hayas cargado algunos datos. Así que vamos a empezar con unas pocas tablas de los datos cargados en la ventana de Power Pivot:

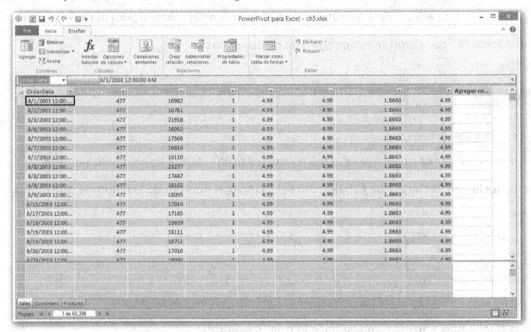

Figura 20 Tres tablas cargadas en Power Pivot, con la tabla activa llamada Sales

Comenzando una Fórmula

¿Ves esa columna en blanco a la derecha con el encabezado «Agregar columna»? Selecciona cualquier celda de dicha columna en blanco y pulsa la tecla «=» para comenzar a escribir una fórmula:

Figura 21 Selecciona cualquier celda en la "Agregar columna", pulse la tecla "=" y la barra de fórmulas se activa

Hacer Referencia a una Columna Mediante el Ratón

Con el ratón, haga clic en cualquier celda de la columna SalesAmt:

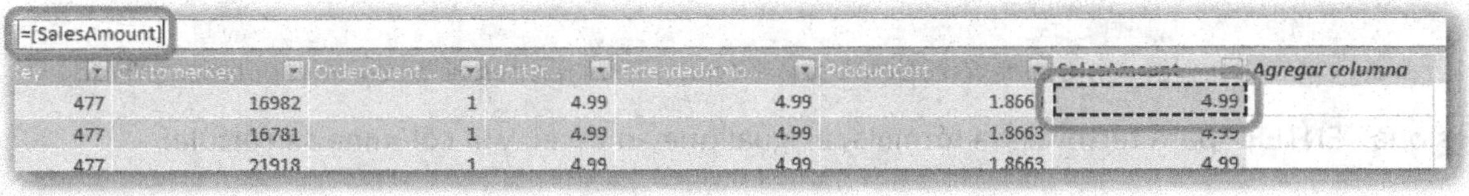

=[SalesAmount]

Figura 22 Al hacer clic en una columna mientras estas en el modo de edición de la fórmula, agrega una referencia de columna en la fórmula

Hacer Referencia a una Columna Escribiendo y Autocompletar

Voy a restar la columna ProductCost de la columna SalesAmt, así que escribo un signo "-".

Ahora, para hacer referencia a la columna ProductCost, escribo "[" (un corchete abierto). Ver qué sucede:

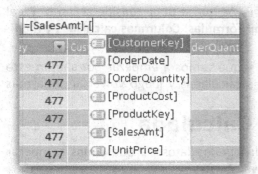

Figura 23 Al escribir "[" en el modo de edición de la fórmula, dispara el nombre de la columna para autocompletar

Ahora puedo escribir la letra "P" para limitar aún más la lista de columnas:

Figura 24 Al escribir el primer carácter de su nombre de la columna deseada filtra la lista de para autocompletar

Ahora puedo utilizar las teclas de flecha arriba / abajo para seleccionar el nombre de la columna que quiero:

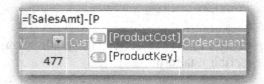

Figura 25 Al pulsar la flecha hacia abajo en el teclado selecciona la siguiente columna hacia abajo

Y luego presionando la flecha hacia arriba también hace lo que se espera:

Figura 26 La flecha hacia arriba selecciona la siguiente columna hacia arriba

Una vez que se resalte la columna deseada, la tecla <TAB> finaliza de introducir el nombre de esa columna en mi fórmula:

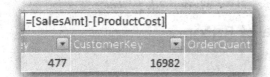

Figura 27 Tecla de <TAB> entra el nombre de la columna seleccionada en la fórmula y descarta el autocompletado

Ahora presiona <ENTER> para terminar la fórmula, al igual que en Excel, y la columna se calcula:

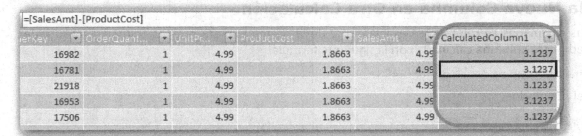

=[SalesAmt]-[ProductCost]

erKey	OrderQuant...	UnitPr...	ProductCost	SalesAmt	CalculatedColumn1
16982	1	4.99	1.8663	4.99	3.1237
16781	1	4.99	1.8663	4.99	3.1237
21918	1	4.99	1.8663	4.99	3.1237
16953	1	4.99	1.8663	4.99	3.1237
17506	1	4.99	1.8663	4.99	3.1237

Figura 28 <ENTER> Compromete la fórmula. Tenga en cuenta toda la columna se llena hacia abajo, y la columna consigue un nombre genérico.

¿Notas el color ligeramente más oscuro de la columna calculada? Esta es una muy buena característica que es nueva en el v2, y te ayuda a reconocer las columnas que se calculan en lugar de las importadas.

¡Al igual que Tablas de Excel!

Si toda esa experiencia te resulta familiar, lo es. La función de Tablas "normales" de Excel se ha comportado igual que desde Excel 2007. Aquí está un ejemplo:

	F	G	H	I	J	K	L
	Budgeted Sales	AdjFactor	NewCol				
	71510	40.7%	=[Budgeted Sales] * [				
	190248	40.7%		CalendarYear			
	4183	61.4%		MonthNumberOfYear			
	15429	34.2%		SalesTerritoryRegion			
	7916	62.4%		EnglishProductSubcategoryName			
	31825	35.7%		Budgeted Sales			
	4384	47.5%		AdjFactor			
	36068	1.7%		NewCol			

Figura 29 Power Pivot Autocompletar y referencia de columna sigue el precedente establecido por Tablas de Excel

Bien, la función de Excel se ve un poco vistosa - puede aparecer "en la celda" y no sólo en la barra de fórmulas, por ejemplo - pero por lo demás es el mismo tipo de cosas.

Renombrar la Nueva Columna

¿Observas como la nueva columna se le dio un nombre como marcador de posición? Es una buena idea cambiar el nombre de inmediato a algo más sensato, al igual que lo hacemos inmediatamente después de la importación de datos. Haz clic en el encabezado de la columna de la nueva columna, selecciona *Cambiar el nombre de la columna*:

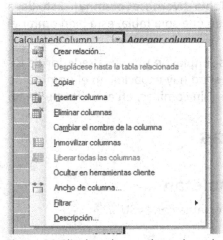

Figura 30 Clic derecho en el encabezado de la columna para renombrar la misma

Referir la Nueva Columna en Otra Calculación

Las columnas calculadas se referencian exactamente de la misma manera que las columnas importadas. Vamos a añadir otra columna calculada con la siguiente fórmula:

        =[Margin] / [SalesAmt]

Y aquí está el resultado:

=[Margin] / [SalesAmt]					
UnitPr... ▼	ProductCost ▼	SalesAmt ▼	Margin ▼	CalculatedColumn1 ▼	Ad
4.99	1.8663	4.99	3.1237	0.625991983967936	
4.99	1.8663	4.99	3.1237	0.625991983967936	
4.99	1.8663	4.99	3.1237	0.625991983967936	

Figura 31 Una segunda columna calculada, de nuevo usando una simple fórmula de estilo Excel y [NombreColumna] – estilos de referencias

 ¿Observas la forma en que hace referencia a la columna [Margen] usando su nuevo nombre (después de cambiar el nombre), en lugar de su nombre original de [CalculatedColumn1]? En Power Pivot, los nombres de columna no son sólo etiquetas. También sirven el papel de rangos de nombre. No hay un nombre que se utiliza para la visualización y otro para la referencia, sino que son uno y el mismo. Esto es algo bueno, porque no tienes que gastar más tiempo manteniendo los rangos con nombres distintos.

Propiedades de Columnas Calculadas

¡Sin excepciones!

Cada fila de una columna calculada comparte la misma fórmula. A diferencia de Tablas de Excel, no se puede crear excepciones a una columna calculada. Una fórmula para toda la columna. Así que si quieres que la fórmula de una sola fila pueda comportarse de manera diferente, tienes que utilizar un IF() u otro tipo de condicional.

Sin Estilo de Referencia "A1"

Power Pivot siempre utiliza referencias de nombre como [SalesAmt]. No hay ninguna referencia de estilo A1 en Power Pivot, nunca. Esta es una buena noticia, ya que las fórmulas son mucho más fáciles de leer como resultado.

Las columnas se referencian a través de [NombreColumna]. Y sí, eso significa que los nombres de columna pueden tener espacios en blanco.

Las columnas también pueden ser referenciadas a través de 'NombreTabla' [NombreColumna]. Esto llega a ser importante más adelante, pero para columnas calculadas simples en una sola tabla, está bien omitir el nombre de la tabla.

Las Tablas están referenciadas a través de 'NombreTabla'. Las comillas simples se utilizan alrededor de los nombres de tabla. Sin embargo, las comillas simples se pueden omitir si no hay espacios en el nombre de la tabla (es decir, que NombreTabla [NombreColumna] también es legal, sin comillas, en el uniforme de un nombre de tabla "sin espacio").

Los Cálculos *Un Poco* más Avanzados

Vamos a intentar algunas cosas más antes de pasar a medidas.

Nombres de las funciones También se Autocompletan

Vamos a escribir una tercera columna calculada, y empezar esta vez la fórmula con "=SU"...

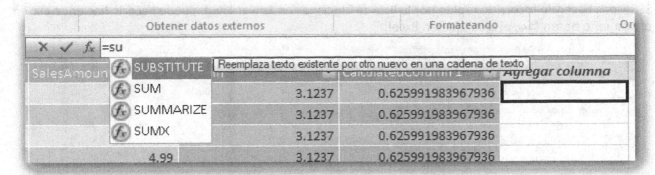

Figura 32 Los nombres de funciones también tienen la oportunidad de ser autocompletadas. Cabe destacar la presencia de dos funciones familiares - SUM() y SUBSTITUTE() -, así como dos nuevos - SUMMARIZE() y SUMX()

Vamos a llegar a SUMMARIZE() y SUMX() más adelante en el libro. Por ahora, vamos a seguir con las funciones que ya conocemos de Excel y escribir una simple suma:

        =SUM([ProductCost])

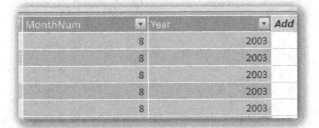

Figura 33 Fórmula SUM resumió toda la columna

Funciones de agregación implícitamente referencian a la columna completa

¿Observas cómo SUM aplica a la totalidad de la Columna [ProductCost] en lugar de la fila actual? Hay que acostumbrarse a eso **– funciones de agregación como SUM(), AVERAGE(), COUNT(), etc Siempre se "expanden" y se aplican a toda la columna.**

Un buen número de funciones de Excel "tradicionales" están disponibles

Muchas caras conocidas han dado el salto de Excel tradicional a Power Pivot. Vamos a intentar un par más.

        =MONTH([OrderDate])

y

        =YEAR([OrderDate])

Para recibir los siguientes resultados:

MonthNum	Year	Add
8	2003	
8	2003	
8	2003	
8	2003	
8	2003	

Figura 34 La funciones MONTH() y YEAR()también funcionan igual que lo hacen en Excel

MONTH() = MES()

YEAR() = AÑO()

Si deseas hacer un recorrido rápido por la lista de funciones en Power Pivot, puede hacerlo haciendo clic en el pequeño botón "fx", al igual que en Excel:

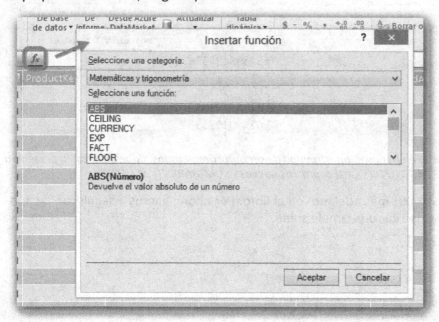

Figura 35 Power Pivot también tiene un diálogo de selección de función. Ten en cuenta la presencia de muchas de las funciones familiares.

Funciones de Excel son idénticas en Power Pivot

Si ves una función familiar, una que conoces de Excel normal, ya conoces cómo usarla. Se tendrán los mismos parámetros y el comportamiento como la función original de Excel.

OK, antes de que nadie me llama mentiroso, voy a calificar lo anterior y decir que es verdad el 99,9% del tiempo. El ojo de Bill Jelen ha encontrado uno o dos lugares donde las cosas se desvían en pequeñas cosas, pero Power Pivot ha hecho un trabajo francamente increíble de duplicar el comportamiento de Excel, en gran parte debido a la ayuda del equipo Excel. En la mayoría de los casos, Power Pivot utiliza exactamente la misma programación "bajo el capó", como Excel.

Suficiente sobre Columnas Calculadas por ahora

No hay nada intrínsecamente novedoso o de cambio de juego sobre columnas calculadas en realidad. Si ese fuera el único tipo de cálculo que ofrece Power Pivot, definitivamente no sería análogo al "Biplano a jet" como actualización para Excel Pros.

Regresaremos a columnas calculadas unas cuantas veces más durante el transcurso del libro, pero primero quiero introducir medidas, el cambio de juego real.

6- Introducción a las Medidas DAX

"Lo Mejor que Le Ha Sucedido a Excel en 20 años"

Eso es una cita del propio Mr. Excel, Bill Jelen. Él estaba hablando de Power Pivot en general, pero específicamente medidas. ¿Qué son las medidas?

En la superficie, se puede pensar en medidas como "fórmulas que se agregan

 a una tabla dinámica" Pero te ofrecen potencia y flexibilidad sin precedentes, y sus beneficios se extienden mucho más allá de la primera impresión. Varios años después de que empecé a usar Power Pivot profesionalmente, todavía estoy descubriendo nuevos casos de uso todo el tiempo.

Además: Un Cuento de Dos Motores de Fórmula

Algunos de ustedes ya pueden decir, "bueno, las tablas dinámicas siempre han tenido fórmulas."

Pues sí, sí que tienen. He aquí un vistazo de la fórmula de diálogo que ha estado en Excel desde hace mucho tiempo:

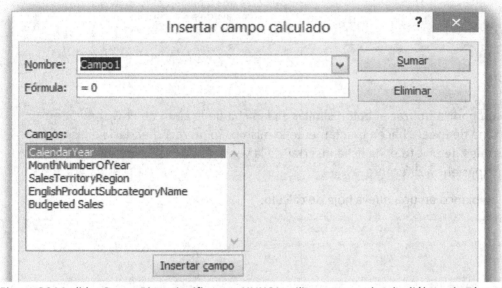

Figura 36 Medidas Power Pivot significa que NUNCA utilices este cuadro de diálogo de Fórmula de pivote "histórica" de nuevo (si alguna vez lo usaste en absoluto)

Esta característica antigua nunca ha sido tan útil, ni ha sido ampliamente utilizada. (Ah, y si crees que ha sido de gran ayuda, ¡muy bien! Medidas Power Pivot hacen todo esto y mucho, mucho más).

No ha sido muy útil o ampliamente utilizado, ya que nunca recibió una gran inversión por parte del equipo de Microsoft Excel. El motor de fórmula dinámica de Excel está completamente separada del motor de fórmula primario (el que se utiliza en hojas de cálculo). Siempre que llegó el momento para que planifiquemos una nueva versión de Excel, tuvimos que decidir dónde gastar nuestro presupuesto de ingeniería. La elección entre invertir presupuesto para el desarrollo de las características que todo el mundo ve, al igual que el motor de fórmula de hoja, frente a la inversión en una característica relativamente desconocida como esta, nunca fue una que requería de mucho debate. El motor de fórmula pivote languideció, y nunca mejoró.

Aunque, ¿Recuerdas la historia de Power Pivot? ¿Cómo he dicho que surgió del producto SSAS? Bueno, SSAS es esencialmente un gran motor de fórmula de pivote. Así que ahora, de repente, tenemos un motor de fórmula de pivote que es el resultado de casi 20 años de esfuerzo constante en desarrollo de todo un equipo de ingeniería. Abróchate el cinturón :-)

Agregando Tú Primera Medida

Hay dos lugares donde se puede añadir una medida:

1. **En la Ventana de Excel** (adjunta a una tabla dinámica)
2. **En la Ventana de Power Pivot** (en la cuadrícula de medida).

Recomiendo comenzar con la primera opción - en la ventana de Excel, unido a una tabla dinámica, porque eso te da el contexto adecuado para validar si la fórmula es correcta.

Crear una Tabla Dinámica o Pivote

Con eso en mente, Yo uso el botón de tabla dinámica de la cinta en la ventana de Power Pivot.

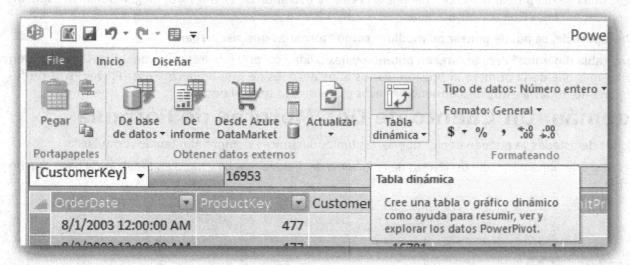

Figura 37 Creando un Pivote

 También podría utilizar el botón similar en la ficha de la cinta de Power Pivot en la ventana de Excel - hacen exactamente lo mismo. Yo no recomendaría el uso de los botones de pivote en la ficha Insertar de la ventana de Excel, ya que conduce a una experiencia diferente.

Esto produce un pivote en blanco en una nueva hoja de cálculo:

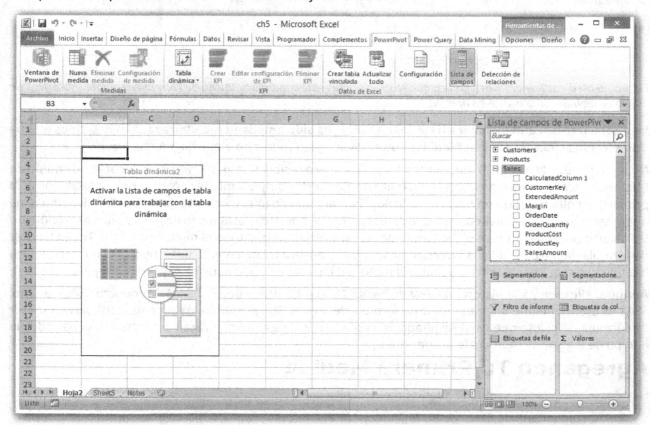

Figura 38 Pivote en Blanco

¿Observas cómo la lista de campos de pivote contiene las tres tablas de la ventana de Power Pivot?

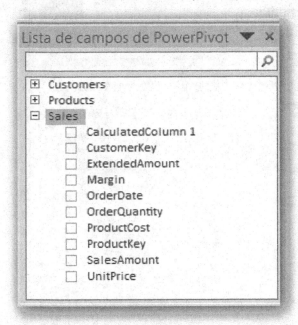

Figura 39 Cada tabla de la ventana de Power Pivot está disponible en la lista de campos

Por ahora, vamos a pasar por alto las otras tablas y solo enfocarnos en Sales. Explorar las ventajas de varias tablas se cubre más adelante.

¡Agrega una Medida!

Voy a hacer clic en el botón Nueva medida en la ficha de la cinta de Power Pivot en Excel:

Figura 40 Botón de Nueva Medida

Aparecerá el cuadro de diálogo Configuración de medida, que a menudo me referiré como el editor de medida, o, a menudo simplemente como "el editor."

En Excel 2013, "Medidas" ya no se llaman "medidas". Ellos ahora son llamados "campos calculados", tomando el nombre de la vieja (y mucho más limitada), característica que me burlaba al principio de este capítulo. Estoy bastante seguro de que los llamaré "medidas" para siempre, y voy a seguir usando esa palabra en este libro. En el ínterin, sin embargo, aquí está el punto de entrada de la cinta Excel 2013.

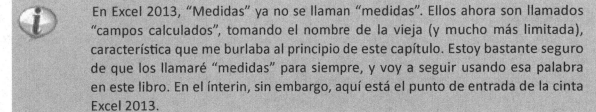

Figura 41 El punto de entrada equivalente en Excel 2013, donde las medidas se llaman ahora campos calculados. Esto conduce al mismo editor (abajo) como el original de los botones "Medida Nueva" en Power Pivot V1 y V2.

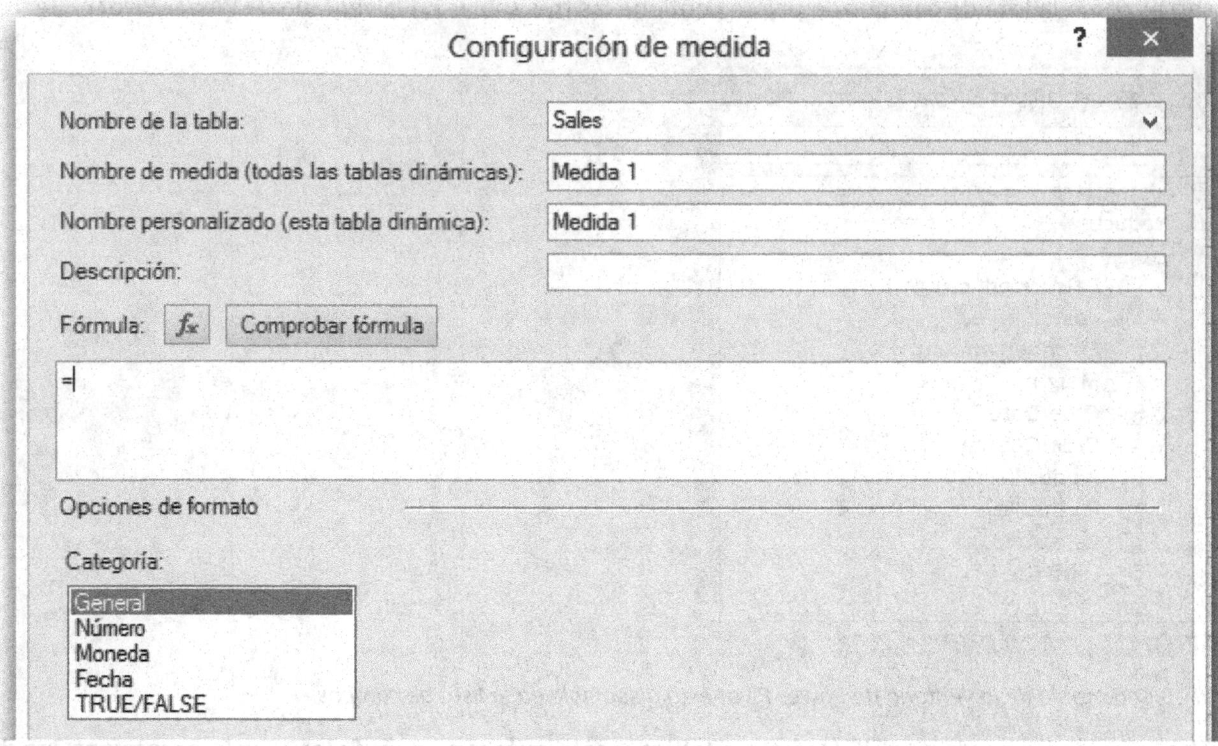

Figura 42 Configuración de medida, también conocido como el Editor de medida, o el Editor :-)

Hay mucho que hacer en este diálogo, pero por ahora vamos a pasar por alto la mayor parte de él y sólo escribir una fórmula simple:

```
=SUM(Sales[SalesAmt])
```

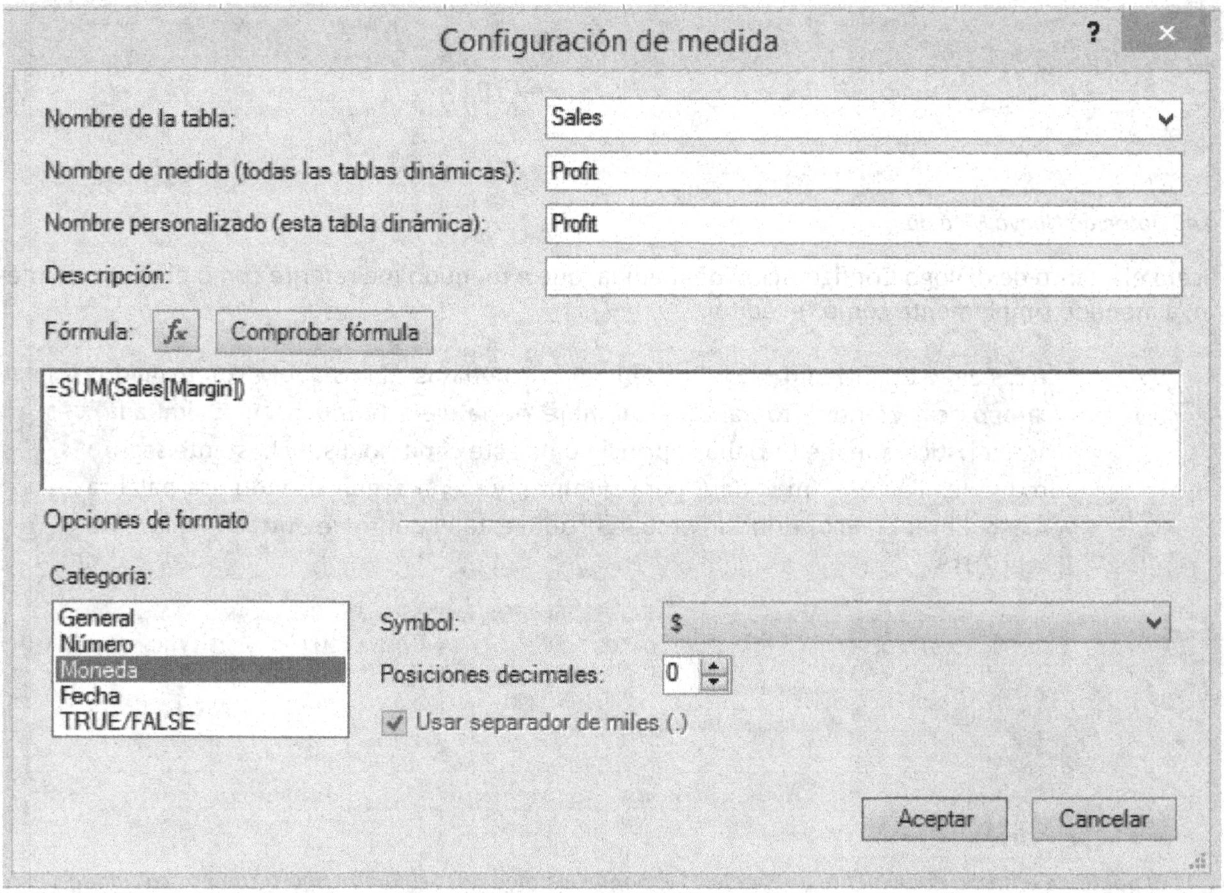

Figura 43 Introducción de una fórmula de medida simple

Nombra la Medida

Antes de hacer clic en OK, voy a dar un nombre a la medida. Esto es tan importante como dar nombres sensibles a las tablas y columnas.

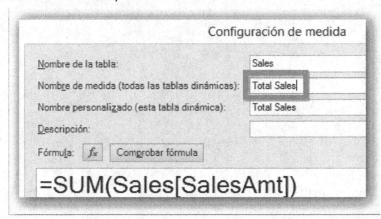

Figura 44 Es muy importante dar a la medida un nombre razonable

 El campo "Nombre de medida" es el que usted quiere llenar. Omitir el cuadro de "nombre personalizado" por ahora - que coinciden automáticamente con lo que escribe en el cuadro "Nombre de medida".

Resultados

Clic a OK, y me brinda:

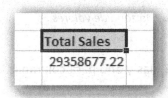

Figura 45 El pivote resultante

Figura 46 Casilla Nuevo agregada a la lista de campos de la medida, y la medida añadida a la zona de valores

Funciona como era de esperar

Vamos a hacer algunas cosas de "pivote normal". Voy a arrastrar MonthNum da filas y año para columnas, produciendo:

Total Sales	Column Labels				
Row Labels	2001	2002	2003	2004	Grand Total
1		596746.5568	438865.1718	1340244.95	2375856.679
2		550816.694	489090.3356	1462479.83	2502386.86
3		644135.2022	485574.7923	1480905.18	2610615.175
4		663692.2868	506399.2654	1608750.53	2778842.082
5		673556.1978	562772.5645	1878317.51	3114646.272
6		676763.6496	554799.2281	1949361.11	3180923.988
7	473388.163	500365.155	886668.84	50840.63	1911262.788
8	506191.6912	546001.4708	847413.51		1899606.672
9	473943.0312	350466.9912	1010258.13		1834668.152
10	513329.474	415390.2333	1080449.58		2009169.287
11	543993.4058	335095.0887	1196981.11		2076069.605
12	755527.8914	577314.0002	1731787.77		3064629.662
Grand Total	3266373.657	6530343.526	9791060.298	9770899.74	29358677.22

Figura 47 Campo MonthNum en filas, Año en columnas, la medida Total Sales sólo "hace lo correcto"

Bueno, nuestra primera medida está funcionando bien. Vamos a hacer un balance de dónde estamos antes de continuar.

Medidas "Implícitas" vs "Explícitas"

No hemos hecho nada especial, hasta ahora, sólo estamos sentando las bases. Quiero decir, una simple suma de la columna SalesAmt es algo que siempre podría haber hecho en pivotes normales.

De hecho, puedo desmarcar la medida [Ventas totales] y luego hacer clic en la casilla de verificación [Sales-Amt], y obtener exactamente los mismos resultados que antes:

Figura 48 Desmarcada la medida [Total Sales], marcada [SalesAmt]

Total Sales	Column Labels				
Row Labels	2001	2002	2003	2004	Grand Total
1		596746.5568	438865.1718	1340244.95	2375856.679
2		550816.694	489090.3356	1462479.83	2502386.86
3		644135.2022	485574.7923	1480905.18	2610615.175
4		663692.2868	506399.2654	1608750.53	2778842.082
5		673556.1978	562772.5645	1878317.51	3114646.272
6		676763.6496	554799.2281	1949361.11	3180923.988
7	473388.163	500365.155	886668.84	50840.63	1911262.788
8	506191.6912	546001.4708	847413.51		1899606.672
9	473943.0312	350466.9912	1010258.13		1834668.152
10	513329.474	415390.2333	1080449.58		2009169.287
11	543993.4058	335095.0887	1196981.11		2076069.605
12	755527.8914	577314.0002	1731787.77		3064629.662
Grand Total	3266373.657	6530343.526	9791060.298	9770899.74	29358677.22

Figura 49 Produce los mismos resultados exactos de la tabla dinámica

 Al igual que en los pivotes normales, si seleccionas la casilla de verificación para una columna numérica, de forma predeterminada creara una SUMA en el área Valores de la lista de campos. Y seleccionar un campo no numérico colocará ese campo en las filas de forma predeterminada.

Así que tenemos dos formas de "escribir" una SUMA en Power Pivot – se puede escribir una fórmula utilizando el Editor de la medida, o podemos simplemente seleccionar la casilla para una columna numérica.

Tengo mis propios términos para esto:

1. **Medidas Explícitas** – una medida que creo escribiendo una fórmula en el Editor
2. **Medidas Implícitas** – lo que obtengo cuando simplemente selecciono columnas numéricas

Resulta que tengo una opinión muy fuerte sobre cuál de ellas es mejor.

¡Nunca, nunca, NUNCA creo medidas implícitas! Incluso si se trata de una simple suma que quiero, siempre me despido hasta el editor de medidas, escribo la fórmula, y le doy a la medida un nombre sensible. Creo que es importante que la comprobación de una casilla numérica hace lo que hace, porque coincide con las expectativas de la gente de Excel normal. i Pero eso no significa que deba hacerlo! Confía en mí en este caso, quieres hacer las cosas de forma explícita. Hay muchos beneficios para el enfoque explícito. No me verás crear otra medida implícita en este libro. Ellas están muertas para mí :-)

Referenciando Medidas en Otras Medidas

Te voy a mostrar una razón por la que prefiero medidas explícitas en estos momentos.

Otra simple medida primero

En primer lugar, permítanme crear otra medida simple de SUMA, por Margen:

```
=SUM(Sales[Margin])
```

Configuración de medida	?	×

Nombre de la tabla:	Sales ▾
Nombre de medida (todas las tablas dinámicas):	Profit
Nombre personalizado (esta tabla dinámica):	Profit
Descripción:	

Fórmula: [*fx*] [Comprobar fórmula]

```
=SUM(Sales[Profit])
```

Opciones de formato

Categoría:
```
General
Número
Moneda
Fecha
TRUE/FALSE
```

Figura 50 Creando una nueva medida que he llamado Profit

Figura 51 La medida Profit añadida a la lista de campos

Row Labels	2001		2002		2003		2004		Total Total Sales	Total Profit
	Total Sales	Profit	Total Sales	Profit	Total Sales	Profit	Total Sales	Profit		
1			596746.557	240320.91	438865.172	183728.206	1340245	554959.023	2375856.679	979008.139
2			550816.694	219507.52	489090.336	205186.474	1462479.8	604917.116	2502386.86	1029611.11
3			644135.202	259370.475	485574.792	203897.055	1480905.2	612934.286	2610615.175	1076201.82
4			663692.287	267392.109	506399.265	212618.101	1608750.5	662243.34	2778842.082	1142253.55
5			673556.198	271926.439	562772.565	238672.303	1878317.5	779974.147	3114646.272	1290572.89
6			676763.65	273032.243	554799.228	235050.708	1949361.1	806300.87	3180923.988	1314383.82
7	473388.163	190967.542	500365.155	202013.054	886668.84	362115.145	50840.63	28365.7176	1911262.788	783461.459
8	506191.6912	203872.516	546001.471	221445.745	847413.51	353404.118			1899606.672	778722.379
9	473943.0312	188489.502	350466.991	142096.9	1010258.13	420575.209			1834668.152	751161.611
10	513329.474	206121.74	415390.233	172136.184	1080449.58	449117.105			2009169.287	827375.029
11	543993.4058	218924.75	335095.089	136436.673	1196981.11	496559.426			2076069.605	851920.849
12	755527.8914	303229.82	577314	241171.901	1731787.77	711809.271			3064629.662	1256210.99
Grand Total	3266373.657	1311605.87	6530343.53	2646850.15	9791060.3	4072733.12	9770899.7	4049694.5	29358677.22	12080883.6

Figura 52 La medida Profit agregada al pivote, junto con la medida Total Sales

Creación de una medida de razón

Bueno, tiempo para un poco de diversión. Aquí hay una nueva medida:

Configuración de medida

Nombre de la tabla:	Sales
Nombre de medida (todas las tablas dinámicas):	Profit Pct
Nombre personalizado (esta tabla dinámica):	Profit Pct
Descripción:	

Fórmula: *fx* Comprobar fórmula

```
=[
```

- (M) [Profit]
- (M) [Total Sales]
- [CustomerKey]
- [Margin]
- [MonthNum]
- [OrderDate]
- [OrderQuantity]
- [ProductCost]
- [ProductKey]

Figura 53 Adición de una nueva medida, autocompletado provocado por "["

¿Ves el primer elemento de la lista de autocompletado? Amplia la imagen:

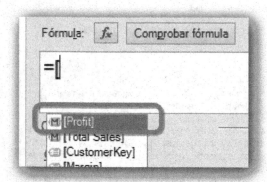

Figura 54 ¡La medida [Profit] aparece en autocompletar!

Incluso hay un pequeño icono "M", de medidas, junto a [Profit] en el autocompletado.

[Total Sales] también está ahí, probémosla:

```
=[Profit] / [Total Sales]
```

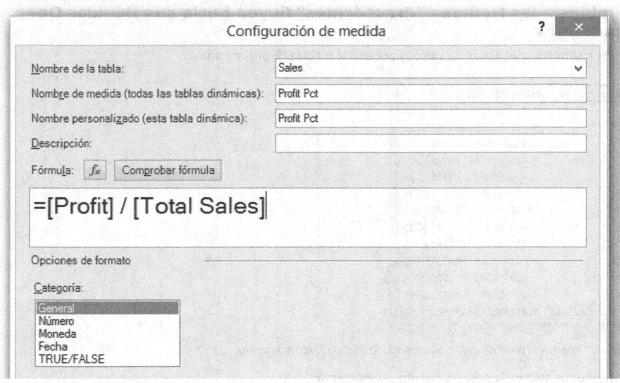

Figura 55 Las medidas pueden hacer referencia a otras medidas, útiles para la creación de cosas como las relaciones y porcentajes (y un millón de otras cosas)

Medidas Originales NO necesitan permanecer en la tabla dinámica

Voy a hacer clic en Aceptar y ahora creo esta nueva medida [Profit Pct], pero luego voy a desmarcar las otras dos medidas, por lo que sólo vemos [Profit Pct] en el pivote:

Profit Pct	Column Labels				
Row Labels	2001	2002	2003	2004	Grand Total
1		0.402718553	0.418643851	0.414072833	0.412065318
2		0.398512831	0.41952674	0.413624246	0.411451613
3		0.402664648	0.41990865	0.413891648	0.412240696
4		0.402885666	0.419862579	0.411650736	0.411053783
5		0.403717522	0.424100815	0.415251491	0.414356167
6		0.403438103	0.423668052	0.413623143	0.413208183
7	0.403405824	0.403731259	0.408399539	0.55793403	0.40991823
8	0.402757532	0.405577196	0.417038569		0.409938747
9	0.397704976	0.405450167	0.416304701		0.409426419
10	0.401538877	0.414396319	0.415676135		0.41179956
11	0.40244008	0.407158079	0.41484316		0.410352739
12	0.40134828	0.417748228	0.411025694		0.409906295
Grand Total	0.401548019	0.405315607	0.415964461	0.414464851	0.411492778

Figura 56 Medida [Profit Pct] mostrada por si misma – sus dos medidas "precedentes" no son requeridas en el pivote

Cambios a las Medidas "Precedentes" fluyen hacia sus Medidas Dependientes

Vamos a simplificar el pivote un poco, y poner a la medida [Profit] de nuevo:

Row Labels ▼	Profit Pct	Profit
1	0.412065318	979008.1385
2	0.411451613	1029611.111
3	0.412240696	1076201.816
4	0.411053783	1142253.551
5	0.414356167	1290572.89
6	0.413208183	1314383.821
7	0.40991823	783461.4593
8	0.409938747	778722.3793
9	0.409426419	751161.6111
10	0.41179956	827375.029
11	0.410352739	851920.8486
12	0.409906295	1256210.991
Grand Total	0.411492778	12080883.65

Figura 57 Remover [Year] de Columnas, añadir la medida [Profit] de vuelta

Centrémonos sólo en la primera fila por un momento:

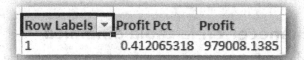

Row Labels ▼	Profit Pct	Profit
1	0.412065318	979008.1385

Figura 58 Cerca del 41% para [Profit Pct], y 979k para [Profit]

¿Qué sucede si se modifica la fórmula para la medida [Profit]? Vamos a ver.

Haz clic derecho a la medida [Profit] en la lista de campos y seleccione Editar:

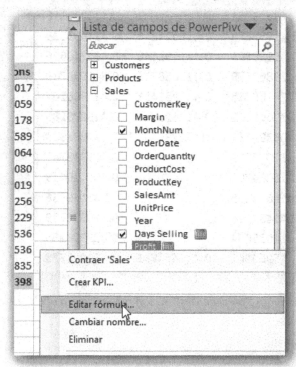

Figura 59 Es fácil de abrir una medida para editar su fórmula

Ahora vamos a hacer algo tonto. Vamos a aumentar arbitrariamente las ganancias en un 10%, multiplicando la fórmula de la suma original por 1.1:

Figura 60 Nunca harías esto en vida real a menos que seas, por ejemplo, Enron

Clic OK y ahora veamos la primera fila de la tabla dinámica de nuevo:

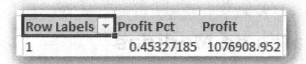

Figura 61 [Profit] es ahora 10% mayor, como era de esperarse. Pero eso También impacto [Profit Pct], debido a que [Profit Pct] está basada en parte en [Profit].

Casos en que esto hace sentido *real*

El modelo que estamos trabajando aquí es bastante simple en este momento, y carece de cosas como impuestos, envío y descuento. No es difícil imaginar la definición [Profit] o [Ventas totales] de manera que incluyan / excluyan aquellas otras cantidades diversas, y algún tiempo después (quizás mucho más tarde) Conscientes de que es necesario cambiar esa.

De hecho, podría ser sólo un cambio en la empresa que pone en marcha a cambiar tu definición de [Total Sales] - ¡no es preciso que te equivocaste!

Es posible que en última instancia te encuentres con literalmente docenas de medidas (si no cientos) y que todas dependan de vuelta a medidas más fundamentales. Esas dependencias incluso pueden ejecutar muchas "capas" de espesor - [X] depende de [Y] que depende de [Z] etc.

Cuando te das cuenta de que tiene cientos de cálculos impactados, pero sólo se necesita cambiar una sola fórmula para arreglar TODO, es de hecho un momento glorioso.

Vale la pena conducir este punto a casa, así que voy a reiterarlo: Imagina tener una suite completa de informes sofisticados de Excel que todos asuman un cierto método de cálculo de ganancias y ventas. Y luego algo fundamental cambia, lo que hace que el enfoque no sea válido. Podrías estar realizando una cirugía de hoja de cálculo de días, tal vez semanas. Si utilizas Power Pivot correctamente, esa misma situación sólo puede tomar unos segundos para ser atendida.

 La primera vez que experimentes este momento de "puedo arreglar una cosa y todo se actualiza", sabrás que tu vida ha cambiado. ¿Con qué frecuencia te encuentras afirmaciones como esa en un libro acerca de las *fórmulas*? Nunca, estoy adivinando, pero es la verdad :-)

¡No "redefinas" las medidas!

Con el fin de obtener el beneficio descrito anteriormente, es importante la utilización de los nombres de las medidas en las fórmulas en lugar de la fórmula que define la medida original.

Por ejemplo, estas dos fórmulas para [ProfitPct] devuelven el mismo resultado:

```
=SUM(Sales[Margin]) / SUM(Sales[SalesAmt])
```

daría lugar a los mismos resultados que:

```
=[Profit] / [Total Sales]
```

Sin embargo, sólo el segundo enfoque le da la recompensa de "arreglar una vez, beneficiar a todas partes". Así que actuar como corresponda.

> Instintivamente, esperaba atando todo firmemente de esta manera, la construcción de "árboles" de medidas que dependen de otras medidas, a veces en capas, conduciría a la inflexibilidad y problemas más adelante. En la práctica, eso nunca ha sido así. Ha sido todo beneficio en mi experiencia.
>
> Relacionado: si descubres los lugares donde se necesita, por ejemplo, una medida de ventas que se calcula de forma diferente, el enfoque correcto es sólo definir una segunda medida Sales con un nombre apropiado, como [Sales - No Tax] o [Sales Incl Commissions], etc. Eso funciona espléndidamente. En serio, estoy sonriendo mientras escribo esto.

Otros Beneficios Fundamentales de Medidas

Hay dos ventajas más que ningún capítulo titulado "Introducción a las medidas" estaría completo sin ellas. Vamos a cubrirlos rápidamente antes de continuar.

Uso en cualquier pivote (tabla dinámica)

Hasta ahora sólo he estado trabajando con un solo pivote. Pero si creo un nuevo pivote, ¿adivinen qué? ¡Todas las medidas que he creado en ese primer pivote todavía están disponibles en mi nuevo pivote!

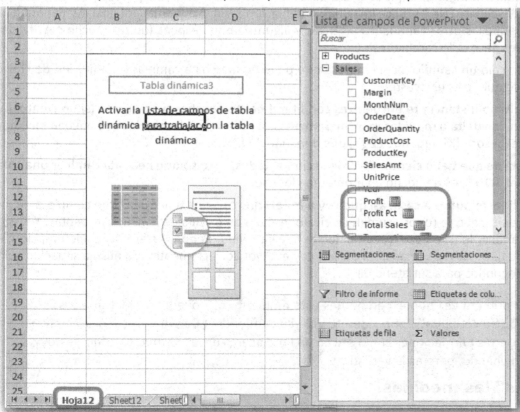

Figura 62 Nueva pivote, nueva hoja de cálculo, ¡pero las medidas están todavía disponibles para su reutilización!

Formato de número definido centralmente

Hasta ahora, he estado mirando medidas con formatos feos. Vamos a añadir las tres medidas de este nuevo pivote para ilustrar:

Figura 63 Medidas sin formato en mi pivote

Siempre puedo usar Formato de celdas, o mejor aún, formato de número, para cambiar esto:

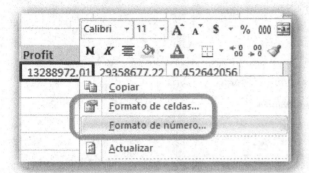

Figura 64 ¡Estas dos formas de formatear números en un pivote son TAN anticuadas!

En su lugar, vamos a abrir el editor de medida para una de estas medidas:

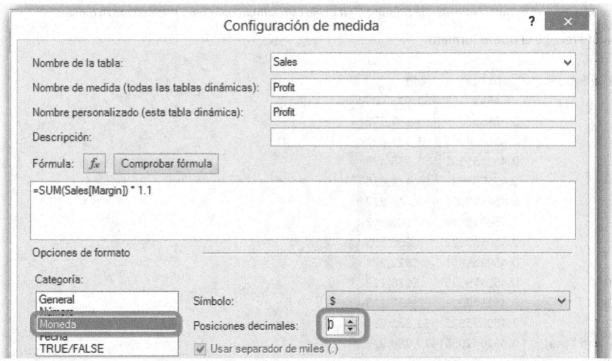

Figura 65 Configurando [Profit] que debe formatearse como moneda, con 0 decimales

Los resultados son los mismos que si hubiera usado en Formato de celdas o Formato de número:

Figura 66 Medida [Resultado] ahora se formatea muy bien en el pivote, como si hubiera utilizado en Formato de celdas o Formato de número.

¡Pero ese formato se aplica ahora por todas partes! Volvamos a mi pivote anterior para actualizarlo:

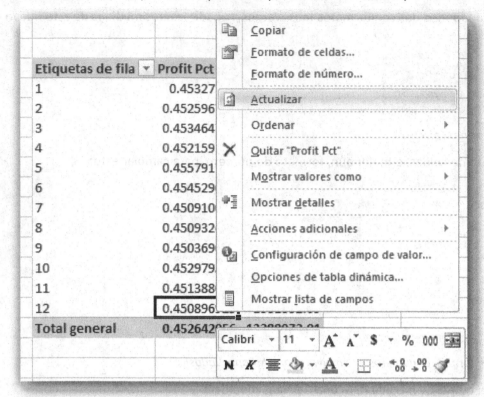

Figura 67 Vuelvo al primer pivote, donde [Resultado] todavía está formateado "feo", y selecciono Actualizar

¡El pivote recoge el nuevo formato!

Row Labels ▾	Profit Pct	Profit
1	0.45327185	$1,076,909
2	0.452596775	$1,132,572
3	0.453464765	$1,183,822
4	0.452159161	$1,256,479
5	0.455791783	$1,419,630
6	0.454529001	$1,445,822
7	0.450910053	$801,008
8	0.450932622	$856,595
9	0.450369061	$826,278
10	0.452979516	$910,113
11	0.451388013	$937,113
12	0.450896925	$1,381,832
Grand Total	0.452642056	$13,288,972

Figura 68 El formato de moneda en [Profit] ahora aparece en pivote original, también

 No es estrictamente necesaria una actualización. Cualquier manipulación del otro pivote hará que el formato sea "recogido". Reordenar campos, haz clic en una máquina de cortar, haz clic en el signo "+" para ver los detalles, etc - todo esto hará que el formato sea recogido.

Ahora vamos a configurar un formato de porcentaje en la medida [Profit Pct]:

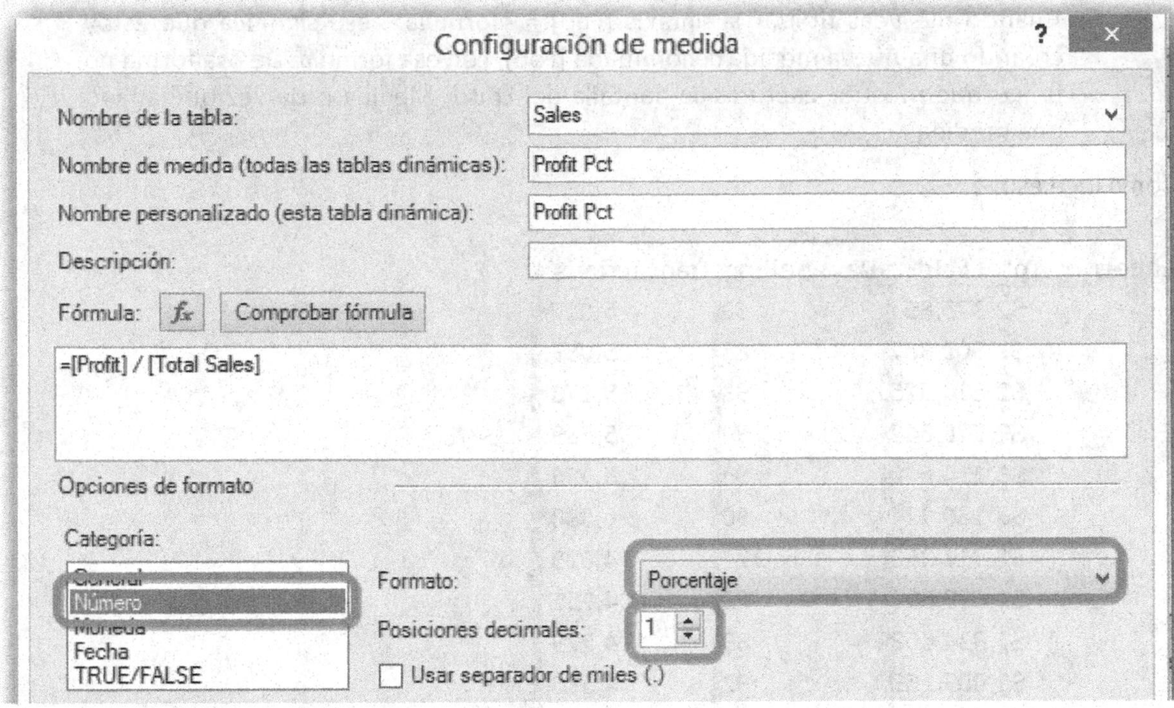

Figura 69 Formateo como número, porcentaje, 1 decimal

Los resultados son los esperados:

Row Labels ▼	Profit Pct	Profit
1	45.3 %	$1,076,909
2	45.3 %	$1,132,572
3	45.3 %	$1,183,822
4	45.2 %	$1,256,479
5	45.6 %	$1,419,630
6	45.5 %	$1,445,822
7	45.1 %	$861,808
8	45.1 %	$856,595
9	45.0 %	$826,278
10	45.3 %	$910,113
11	45.1 %	$937,113
12	45.1 %	$1,381,832
Grand Total	45.3 %	$13,288,972

Figura 70 ¿Formato Porcentaje? Verificado.

Abriendo el apetito: COUNTROWS() y DISTINCT-COUNT()

Este capítulo está corriendo un poco largo, pero bueno, hay una gran cantidad de valor a transmitir. Y todavía quiero terminar con un poco de "chispa".

Vamos a usar un par de nuevas funciones para definir dos medidas:

```
[Transactions] =
COUNTROWS(Sales)
```

y

```
[Days Selling] =
DISTINCTCOUNT(Sales[OrderDate])
```

Cuando me veas utilizar la sintaxis [Foo] = <formula>, eso significa que estoy creando una nueva medida denominada [Foo], con esa fórmula. De esa forma no tengo que mostrar capturas de pantalla del Editor Medida cada vez que añado una medida.

Veamos como luce eso:

Row Labels	Total Sales	Days Selling	Transactions
1	$2,375,857	93	5,017
2	$2,502,387	85	5,059
3	$2,610,615	93	5,178
4	$2,778,842	90	5,589
5	$3,114,646	93	6,064
6	$3,180,924	90	6,080
7	$1,911,263	124	4,019
8	$1,899,607	92	4,256
9	$1,834,668	89	4,229
10	$2,009,169	92	4,536
11	$2,076,070	90	4,536
12	$3,064,630	93	5,835
Grand Total	$29,358,677	1124	60,398

Figura 71 [Transactions] y [Days Selling] – introducción a COUNTROWS() y DISTINCTCOUNT()

COUNTROWS(Sales)

Esta función hace exactamente lo que suena - devuelve el número de filas de la tabla especificada. Así, por ejemplo, en la figura anterior, hay 5017 filas en la tabla de ventas que tienen un MonthNum de 1.

Nombré esta medida [Transacciones] sólo porque sé que cada fila en la mesa de ventas es una transacción. Pero si una sola transacción se divide en varias filas, no podía hacer eso. Tendría que utilizar DISTINCTCOUNT() en una columna ID de transacción, que no tengo en este ejemplo.

DISTINCTCOUNT(Sales[OrderDate])

Una vez más, esta función hace lo que suena que hace. Devuelve el número de valores distintos (únicos) de la columna que especifiques.

Así, mientras que hay 5,017 filas para MonthNum 1, y todos ellos, obviamente, tienen un valor para el [OrderDate] columna, sólo hay 93 diferentes valores únicos para [OrderDate] en las 5k filas.

Derivar Medidas Más Útiles de Estas Dos

Ahora defino dos medidas más que dependen de las dos medidas anteriores.

```
[Sales per Transaction] =

[Total Sales] / [Transactions]
```

y

```
[Sales per Day] =

[Total Sales] / [Days Selling]
```

Resultados:

Row Labels ▼	Total Sales	Days Selling	Transactions	Sales per Transaction	Sales per Day
1	$2,375,857	93	5,017	$473.56	$25,547
2	$2,502,387	85	5,059	$494.64	$29,440
3	$2,610,615	93	5,178	$504.17	$28,071
4	$2,778,842	90	5,589	$497.20	$30,876
5	$3,114,646	93	6,064	$513.63	$33,491
6	$3,180,924	90	6,080	$523.18	$35,344
7	$1,911,263	124	4,019	$475.56	$15,413
8	$1,899,607	92	4,256	$446.34	$20,648
9	$1,834,668	89	4,229	$433.83	$20,614
10	$2,009,169	92	4,536	$442.94	$21,839
11	$2,076,070	90	4,536	$457.69	$23,067
12	$3,064,630	93	5,835	$525.22	$32,953
Grand Total	$29,358,677	1124	60,398	$486.09	$26,120

Figura 72 Dos medidas comerciales significativas - ¡No se puede hacer esto en pivotes normales!

Reorganizar el pivote, ¡las medidas se ajustan automáticamente!

Remuevo MonthNum de filas, arrastro ProductKey en su lugar, luego arrastro el año a segmentadora de datoss y selecciono 2002:

Year ▼

| 2001 | 2002 | 2003 | 2004 |

ProductKey ↓	Total Sales	Days Selling	Transactions	Sales per Transaction	Sales per Day
312	$658,402	123	184	$3,578.27	$5,353
313	$608,306	111	170	$3,578.27	$5,480
310	$608,306	107	170	$3,578.27	$5,685
314	$568,945	99	159	$3,578.27	$5,747
311	$504,536	106	141	$3,578.27	$4,760
371	$235,609	76	108	$2,181.56	$3,100
377	$235,609	80	108	$2,181.56	$2,945
369	$219,902	70	90	$2,443.35	$3,141
370	$202,798	66	83	$2,443.35	$3,073
375	$185,433	64	85	$2,181.56	$2,897
368	$175,921	58	72	$2,443.35	$3,033

Figura 73 Revolví completamente mi pivote, pero ¡mi medida todavía funciona!!

Medidas son "Fórmulas Portátiles"

Detente y piensa sobre ese punto de "reorganizar el pivote y las fórmulas sigan funcionando" por un momento. Digamos que su grupo de trabajo inicialmente solicitó un informe de las ventas mostradas por día y ventas por transacciones, agrupadas por mes.

¿Cómo construir ese informe en Excel normal? No podías escribir fórmulas en un pivote. Habría que hacer algo de alquimia de fórmula muy seria para conseguir que funcione.

Y esas fórmulas en Excel normal, estarían muy "cableadas" para el requisito de "yo quiero verlo por meses".

Luego algún ejecutivos ve el informe, lo ama, y dice: "Wow, ¡si tan sólo pudiera ver esto agrupado por producto en su lugar!"

Cambiar el informe normal de Excel a ser agrupado por producto en lugar de meses (y se puede rebanar por Año) no sería una modificación. Eso sería a partir de cero, en muchos sentidos, y la reconstrucción de todo el informe.

Con Power Pivot, sólo tienes que arrastrar los campos a la lista de campos.

> Es por eso que a menudo describo las medidas como "fórmulas portátiles" - pueden ser utilizadas en muchos contextos diferentes, sin necesidad de volver a escribir. "Escribir una vez, usar en cualquier lugar" es otra manera de decirlo. Y aunque sólo la posibilidad de volver a utilizar la misma fórmula en otra hoja de cálculo, en el otro pivote, con sólo hacer clic en una casilla de verificación, es un impresionante ejemplo de la portabilidad. A medida que sus fórmulas se vuelven más sofisticados y potentes, este beneficio se vuelve más y más impactante.
>
> Incluso escribí un post en el blog oficial de Excel sobre este tema, si estás interesado:
>
> http://ppvt.pro/PortableFormulas

Pero antes de ir más lejos, tenemos que hablar sobre cómo *funcionan* realmente las medidas.

7- Las "Reglas de Oro" de Medidas DAX

¿Cómo llega el Motor DAX a esos Números?

En el capítulo anterior he mostrado un puñado de ejemplos de medidas, que se muestran en diferentes formas. Y, por supuesto, los números que aparecen en todos los casos son precisos.

Ya que estamos escribiendo algunas fórmulas muy interesantes en las tablas pivote, ahora tenemos que dar un paso atrás y reflexionar, sólo un poco, acerca de cómo los pivotes trabajan tras bastidores.

 En un nivel instintivo, estoy bastante seguro de que ya sabes todo lo que voy a explicar en este capítulo, pero tu comprensión es informal y "desatada." Lo que tenemos que hacer es llevar tu conocimiento informal y hacerlo más nítido. Tenemos que ponerlo en palabras.

Por ejemplo, si te preguntara lo que la celda resaltada en esta tabla dinámica "significa," Estoy bastante seguro de que tendrías una respuesta inmediata.

Row Labels	Profit	Total Sales	Profit Pct
⊟ 2001	$287,087	$652,367	44.0 %
312	$236,794	$547,475	43.3 %
328	$2,831	$6,292	45.0 %
344	$47,462	$98,600	48.1 %
⊟ 2002	$337,581	$768,886	43.9 %
312	$284,772	$658,402	43.3 %
328	$5,347	$11,885	45.0 %
344	$47,462	$98,600	48.1 %
Grand Total	$624,668	$1,421,253	44.0 %

Figura 74 Pregunta: ¿Puedes explicar lo que el $98,600 "significa?"

Vamos a hacer esto elección múltiple. Elija Respuesta A o Respuesta B:

- **Respuesta A:** "$98,600 valor del producto 344 fue vendido en el año 2001."

- **Respuesta B:** "Al filtrar la tabla de ventas de sólo las filas en Año = 2001 y ProductKey = 344, entonces resumir la columna SalesAmt sobre las filas restantes, se obtiene $98,600."

Apuesto a que elegiste A. ¿Estoy en lo cierto? Sí, estoy en lo cierto. No me mientas. A menos que realmente te hayas fusionado con Excel en los últimos años para formar una calculadora cyborg, todavía piensas más como una persona que una máquina. Y la gente piensa como A.

Pero la respuesta B es exactamente cómo llegó el motor DAX al número de $98,600. Así que aprender a pensar de esa manera, sólo un poco, es un objetivo de este capítulo.

 Es importante que estés cómodo pensando sobre medidas de la forma en que el motor de DAX piensa acerca de ellos - como la respuesta B. Pensar como un ser humano (respuesta A) sigue siendo importante, también, e incluso al escribir las medidas va a estar bien la mayor parte del tiempo. Eso es porque la mayoría de las veces, la fórmula de la medida funciona la primera vez que se escribe. Pero cuando su fórmula de medida no hace lo que se puede esperar, por lo general, tienes que pensar "el camino DAX" (Respuesta B) con el fin de solucionarlo.

Enseñarte a "pensar como el DAX" es esencialmente el punto de este capítulo. No te preocupes si no has comprendido esto todavía, voy a descomponer algunas maneras para ti.

Paso a paso por ese Ejemplo

Vamos paso a paso por ese mismo ejemplo "98,600" de arriba, esta vez en la ventana de Power Pivot para que podamos tener una imagen en cada paso.

Aquí está la tabla de ventas:

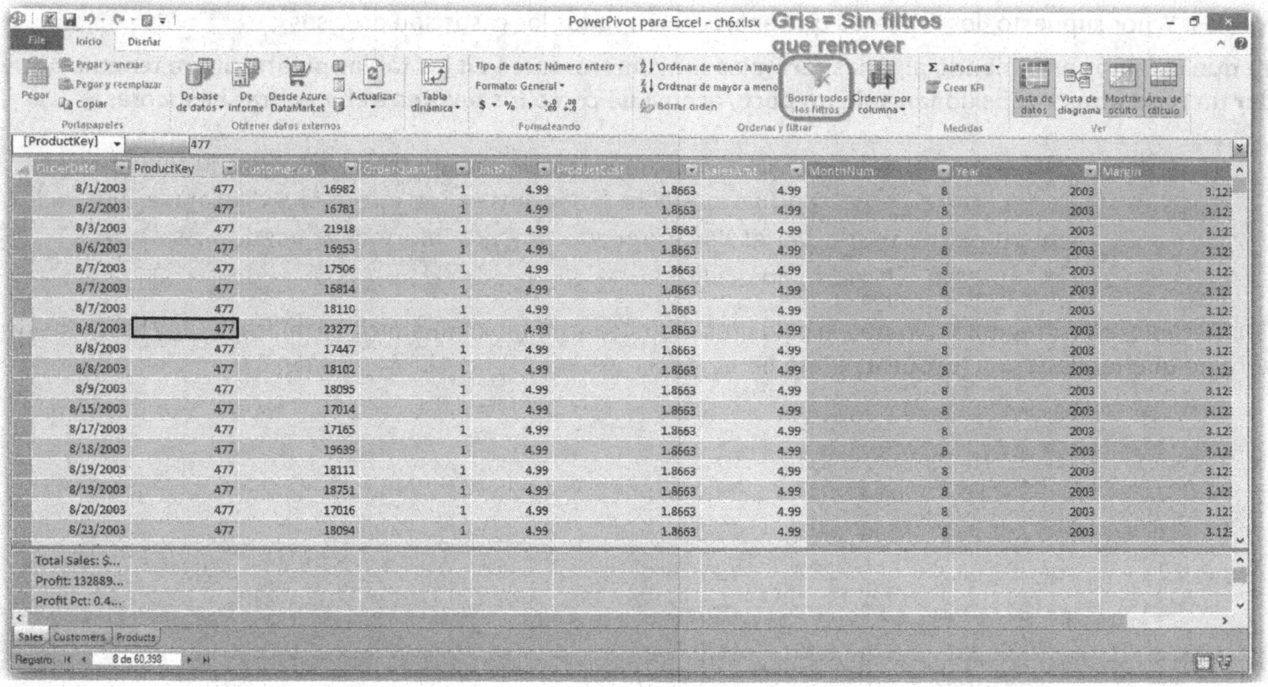

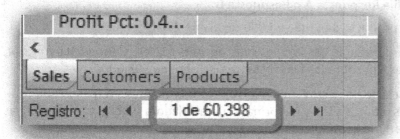

Figura 75 Tabla de Ventas sin filtrar

Hay tres elementos de esta ventana que me gustaría llamar.

1. **El botón de "Borrar todos los filtros" en la cinta.** Resaltado en la imagen de arriba. Cuando esto es gris como éste, ya sabes que no hay filtros aplicados en la tabla actual.

2. **La lectura del número de filas.** Representado aquí, muestra que hay 60,398 filas en la tabla de ventas cuando se borran todos los filtros.

Figura 76 Lectura de Número de Filas: 60,398 filas se están mostrando en la Tabla de Ventas.

3. **La cuadrícula de medida (las tres celdas en la parte inferior de la tabla).** Vamos a ampliar la primera columna para que podamos ver lo que esos eran.

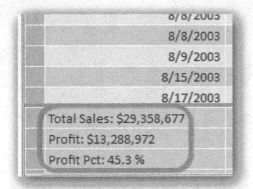

Figura 77 Nuestras tres medidas del pivote también aparecen aquí, en la medida de cuadrícula.

Esta área en la parte inferior de la tabla se llama la Cuadrícula de Medida. Esta función se introdujo en v2, y no estoy seguro de que me gusta mucho todavía. Pero es excelente para demostrar "el camino DAX", por lo que la vamos a utilizar para gran efecto.

Muy bien, vamos a filtrar Year (año) para que sea 2001:

Figura 78 Filtrando Year=2001

Después de aplicar el filtro, Vamos a ver la cuadrícula de medida y lectura de filas:

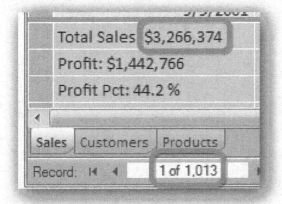

Figura 79 Las ventas han bajado de $ 27M a $ 3.2M, se redujo el número de filas de 60k a 1k

Bien, ahora vamos a aplicar el filtro ProductKey = 344 y luego verifiquemos lo mismo:

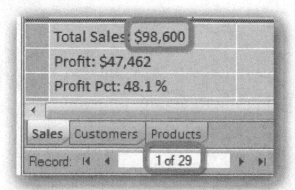

Figura 80 Con ambos filtros aplicados, obtenemos el número de 98,600 dólares (la suma de SalesAmt de 29 filas)

¡Hey hey! ¡Coincide con el pivote!

¿Puedes notar que [Profit] se muestra como $47,462 y [Profit Pct] como 48.1%? Esos fueron los números de la tabla dinámica también:

Row Labels ⊤	Profit	Total Sales	Profit Pct
⊟ 2001	**$287,087**	**$652,367**	**44.0 %**
312	$236,794	$547,475	43.3 %
328	$2,831	$6,292	45.0 %
344	$47,462	$98,600	48.1 %
⊟ 2002	**$337,581**	**$768,886**	**43.9 %**
312	$284,772	$658,402	43.3 %
328	$5,347	$11,885	45.0 %
344	$47,462	$98,600	48.1 %
Grand Total	**$624,668**	**$1,421,253**	**44.0 %**

Figura 81 [Profit] y [Profit Pct] en la tabla dinámica también coinciden con lo que vemos en la Cuadrícula Filtrada de Medidas.

Hey, ¿dónde están las otras medidas? Si hacemos la cuadrícula de medida más alta, vemos que ellas también están aquí:

Figura 82 Todas nuestras medidas están aquí. Nota que [Transactions] = 29, es también lo que la lectura de la fila nos dice.

¿Piensas que el número de [Days Selling] = 18 es correcto? Claro que lo es, pero para doble control es una buena excusa para mostrarte otro truco que utilizo mucho. Despliego el filtro de OrderDate:

Figura 83 Recorre la lista y cuenta el número de fechas que aparecen. (Pista: hay 18).

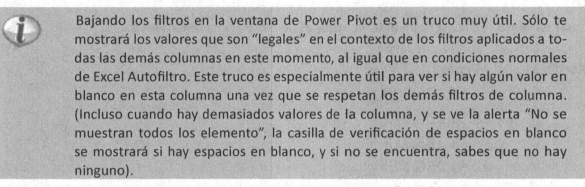

Bajando los filtros en la ventana de Power Pivot es un truco muy útil. Sólo te mostrará los valores que son "legales" en el contexto de los filtros aplicados a todas las demás columnas en este momento, al igual que en condiciones normales de Excel Autofiltro. Este truco es especialmente útil para ver si hay algún valor en blanco en esta columna una vez que se respetan los demás filtros de columna. (Incluso cuando hay demasiados valores de la columna, y se ve la alerta "No se muestran todos los elemento", la casilla de verificación de espacios en blanco se mostrará si hay espacios en blanco, y si no se encuentra, sabes que no hay ninguno).

Suficientes ejemplos.Te prometí algunas reglas de oro, y Reglas de oro voy a entregar.

Traducir los Ejemplos en Tres Reglas de Oro

He estado enseñando esto, que yo llamo las reglas de oro de medidas DAX, por un par de años. Sirven de base - una vez que entiendas esto, todo lo que sigue será simple y progresivo.

 Cuando estás leyendo estas reglas, le animo a que referenciar de nuevo a los ejemplos anteriores para ayudar a aclarar el significado de las normas.

Regla A: Medidas DAX se evalúan según las tablas de origen, NO la tabla dinámica

Es muy tentador pensar que la celda Total en la parte inferior de un pivote es la suma de las celdas por encima de ella, pero esa no es la forma en que se calcula. En lo que se refiere a DAX, el hecho de que la celda de Gran Total coincida con la suma de los números anteriores roza en *coincidencia*.

Así que cuando estás pensando en cómo construir una fórmula de medida, o se depura una que no está funcionando bien, **visualiza la tabla subyacente en la ventana de Power Pivot, porque el motor DAX está haciendo su trabajo en ese contexto.**

Como ejemplo de esto, no necesitamos mirar más allá del viejo problema de "el promedio de los promedios no tiene sentido."

ProductKey ⟆	Profit	Total Sales	Profit Pct
⊟ 2001	$287,087	$652,367	44.0 %
312	$236,794	$547,475	43.3 %
328	$2,831	$6,292	45.0 %
344	$47,462	$98,600	48.1 %
⊟ 2002	$337,581	$768,886	43.9 %
312	$284,772	$658,402	43.3 %
328	$5,347	$11,885	45.0 %
344	$47,462	$98,600	48.1 %
Total general	$624,668	$1,421,253	44.0 %

NO concuerdan

Sheet12 | **Sheet11** | Sheet5

Promedio: 45.5 %   Recuento: 6   Sum

Figura 84 Promedio de las seis celdas seleccionadas 'es 45,5%, pero el gran total es 44,0% - sólo un cálculo en contra de las filas de la tabla de ventas dará el resultado correcto.

Regla B: Cada Celda de la Medida es Calculada de manera Independiente

Al pensar en cómo se calcula tu medida, lo mejor es pensar en "una celda a la vez."

Month ⟆	Profit
1	$1,076,909
2	$1,132,572
3	$1,183,822
4	$1,256,479
5	$1,419,630
6	$1,445,822
7	$861,808
8	$856,595
9	$826,278
10	$910,113
11	$937,113
12	$1,381,832
Grand Total	$13,288,972

Figura 85 El motor DAX no puede calcular exactamente en este orden de 1-4, pero se debe pensar que lo hace

Por lo tanto, elige una celda y visualiza cómo ha sido calculada, como si se tratara de una isla.

El valor de una celda de medida NUNCA afecta el valor de otra celda medida. Las medidas se calculan de forma independiente, y se calculan en contra de la tabla(s) de origen. Ver Regla 1 :-)

Regla C: Las Medidas DAX se Evalúan en Tres Fases

Fase Uno: Detectar Filtros.

Antes de que el motor DAX incluso *revise* tu fórmula, éste detecta las "coordenadas" de la celda de medida actual en el pivote.

Para ilustrar esto, vamos a utilizar un ligeramente "rico" pivote:

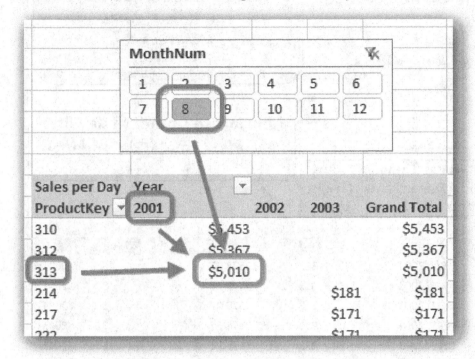

Figura 86 La celda de medida seleccionada tiene tres "coordenadas"– MonthNum=8, Year=2001, y ProductKey=313.

 Una celda de medida está configurada de coordenadas de filtro y se le conoce con frecuencia como **Contexto de Filtro**

Fase Dos: Aplicar esas Coordenadas de Filtros a las Tablas Subyacentes

Esas coordenadas (los filtros en el contexto de filtro) son aplicados a las tablas subyacentes. (Nunca se ve este filtrado, por supuesto - sucede detrás de escenas).

Fase Tres: Evaluar la Aritmética

Una vez que el contexto de filtro de una celda de medida (determinada por sus coordenadas en el pivote) se ha utilizado para filtrar la tabla subyacente, SÓLO ENTONCES son las operaciones aritméticas en tu fórmula evaluadas.

En otras palabras, tu función SUM() o COUNTROWS() no es evaluada hasta que el contexto de filtro ha sido aplicado a las tabla(s) de fuente.

 Para resumir la Regla C, cada celda de medida en el pivote se evalúa en tres fases: **Detectar Filtros, aplicar esos filtros,** *luego* **evaluar la aritmética.**

Las Tres Fases de la Regla "Visualizadas"

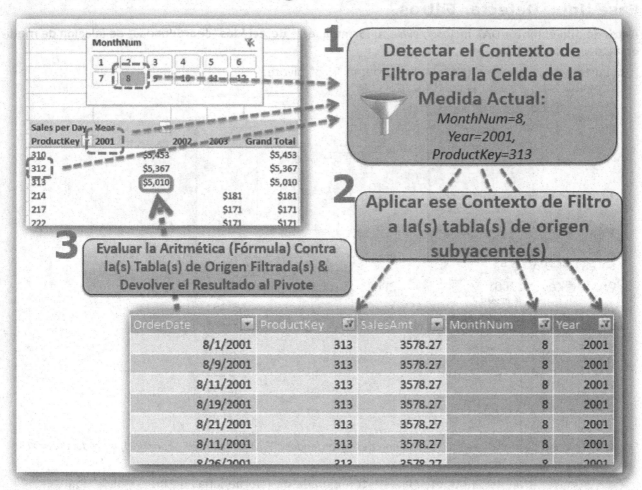

Figura 87 Proceso de evaluación de Medida ilustrado para una sola celda de medida en el pivote: Se produce en 3 pasos, numerados 1-3.

Unos cuantos consejos

No hay "Columnas Desnudas" en las fórmulas de Medida

Al hacer referencia a una columna en una fórmula de medida, siempre tiene que ser "envuelta" en una especie de función. Una referencia "desnuda" a una columna producirá un error en una medida. Echemos un vistazo a un ejemplo:

```
[My New Measure] =
    Sales[Margin]
```

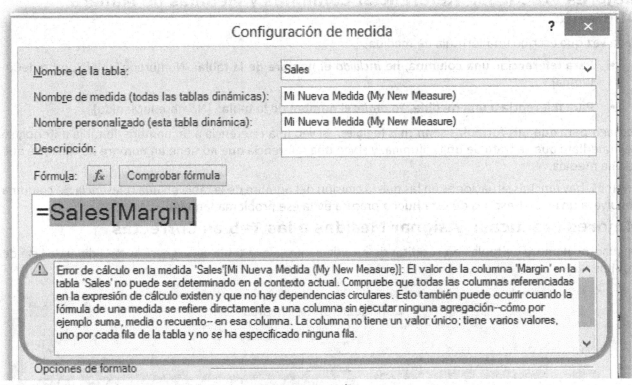

Figura 88 Entro una columna "desnuda" de referencia en el editor de medida, hago clic en Comprobar fórmula ...

Figura 89 ...dando lugar a un mensaje de error relativamente críptico.

Echemos un vistazo a ese mensaje de error:

"Error de cálculo en la medida 'Sales'[Mi Nueva Medida (My New Measure)]: El valor de la columna 'Margin' en la tabla 'Sales' no puede ser determinado en el contexto actual. Compruebe que todas las columnas referenciadas en la expresión de cálculo existen y que no hay dependencias circulares."

No es un buen mensaje de error. En realidad debería ser de más ayuda. Pero cuando uno ve este error, en tu cabeza debes traducir esto para ser "Tengo una referencia de columna desnuda en alguna parte."

"No se puede determinar en el contexto actual" debe convertirse en una frase gatillo para que puedas pensar "Tengo una referencia de columna desnuda en mi fórmula de medida alguna parte."

Pero todo lo siguiente sería válido:

=SUM(Sales[Margin])

=AVERAGE(Sales[Margin])

=MIN(Sales[Margin])

=MAX(Sales[Margin])

...

Cualquier función de agregación es suficiente. Piénsalo de esta manera: los pivotes son, por su naturaleza, los dispositivos de agregación. Ellos toman conjuntos de filas para convertirlos en resultados numéricos más compactos. Hacer referencia a las columnas "desnudas" es lo que las fórmulas de columnas calculadas hacen. **Las medidas son agregaciones, y no aceptan referencias de columnas desnudas en su cuenta.**

> Recuerde, las referencias de columnas desnudas están bien en columnas calcula-
> das. Esta regla sólo se aplica a las *medidas*.

Mejores Prácticas: Referenciar Columnas y Medidas de Manera Diferente

Cada vez que escribo una fórmula de medida,

- **Para referenciar una columna, he *incluido* el nombre de la tabla:** NombredeTabla[NombredeColumna]

- **Para referencia a una medida, Yo *omito* el nombre de la tabla:** [NombredeMedida]

Lo hago para que mis fórmulas sean más legibles. Si veo una referencia a un nombre de tabla anterior, sé de inmediato que se trata de una columna, y si veo una referencia que no tiene un nombre de tabla, sé que es una medida.

Además, hay muchas situaciones en las que la omisión del nombre de la tabla en una referencia de columna devolverá un error. Después de esta buena práctica evita ese problema también.

Mejores Prácticas: Asignar Medidas a las Tablas Correctas

La cuadro "nombre de tabla" en el editor de medida controla qué tabla se asignará la medida en la lista de campos.

Configuración de medida   ?   ×

Nombre de la tabla: Sales   ▼
                                                   Customers
Nombre de medida (todas las tablas dinámicas):   Sales
                                                   Products
Nombre personalizado (esta tabla dinámica):   Medida 1

Descripción:

Fórmula: *fx*   Comprobar fórmula

=

Opciones de formato _____

Categoría:

General
Número

Figura 90 Si establece este desplegable a la tabla de ventas...

Figura 91 ... la medida será "emparentada" con la tabla de ventas en la lista de campos.

Regla Simple: Asigno mis medidas a las tablas que contienen las columnas numéricas utilizadas en la fórmula.

 Esto no es más que una buena higiene para que tu modelo sea más fácil de entender más tarde (por ti o por alguien más). Si una medida está devolviendo números de una columna en la tabla de ventas, asigno esa medida a la tabla de ventas. Asignar a la tabla Customers me confunda más tarde – Me haría pensar que esto de alguna manera se evalúa el número de clientes en lugar de cantidad de ventas. (Yo solía pensar que la tabla a la que se asigna una medida realmente impactaba los resultados de las medidas, pero no he encontrado ningún caso en el que esto se cumpla.)

8- CALCULATE() – Tu Nueva Función Favorita

Un SUMAR.SI() Supercargado

¿Alguna vez has utilizado la función de Excel SUMAR.SI(), o tal vez su primo, SUMAR.SI.CONJUNTO()?

Yo describo a CALCULATE() como "el SUMAR.SI / SUMAR.SI.CONJUNTO que siempre has querido tener." Vas a amar esta función, porque funciona de maravilla.

En caso de que seas uno de los expertos en tablas dinámicas que logró saltar SUMAR.SI() y SUMAR.SI.CONJUNTO() en Excel normal, ambas son funciones muy útiles: ellas suman una columna que especifique, pero filtran las filas que no se ajustan a los criterios de filtro especificados en la fórmula. Así, por ejemplo, puede utilizar SUMAR.SI para sumar una columna de cifras de ventas, pero sólo para las filas de la tabla en la columna del año es igual a 2012.

¿Suena familiar? Suena muy parecido a las reglas de oro del capítulo anterior - «. Filtro, entonces la aritmética» Una similitud interesante, y CALCULATE() continúa en esa misma tradición.

De cualquier manera, CALCULATE() es superior a SUMAR.SI() and SUMAR.SI.CONJUNTO() en tres maneras fundamentales:

1. **Tiene una sintaxis más limpia.** Esta es la más pequeña de las tres ventajas, pero se *siente* bien. Y un escritor de fórmulas más *feliz* es un *mejor* escritor de fórmulas.

2. **Es un "todo" SI, y no limitado a SUM / COUNT / PROMEDIO.** No hay función MAXIF() en Excel, por ejemplo. Eso siempre me ha molestado. Tampoco existe un MINIF(), y definitivamente no hay STDEVIF(). CALCULATE() es literalmente ilimitado - que te permite tomar cualquier función de agregación (io incluso una expresión compleja de múltiples funciones!) Y producir rápidamente una versión IF de ella.

3. **Se puede utilizar en los pivotes** (como parte de una medida), que SUMAR.SI() normal no puede.

Sintaxis de CALCULATE()

> **CALCULATE(<measure expression>, <filter1>, <filter2>, ...)**
>
> Ejemplo: CALCULATE(SUM(Sales[Margin]), Sales[Year]=2001)
>
> Ejemplo: CALCULATE([Sales per Day], Sales[Year]=2002, Sales[ProductKey]=313)

CALCULATE() En Acción – Algunos Ejemplos Rápidos

Empecemos con una simple tabla dinámica. Años en filas, medida [Total Sales] en valores:

Year	Total Sales
2001	$3,266,374
2002	$6,530,344
2003	$9,791,060
2004	$9,770,900
Grand Total	$29,358,677

Figura 92 Simple tabla dinámica – la base para nuestra primera incursión en CALCULATE()

OK, vamos a añadir una nueva medida, que siempre es filtrada a Year=2002 (Año=2002):

```
[2002 Sales] =
CALCULATE([Total Sales], Sales[Year]=2002)
```

Tres cosas a tener en cuenta en esta fórmula:

1) He utilizado el nombre de una medida para el argumento <measure expression> de CALCULATE. Cualquier expresión que es legal para una medida está bien allí – que incluye el nombre de una medida predefinida, o cualquier expresión de la fórmula que se podría utilizar para definir una medida.

2) En el argumento <filter>, 2002 *no* está entre comillas. Eso es porque la columna Year (Año) es numérica. Si se tratara de una columna de texto, yo habría tenido que utilizar = "2002" en lugar.

3) Solo utilicé un argumento <filter> esta vez, pero podría utilizar todos los que deseo en una sola fórmula CALCULATE.

Y los resultados:

Year	Total Sales	2002 Sales
2001	$3,266,374	$6,530,344
2002	$6,530,344	$6,530,344
2003	$9,791,060	$6,530,344
2004	$9,770,900	$6,530,344
Grand Total	$29,358,677	$6,530,344

Figura 93 ¡Nuestra nueva medida coincide con el valor de la medida original de 2002 en todas las situaciones!

¿Esos resultados te sorprenden? Apuesto a que están *cerca* de lo que esperabas, pero tal vez no exactamente. Podrías haber esperado que los años 2001 y 2003 mostraran ceros para nuestra nueva medida, y puede que te rasques la cabeza un poco sobre el gran total de celdas, pero por lo demás, con la nueva medida siempre devolviendo el valor 2002 de la medida original es probablemente bastante intuitivo.

No es muy frecuente que yo escriba una medida CALCULATE que filtra contra una columna que también está en el pivote (Sales[Year] en este caso). Que rara vez tiene sentido en el mundo real. Empecé de esta forma para que puedas ver que el número $6,530,344 coincide.

Así que para hacer esto un poco más realista, vamos a tomar el Year (Año) fuera del pivote y poner Month-Num allí en lugar:

MonthNum	Total Sales	2002 Sales
1	$2,375,857	$596,747
2	$2,502,387	$550,817
3	$2,610,615	$644,135
4	$2,778,842	$663,692
5	$3,114,646	$673,556
6	$3,180,924	$676,764
7	$1,911,263	$500,365
8	$1,899,607	$546,001
9	$1,834,668	$350,467
10	$2,009,169	$415,390
11	$2,076,070	$335,095
12	$3,064,630	$577,314
Grand Total	$29,358,677	$6,530,344

Figura 94 Un ejemplo de pivote más sensato en el que se usa esa misma medida CALCULATE

Esto probablemente tiene más sentido que la tabla dinámica anterior. El total sigue siendo de $ 6,5 millones, pero todas las demás celdas devuelven un número distinto - las ventas de 2002 que coincide con el Month-Num del pivote.

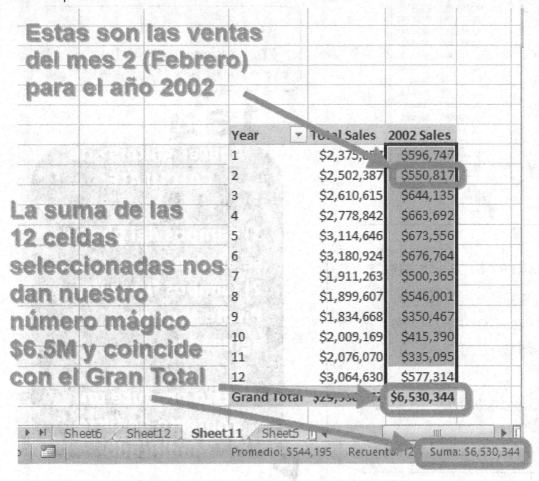

Figura 95 Examinando Resultados Previos: cada mes del año 2002 se devuelve por separado, y el total general coincide con todo el año 2002. ¡Exactamente lo que queremos y esperamos!

Cómo Funciona CALCULATE()

Ahora que hemos visto un par de ejemplos, vamos a examinar cómo realmente funciona CALCULATE(), ya que va a aclarar el puñado de resultados un tanto inesperados en el primer ejemplo.

Hay tres puntos clave que debes saber sobre CALCULATE(), específicamente sobre los argumentos <filter>:

1. **Los argumentos <filter> operan durante la fase de "filtro" de cálculo medida.** Ellos modifican el contexto de filtro proporcionado por el pivote - esto ocurre antes de que los filtros se aplican a las tablas de origen, y por lo tanto, también antes de la fase de la aritmética.

2. **Si un argumento <filter> actúa sobre una columna que YA está en el pivote, se anulará el contexto de pivote para esa columna.** Así que en nuestro primer ejemplo de arriba, el pivote está "diciendo" que las ventas de [Año] = 2001, pero tengo Ventas [Año] = 2002 en mi CALCULATE(), por lo que la "opinión" del pivote del 2001 es completamente anulado por CALCULATE(), y se convierte en 2002. Es por eso que incluso las celdas (y el gran total de celdas grandes) 2001 y 2003, en el primer ejemplo devuelve el número de ventas en el 2002.

3. **Si un argumento <filter> actúa sobre una columna que NO está ya en el pivote, esa <filter> será puramente *agregado* al contexto de filtro.** En nuestro segundo ejemplo, donde tuvimos Sales [MonthNum] en el pivote, pero no ventas [Año], el filtro de ventas [Año] = 2002 se aplica en la parte superior del contexto de mes desde la tabla dinámica, por lo que recibió la intersección - 2002 las ventas para el mes 1, 2002 ventas para el mes 2, etc.

Así que tal vez sea hora de revisar el diagrama del capítulo anterior, para agregar el paso 1a:

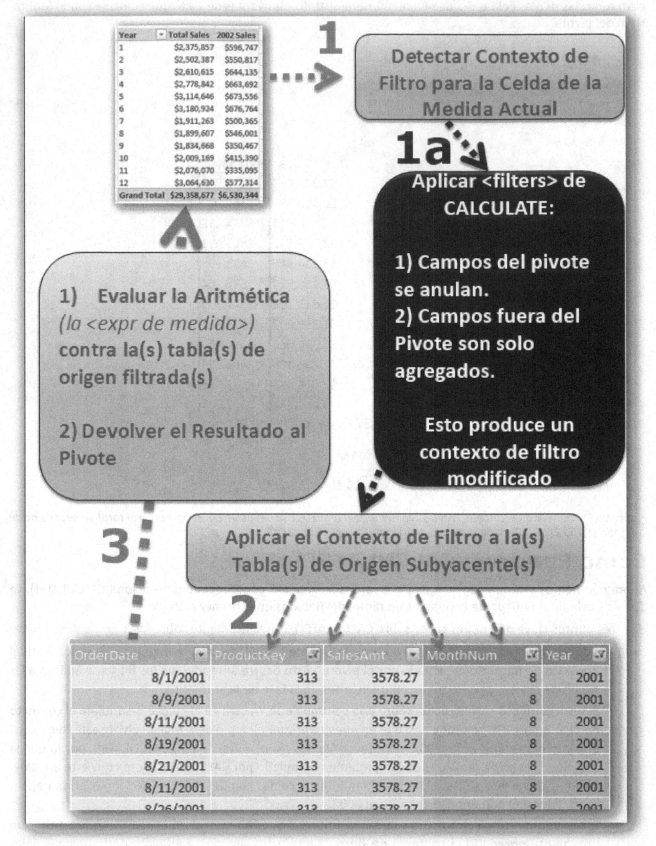

Figura 96 El Diagrama de las Reglas de Oro sobre DAX del capítulo anterior: revisado para incluir el impacto de CALCU-LATE() en el contexto de filtro

Dos Ejemplos Útiles de CALCULATE()

La medida [2002 Sales] que he estado usando como ejemplo hasta el momento es una buena manera de mostrar cómo funciona CALCULATE(), pero puede no parecer terriblemente útil. Así que permítanme mostrarles dos ejemplos rápidos que son mucho más ampliamente aplicables.

Ejemplo 1: Las Transacciones de un Tipo Determinado

Aquí está uno que veo todo el tiempo en el negocio de venta al por menor: no todas las transacciones de ventas son normales. Algunas empresas registran muchos diferentes tipos de transacciones, incluyendo "Operación Normal", "Devolución" y "transacción de venta de promoción".

Mi base de datos tiene una columna para eso, así que fui adelante y las importe a mi tabla Sales (usando Propiedades de la tabla). En este caso, vemos que tiene tres valores:

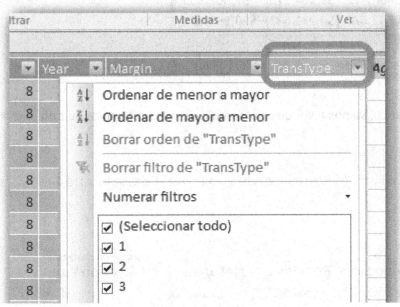

Figura 97 Mi columna TransType recién importada

Ahora quiero escribir cuatro medidas nuevas, que se definen aquí en inglés:

- **"Regular" Sales** *(Ventas "Regulares")* – Solo transacciones del tipo 1

- **"Promotional" Sales** *(Ventas "Promocionales")* – Solo transacciones del tipo 3

- **"Refunds"** *(Reembolsos)* – transacciones del tipo 2, expresadas como un numero negativo

- **"Net Sales"** (Ventas Netas) – Ventas Regulares más Promocionales, menos Reembolsos

Ahora, aquí están las fórmulas para cada:

```
[Regular Sales] =
CALCULATE([Total Sales], Sales[TransType]=1)


[Promotional Sales] =
CALCULATE([Total Sales], Sales[TransType]=3)


[Refunds] =
CALCULATE([Total Sales], Sales[TransType]=2) * -1


[Net Sales] =
[Regular Sales] + [Promotional Sales] + [Refunds]
```

Ten en cuenta que mi tratamiento de [Reembolsos] asume que las devoluciones se registran como valores positivos en mi tabla de ventas. Si se registran como valores negativos, quito la multiplicación por -1 de la medida de [reembolsos].

Resultados:

Row Labels ▼	Normal Sales	Promo Sales	Refunds	Net Sales
2001	$2,235,112	$505,235	($526,027)	$2,214,320
2002	$4,677,472	$915,346	($937,525)	$4,655,293
2003	$6,965,623	$1,441,621	($1,383,817)	$7,023,427
2004	$6,906,155	$1,480,472	($1,384,273)	$7,002,355
Grand Total	$20,784,362	$4,342,674	($4,231,642)	$20,895,394

Figura 98 Las cuatro medidas añadidas a la tabla dinámica, con Year (Año) en filas

Increíble ¿no?

Y luego continuando por el camino práctico, vamos a ver qué porcentaje de nuestras ventas se deben a la realización de campañas de promoción:

```
[Pct Sales on Promo] =

[Promotional Sales] / ([Regular Sales] + [Promotional
Sales])
```

Resultados:

Row Labels ▼	Normal Sales	Promo Sales	Refunds	Net Sales	Pct Sales on Promo
2001	$2,235,112	$505,235	($526,027)	$2,214,320	18.4 %
2002	$4,677,472	$915,346	($937,525)	$4,655,293	16.4 %
2003	$6,965,623	$1,441,621	($1,383,817)	$7,023,427	17.1 %
2004	$6,906,155	$1,480,472	($1,384,273)	$7,002,355	17.7 %
Grand Total	$20,784,362	$4,342,674	($4,231,642)	$20,895,394	17.3 %

Figura 99 Medida destacada nos dice qué porcentaje de nuestras ventas en dólares provienen de las campañas de promoción

Ejemplo 2: Crecimiento Desde el Inicio

Voy a definir una nueva medida "base" que rastrea cuántos clientes fueron activos en un período de tiempo determinado:

```
[Active Customers] =

DISTINCTCOUNT(Sales[CustomerKey])
```

"Medida base" es la forma en que me refiero a las medidas que no se refieren a otras medidas, y son la aritmética pura como la de arriba.

Y ahora una medida que siempre me dice cuántos clientes estaban activos en 2001 (el primer año en el negocio):

```
[2001 Customers] =

CALCULATE([Active Customers], Sales[Year]=2001)
```

Resultados:

Year	Active Customers	2001 Customers
2001	1013	1013
2002	2677	1013
2003	9309	1013
2004	11377	1013
Grand Total	18484	1013

Figura 100 Clientes activos por año, y clientes activos para 2001 específicamente

Y entonces una medida que me dice el porcentaje de crecimiento de la base de clientes desde el año 2001:

```
[Customer Growth Since 2001] =
    ([Active Customers]-[2001 Customers]) / [2001 Customers]
```

Resultados:

Year	Active Customers	2001 Customers	Customer Growth Since 2001
2001	1013	1013	0.0 %
2002	2677	1013	164.3 %
2003	9309	1013	819.0 %
2004	11377	1013	1023.1 %
Grand Total	18484	1013	1724.7 %

Figura 101 Porcentaje de crecimiento en la base de clientes desde 2001

Alternativa al Operador "=" en <filtros>

En un argumento <filter> de CALCULATE(), no estas limitado al operador "=". También puedes utilizar:

- < (Menor que)
- > (Mayor que)
- <= (Menor o igual que)
- >= (Mayor o igual que)
- <> (No es igual a)

Evaluación de Múltiples <filters> en un solo CALCULATE()

Todos los argumentos <filter> en un solo CALCULATE() se comportan como si estuvieran envueltos en una función Y(). En otras palabras, una fila debe coincidir con cada argumento <filter> con el fin de ser incluidos en el cálculo.

Si necesitas un estilo de operación "O()", se puede utilizar el operador "||". Por ejemplo:

```
CALCULATE([Total Sales], Sales[TransType]=1 || Sales[Trans-
Type]=3)
```

Cuando se utiliza el operador | | de esta manera, sólo se puede utilizar entre las comparaciones en una sola columna - TransType en este caso. No se puede utilizar | | entre comparaciones que operan sobre diferentes columnas, como TransType y Year (Año).

El Filtro de Contexto "ALL" (alias "Sin Filtrar")

La medida [Active Customers] proporciona la oportunidad de explicar cómo funciona la celda Total general en el pivote. Veamos el pivote de nuevo:

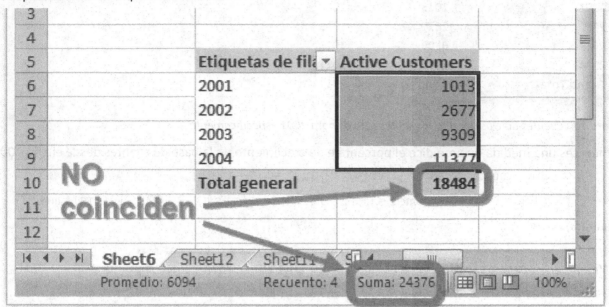

Figura 102 Suma de todos los años es MUCHO MAYOR que la celda Total general

Un ejemplo perfecto de por qué es importante pensar en las medidas que evalúan contra la tabla(s) de origen en lugar de en el propio pivote. Además, hemos hablado mucho sobre el contexto filtro a este punto, pero hasta ahora, no hemos discutido el contexto de filtro del gran total de celdas.

Es bastante simple en realidad: el gran total de celdas representa la ausencia de un filtro. En el contexto de esa celda, es como si el campo Year (Año) ni siquiera está en el pivote.

Para conducir esto a casa, vamos a eliminar el Year (Año) del pivote:

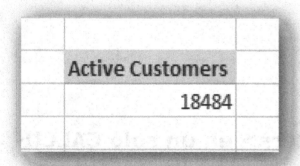

Figura 103 Retira Year (Año) del pivote, y el resultado de la celda total general coincide desde el año que ESTÁ en el pivote. ¡Esto no es un accidente!

Tiene sentido: algunos de nuestros clientes desde 2001 han pegado la vuelta y compraron cosas en el 2002 (y posteriores), y algunos 2002 clientes de manera similar persistieron en 2003. Si sumamos los totales individuales para cada año, nos contamos los clientes "remanentes" más de una vez (y terminamos con 24,376). Pero cuando limpiamos el filtro de Year (Año), la aritmética de DistinctCount (Sales [CustomerKey]) se ejecuta en una tabla sin filtrar, ¡y sólo cuenta cada cliente una vez! Terminamos con 18,484, que es la respuesta correcta.

 No omitas el párrafo anterior. El mundo no se acabará *si* lo saltas, pero vale la pena darle más atención que el texto sin negrilla promedio. :-)

No todos los totales son completamente (o parcialmente) Generales

Para aclarar, vamos a arrastrar Year (Año) a columnas y agregar MonthNum a filas:

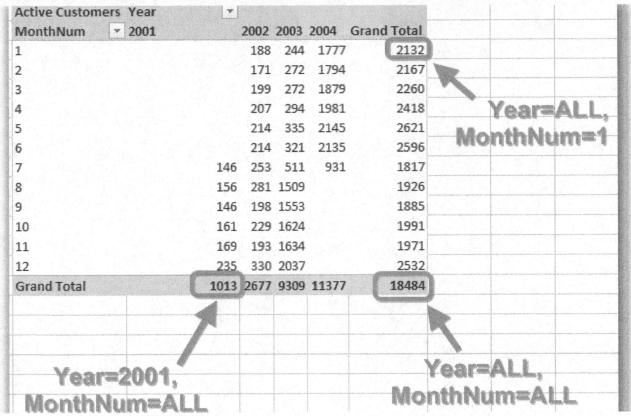

Active Customers	Year				
MonthNum	2001	2002	2003	2004	Grand Total
1		188	244	1777	2132
2		171	272	1794	2167
3		199	272	1879	2260
4		207	294	1981	2418
5		214	335	2145	2621
6		214	321	2135	2596
7	146	253	511	931	1817
8	156	281	1509		1926
9	146	198	1553		1885
10	161	229	1624		1991
11	169	193	1634		1971
12	235	330	2037		2532
Grand Total	1013	2677	9309	11377	18484

Figura 104 Contexto de filtro para tres tipos diferentes de totales generales - total a través de los años, el total a través de MonthNums, y el total a través de ambos.

Cada total en un pivote en realidad es sólo la ausencia de uno o más filtros - un lugar en donde uno o más de los campos de pivote no se aplica, como si el campo fuera completamente ausente del pivote.

A medida que agregue más campos a filas y columnas, se obtienen muchas variaciones diferentes de los totales. Por ejemplo, nada cambia cuando anida un campo con otro. Veamos a MonthNum nido debajo de Año sobre las filas como un ejemplo:

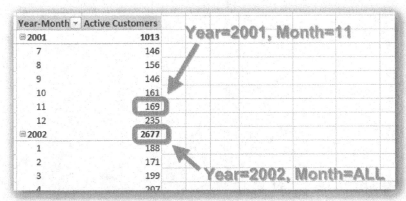

Year-Month	Active Customers
⊟ 2001	1013
7	146
8	156
9	146
10	161
11	169
12	235
⊟ 2002	2677
1	188
2	171
3	199
4	207

Figura 105 Anidación en realidad no cambia nada. Tenga en cuenta el subtotal de 2002 (2677) era una celda de total general cuando Year (Año) estaba en las columnas (en el pivote anterior).

La ubicación física de una celda de medida en el pivote no es importante. Sólo sus "coordenadas" son importantes. Un contexto de Filtro Year=2002, Month=ALL es exactamente el mismo para el motor de DAX, no importa donde los campos de Year y MonthNum estén localizados – filas, columnas, filtros de reportes, or slicers (Segmentadores de datos).

9- ALL() – La Función de "Eliminar un Filtro"

Teniendo en cuenta donde dejamos el capítulo anterior esto seguro parece un buen momento para introducir la función de ALL().

De hecho, teniendo en cuenta la sección del capítulo anterior en el contexto del filtro "ALL", y el título de este capítulo, puedes probablemente ya adivinar casi todo lo que necesitas saber sobre la función ALL(). Así que no voy a aburrir con largas explicaciones de los conceptos básicos. Voy a mantenerlo nítido y práctico.

Los Fundamentos Nítidos

La función ALL() es utilizada dentro de CALCULATE(), como uno de los argumentos de filtros o <filter>, para remover un filtro del contexto de filtro.

Vamos a saltar directamente a un ejemplo. Ten en cuenta la siguiente tabla dinámica: [Ventas Netas] representada por MonthNum con año en una rebanadora:

Figura 106 Vamos a utilizar esta tabla dinámica para demostrar el uso de ALL().

OK, tiempo para una nueva medida:

```
[All Month Net Sales] =
    CALCULATE([Net Sales], ALL(Sales[MonthNum]))
```

Y los resultados:

Figura 107 Debido a que ALL() elimina el filtro de MonthNum, cada celda de medida en la columna de la derecha tiene precisamente el mismo contexto de filtro (coordenadas) en el gran total de la columna izquierda

 Supongo que también puedes pensar en ALL() como un medio para "referenciar", una de las celdas totales en una tabla dinámica, siempre y cuando también se entienda que, fundamentalmente, lo que está haciendo es borrar / eliminar un filtro del contexto de filtro

Los Fundamentos Prácticos – Dos Ejemplos

Tiempo para un par de ejemplos en los que ALL() es útil.

Ejemplo 1 – Porcentaje de Padres

Vamos a hacer una simple relación de las dos medidas que ya están en las tablas dinámicas:

[Pct of All Month Net Sales] =

 [Net Sales] / [All Month Net Sales]

Resultados:

Month	Net Sales	All Month Net Sales	Pct of All Month Net Sales
1	$325,923	$7,023,427	4.6 %
2	$384,359	$7,023,427	5.5 %
3	$332,465	$7,023,427	4.7 %
4	$364,024	$7,023,427	5.2 %
5	$458,236	$7,023,427	6.5 %
6	$346,219	$7,023,427	4.9 %
7	$675,507	$7,023,427	9.6 %
8	$570,071	$7,023,427	8.1 %
9	$783,861	$7,023,427	11.2 %
10	$756,351	$7,023,427	10.8 %
11	$807,463	$7,023,427	11.5 %
12	$1,218,949	$7,023,427	17.4 %
Grand Total	$7,023,427	$7,023,427	100.0 %

Year: 2001, 2002, 2003, 2004 (2003 seleccionado)

Figura 108 Nueva medida retorna la contribución por mes al total de "all month"l

Podemos eliminar el original ALL de la medida de la tabla dinámica y la nueva medida "pct del total" sigue funcionando:

Month	Net Sales	Pct of All Month Net Sales
1	$325,923	4.6 %
2	$384,359	5.5 %
3	$332,465	4.7 %
4	$364,024	5.2 %
5	$458,236	6.5 %
6	$346,219	4.9 %
7	$675,507	9.6 %
8	$570,071	8.1 %
9	$783,861	11.2 %
10	$756,351	10.8 %
11	$807,463	11.5 %
12	$1,218,949	17.4 %
Grand Total	$7,023,427	100.0 %

Year: 2001, 2002, 2003, 2004 (2003 seleccionado)

Figura 109 La medida Pct of total todavía funciona sin la medida ALL() en la tabla dinámica

Sí, puedes hacer esto en tablas dinámicas de Excel sin el uso de ALL(). Es posible utilizar la opción Mostrar valores como característica y obtener el mismo resultado visual. Pero esa conversión (de valor bruto en% del total) se produce después de que el motor DAX ha hecho su trabajo, lo que significa que el motor DAX sólo tiene el valor bruto. En otras palabras, si alguna vez deseas utilizar un "Pct del total" valor en un cálculo DAX, Mostrar valores como es inútil - es absolutamente necesario utilizar ALL() como se muestra arriba.

Ejemplo 2 – Negando Los Segmentadores de Datos (Slicers)

Esta es útil, pero también un montón de diversión. Vamos a empezar con la tabla dinámica siguiente (acabamos de agregar ProductKey como un slicer, e hicimos algunas selecciones).

Figura 110 Tabla dinámica con el producto como slicer

Ahora agrega una medida que pasa por alto los filtros en ProductKey:

```
[Net Sales - All Products] =
    CALCULATE([Net Sales], ALL(Sales[ProductKey]))
```

Y una medida que es la relación de eso a la original [Net Sales]:

```
[Selected Products Pct] =
    [Net Sales] / [Net Sales - All Products]
```

Resultados:

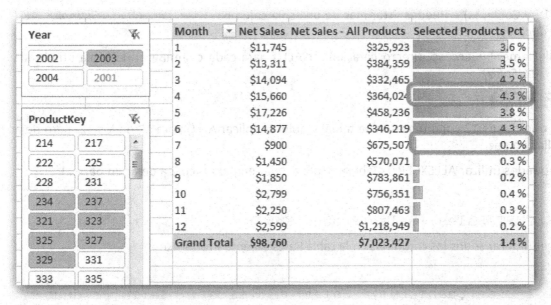

Figura 111 Los siete productos seleccionados representan el 4.3% del total de ventas netas en Abril de 2003, pero sólo el 0.1% de todas las ventas en Julio de 2003.

 Soy un gran creyente en el formato condicional. Aplico formato condicional a mis tablas dinámicas casi instintivamente a esta altura.

Ahora cambio la selección de los productos de la rebanadora:

Igual que en la captura de pantalla anterior

	Net Sales	Net Sales - All Products	Selected Products Pct
	$12,00	$325,923	3.7 %
	$17,00	$384,359	4.4 %
	$1	$332,465	3.9 %
	$20,00	$364,024	5.5 %
	$21,00	$458,236	4.6 %
	$12,00	$346,219	3.5 %
7	$14,56	$675,507	2.2 %
8	$22,41	$570,071	3.9 %
9	$32,49	$783,861	4.1 %
10	$14,56	$756,351	1.9 %
11	$21,28	$807,463	2.6 %
12	$51,54	$1,218,949	4.2 %
Grand Total	$251,910	$7,023,427	3.6 %

384	385
386	387
388	389
390	463
465	467
471	472
473	474

Figura 112 Estos cinco productos representan una parte mucho más grande de las ventas netas que los anteriores siete. Ten en cuenta que la columna central resaltada (la medida ALL) no ha cambiado desde la captura de pantalla anterior.

No se puede lograr estos resultados utilizando Mostrar valores como. ALL() es la única manera.

Variaciones

ALL() se puede utilizar con otros argumentos de una sola columna. Ambas de estas variaciones también son válidas:

- ALL(<Col1>, <Col2>, ...) – Puedes listar más de una sola columna.   *Ejemplo: ALL(Sales[ProductKey], Sales[Year])*

- ALL(<TableName>) – acceso directo para aplicar ALL() para cada columna en la tabla nombrada. *Ejemplo: ALL(Sales)*

ALLEXCEPT()

- Digamos que tienes 12 columnas de una tabla, y quieres aplicar ALL() para 11 de los 12, pero dejar una de ellas en paz.

- Después puedes utilizar ALLEXCEPT(<Tabla>, <col1 a dejar en paz>, <col2 a dejar en paz>...)

- Ejemplo:

```
ALLEXCEPT(Sales, Sales[ProductKey])
```

Es lo mismo que enumerar *todas* las columnas en la tabla Sales *excepto* ProductKey:

```
ALL(

  Sales[OrderQuantity], Sales[UnitPrice], Sales[Product-
  Cost], Sales[CustomerKey], Sales[OrderDate], Sales[Month-
  Num],     ...

  <cada columna, excepto ProductKey>

)
```

Por lo que ALLEXCEPT() es mucho más conveniente en casos como este.

La otra diferencia, además de la comodidad, es que si posteriormente se agrega una nueva columna a la tabla Sales, ALLEXCEPT () va a "recoger" y aplicar el comportamiento ALL() para ella, sin necesidad de cambiar la fórmula de la medida. El enfoque ALL (<lista cada column>), obviamente, no se aplicará a la nueva columna hasta que edites la fórmula.

ALLSELECTED()

Esta es una nueva en Power Pivot v2, y es algo que yo he necesitado un par de veces en v1. No espero utilizarla con mucha frecuencia, pero cuando la necesite, he encontrado que no hay solución alternativa - cuando se necesita esta función, realmente la necesitas.

En primer lugar, déjame que te enseñe un truco que no tiene nada que ver con el DAX.

¿Sabías que un campo en filas o columnas o filtros de informe también se puede arrastrar para segmentación de datos y estar en dos sitios a la vez?

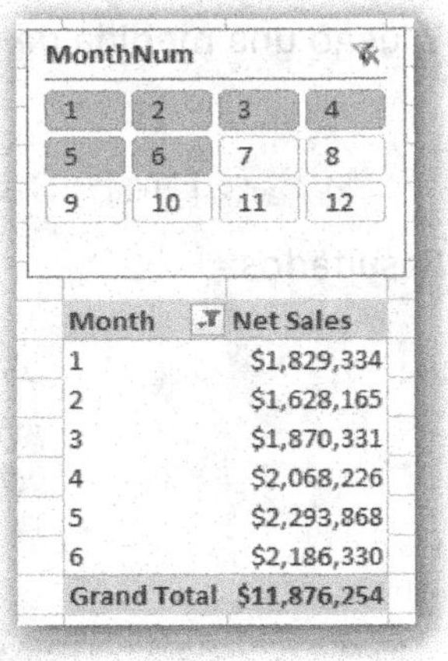

Month	Net Sales
1	$1,829,334
2	$1,628,165
3	$1,870,331
4	$2,068,226
5	$2,293,868
6	$2,186,330
Grand Total	$11,876,254

Figure 113 Campo MonthNum en ambas filas y segmentadora de datos – ayuda para el filtrado rapido de Filas sin la necesidad de utilizar el filtro desplegable de Filas

¿Recuerdas las personas que consumen el trabajo de Excel Pros? Las personas que no disfrutan de trabajar con los datos tanto como nosotros? No les gusta usar el Filtro desplegable de Filas, en absoluto. Tampoco les gusta el uso de filtros de informe. La mayoría de ellos disfrutan trabajando con máquinas de cortar, sin embargo, por lo que este truco de "duplicar un campo en las filas y en una segmentadora de datos" es algo que hacemos en su nombre. En realidad, es mejor para nosotros, también.

Ahora sólo vamos a encontrar la medida [All Month Net Sales], Ventas Netas de todos los meses, que definimos con ALL() y poner eso en la tabla dinámica:

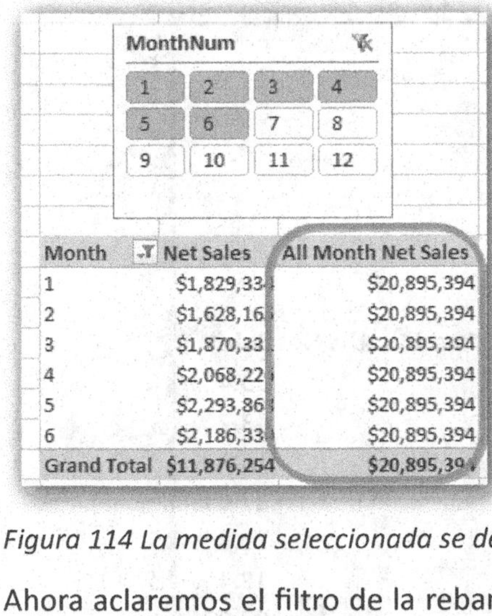

Month	Net Sales	All Month Net Sales
1	$1,829,33	$20,895,394
2	$1,628,16	$20,895,394
3	$1,870,33	$20,895,394
4	$2,068,22	$20,895,394
5	$2,293,86	$20,895,394
6	$2,186,33	$20,895,394
Grand Total	$11,876,254	$20,895,39

Figura 114 La medida seleccionada se define con ALL(Sales[MonthNum])

Ahora aclaremos el filtro de la rebanadora y veamos lo que obtenemos:

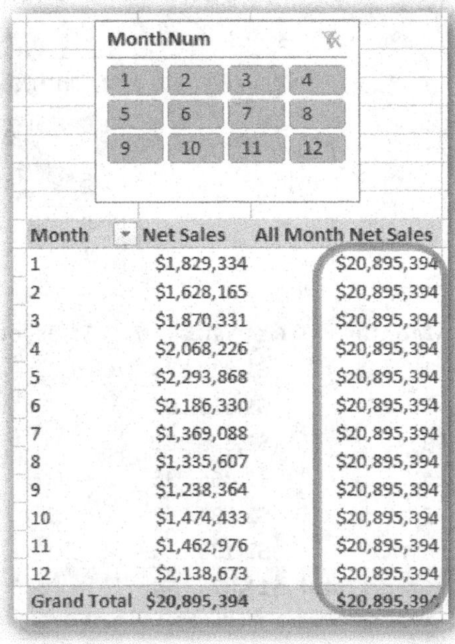

Month	Net Sales	All Month Net Sales
1	$1,829,334	$20,895,394
2	$1,628,165	$20,895,394
3	$1,870,331	$20,895,394
4	$2,068,226	$20,895,394
5	$2,293,868	$20,895,394
6	$2,186,330	$20,895,394
7	$1,369,088	$20,895,394
8	$1,335,607	$20,895,394
9	$1,238,364	$20,895,394
10	$1,474,433	$20,895,394
11	$1,462,976	$20,895,394
12	$2,138,673	$20,895,394
Grand Total	$20,895,394	$20,895,394

Figure 115 Todos los meses están seleccionados, pero la medida resaltada devuelve la misma cantidad - ya que utiliza ALL(), no tiene en cuenta nuestras selecciones de la rebanadora, como se esperaba.

Pero mi objetivo aquí es crear un "por ciento de todo lo que veo". Si selecciono seis meses en la segmentadora de datos, quiero una medida que devuelve sólo el total de esos seis meses.

Por lo tanto vamos a definir una nueva medida, y esta vez utilizaremos ALLSELECTED () en su lugar:

```
[Net Sales for All Selected Months] =
CALCULATE([Net Sales], ALLSELECTED(Sales[MonthNum]))
```

Y luego una medida de razón:

```
[Pct of All Selected Months Net Sales] =
[Net Sales] / [Net Sales for All Selected Months]
```

Resultados:

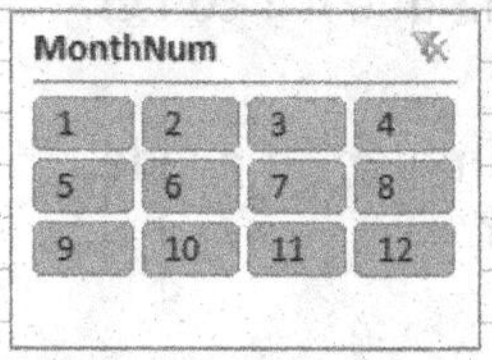

Month	Net Sales	Net Sales for All Selected Months	Pct of All Selected Months Net Sales
1	$1,829,334	$20,895,394	8.8 %
2	$1,628,165	$20,895,394	7.8 %
3	$1,870,331	$20,895,394	9.0 %
4	$2,068,226	$20,895,394	9.9 %
5	$2,293,868	$20,895,394	11.0 %
6	$2,186,330	$20,895,394	10.5 %
7	$1,369,088	$20,895,394	6.6 %
8	$1,335,607	$20,895,394	6.4 %
9	$1,238,364	$20,895,394	5.9 %
10	$1,474,433	$20,895,394	7.1 %
11	$1,462,976	$20,895,394	7.0 %
12	$2,138,673	$20,895,394	10.2 %
Grand Total	$20,895,394	$20,895,394	100.0 %

Figura 116 Se ve lo mismo que la medida ALL(), hasta ahora...

Pero ahora vamos a seleccionar un subconjunto de los meses en la rebanadora:

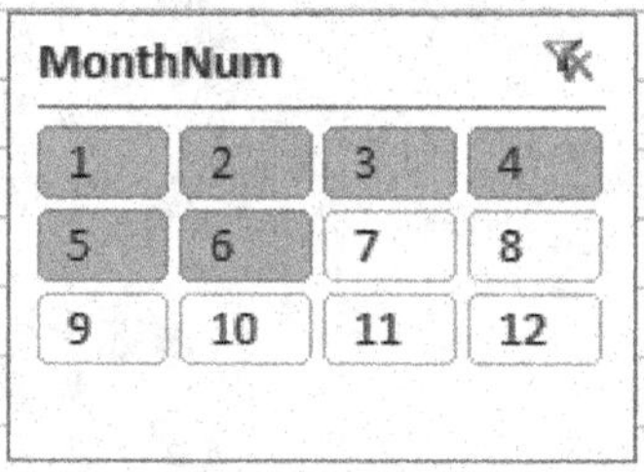

Month	Net Sales	Net Sales for All Selected Months	Pct of All Selected Months Net Sales
1	$1,829,334	$11,876,254	15.4 %
2	$1,628,165	$11,876,254	13.7 %
3	$1,870,331	$11,876,254	15.7 %
4	$2,068,226	$11,876,254	17.4 %
5	$2,293,868	$11,876,254	19.3 %
6	$2,186,330	$11,876,254	18.4 %
Grand Total	$11,876,254	$11,876,254	100.0 %

Figura 117 AHORA vemos la diferencia. La columna central ya no es más de $20M. También ten en cuenta el gran total resaltado es del 100% - si estuviéramos usando ALL(), ese número sería menor (cerca de un 50% ya que se seleccionaron 6 meses).

Esto es suficiente sobre ALL() y sus variantes por ahora.

10- Pensando en Múltiples Tablas

Un Cambio Simple y Bienvenido

En los primeros capítulos, he mencionado que Power Pivot ofrece muchos beneficios al trabajar con varias tablas de datos. Pero hasta ahora, no he mostrado ninguno de ellos - sólo he trabajado con la tabla Sales. ¿Por qué he esperado?

Trabajar con múltiples tablas no es complicado - en realidad requiere que *olvidemos viejos hábitos* más de lo que requiere que aprendas nuevos. Esto no va a ser un ajuste difícil para ti, sólo un poco diferente.

La razón por la que esperé hasta ahora para cubrir las "múltiples tablas" es la siguiente: **Todos los conceptos cubiertos hasta ahora trabajan de la misma manera con varias tablas como lo hacen con una tabla.** No quería correr el riesgo de confundir con la enseñanza de la función CALCULATE() al mismo tiempo que las múltiples tablas.

Así que este capítulo realmente sólo extiende lo que ya he cubierto, y muestra cómo se aplican las mismas reglas a través de las tablas como lo hacen dentro de las tablas.

Olvidar el Mandamiento "Tenéis que Aplanar"

Excel Normal requiere, literalmente, que todos los datos residan en una sola tabla antes de que puedas construir un pivote o un gráfico contra ella. Dado que los datos a menudo llegan en formato múltiples-tablas, Excel Pros también se han convertido en aplanadores de datos profesionales a tiempo parcial.

- **Eso generalmente significa aplanando mediante BUSCARV().** A veces significa muchos BUSCARV().

- **A veces se trata de consultas de bases de datos.** Algunos Profesionales de Excel que conocen su manera alrededor de una base de datos también escriben consultas que aplanan los datos en una tabla antes de que sean importados.

No necesitas hacer ninguna de estas ya. De hecho, no debes.

 En Power Pivot hay muchas ventajas para dejar las tablas separadas. Puede ser tentador sacar las columnas de la Tabla B en la tabla A, especialmente con la nueva función RELATED(). Debes resistir esta tentación. A veces uso RELATED() para combinar las tablas, pero sólo parcialmente en la depuración o para inspeccionar mis datos. Puedo eliminar esa columna cuando he terminado con mi investigación.

¿Lo tienes? Deja dichas tablas solas. Y si ya has aplanado versiones de las tablas en la base de datos, en realidad recomiendo no usar esas versiones - importar las tablas «en bruto» (por separado).

Las Relaciones son tus amigas

Esto no va a ser un tutorial paso a paso en la creación de relaciones. Creo que está bien cubierto en el libro de Bill, si aún no estás familiarizado con ellos.

Pero vamos a crear una de manera veloz. Echa un vistazo a mi tabla productos:

ProductS...	EnglishProductNa...	StandardC...	FinishedGoodsF...	Color	Weight	SafetyStockLe...	ReorderPo...	istPri...
422	LL Road Rear Wheel	49.9789	TRUE	Black	1050	500	375	112.565
423	ML Road Rear Wheel	122.2709	TRUE	Black	1000	500	375	275.385
413	LL Road Front Wheel	37.9909	TRUE	Black	900	500	375	85.565
424	HL Road Rear Wheel	158.5346	TRUE	Black	890	500	375	357.06
414	ML Road Front Wheel	110.2829	TRUE	Black	850	500	375	248.385
415	HL Road Front Wheel	146.5466	TRUE	Black	650	500	375	330.06
557	ML Crankset	113.8816	TRUE	Black	635	500	375	256.49
556	LL Crankset	77.9176	TRUE	Black	600	500	375	175.49
558	HL Crankset	179.8156	TRUE	Black	575	500	375	404.49
555	Front Brakes	47.286	TRUE	Silver	317	500	375	106.5
514	Rear Brakes	47.286	TRUE	Silver	317	500	375	106.5
601	LL Bottom Bracket	23.9716	TRUE	NA	223	500	375	53.99
542	LL Mountain Pedal	17.9776	TRUE	Silver/Bla...	218	500	375	40.49
543	ML Mountain Pedal	27.568	TRUE	Silver/Bla...	215	500	375	62.09
501	Rear Derailleur	53.9282	TRUE	Silver	215	500	375	121.46
545	LL Road Pedal	17.9776	TRUE	Silver/Bla...	189	500	375	40.49
544	HL Mountain Pedal	35.9596	TRUE	Silver/Bla...	185	500	375	80.99
603	HL Bottom Bracket	53.9416	TRUE	NA	170	500	375	121.49
546	ML Road Pedal	27.568	TRUE	Silver/Bla...	168	500	375	62.09
602	ML Bottom Bracket	44.9506	TRUE	NA	168	500	375	101.24

Figura 118 ¡Todavía no he utilizado la tabla Productos, pero contiene una gran cantidad de columnas útiles!

Voy a crear una relación entre los productos y las ventas, con la columna ProductKey:

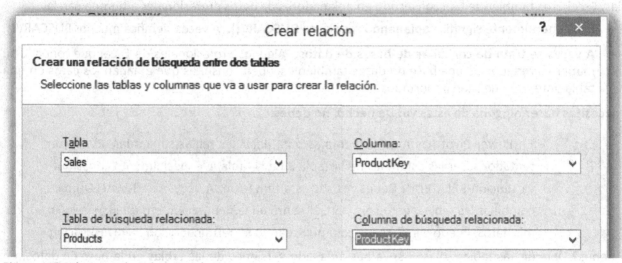

Figura 119 Relacionando Sales a Products

Tablas de "Búsqueda"

¿Observas la forma en que he seleccionado Products para ser la tabla de **búsqueda? Esto es importante.** Tan importante, de hecho, que Power Pivot no me deja mal. Vamos a tratar de revertir los dos y ver qué pasa:

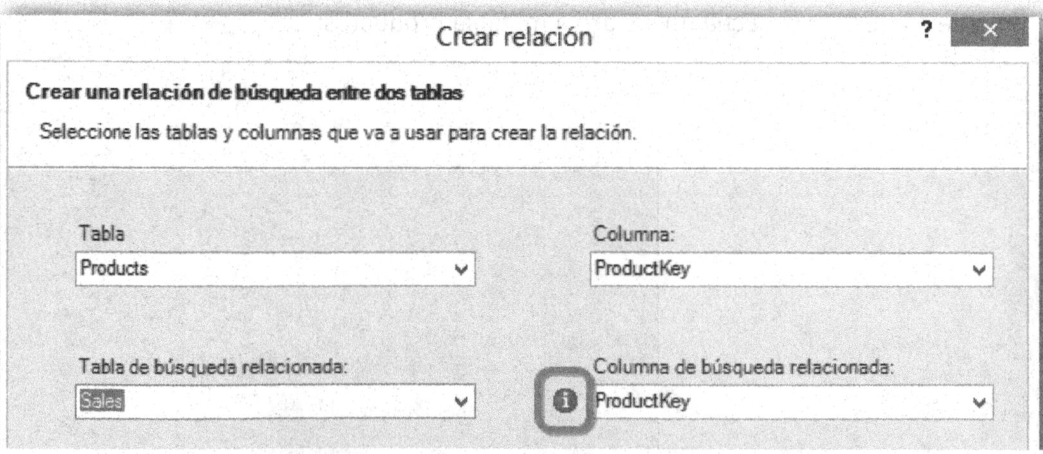

Figura 120 Yo invertí ventas y productos, seleccionando Sales como mi tabla de búsqueda, y me da una advertencia

Paso el ratón sobre el icono de advertencia y me da una explicación:

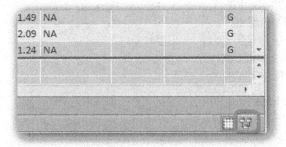

Figura 121 ¡Power Pivot detecta que me dieron la orden equivocada, y cuando hago clic en Aceptar, Productos se utiliza correctamente como la tabla de búsqueda!

El uso de la palabra "búsqueda" fue intencionado. En Microsoft, se optó por esa palabra para que fuera "rima" con la familiaridad de Excel Pros con BUSCARV.

 Piensa en las tablas de búsqueda como tablas de las que tendrías que "recuperar" valores al escribir un BUSCARV. Tablas de búsqueda tienden a ser los lugares donde las etiquetas amistosas se almacenan, por ejemplo.

A partir de aquí, me voy a referir a las funciones de las dos tablas en una relación como la "tabla de búsqueda" y la "tabla de datos".

La Vista de Diagrama

Esta característica es una novedad de Power Pivot v2, y se hace muy útil como sus modelos se vuelven más sofisticados. Sin embargo, en los modelos más pequeños, la Vista de diagrama es un regalo fabuloso para los autores de libros de Power Pivot, porque nosotros no tenemos que pasar largas horas haciendo representaciones gráficas de tablas y relaciones :-)

Figura 122 El botón de la Vista de diagrama se encuentra en la esquina inferior derecha de la ventana de Power Pivot.

Al hacer clic en ese botón me da:

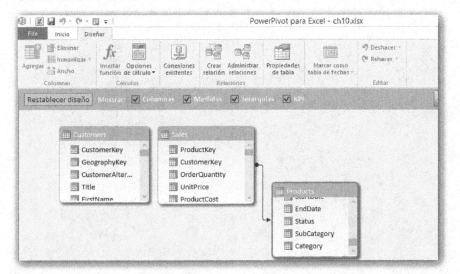

Figura 123 ¡Vista Diagrama! Las tres tablas mostradas, dos de ellas vinculadas por la relación que acabo de crear.

Note la dirección de la flecha. La flecha siempre apunta a la tabla de búsqueda.

Uso de Tablas Relacionadas en una Tabla Dinámica

Ahora Vamos a revisar una tabla dinámica que utiliza ProductKey en filas, y mejorarla con algunas de las columnas de la tabla Products.

ProductKey ▼	Normal Sales	Promo Sales	Refunds	Net Sales	Pct Sales on Promo
214	$54,934	$11,932	($11,162)	$55,704	17.8 %
217	$52,170	$10,742	($10,042)	$52,870	17.1 %
222	$52,205	$11,547	($10,602)	$53,150	18.1 %
225	$13,854	$3,012	($2,823)	$14,042	17.9 %
228	$14,897	$2,899	($3,649)	$14,147	16.3 %
231	$16,247	$2,200	($3,649)	$14,797	11.9 %
234	$16,047	$2,500	($4,049)	$14,497	13.5 %
237	$14,197	$3,399	($3,049)	$14,547	19.3 %
310	$862,363	$150,287	($189,648)	$823,002	14.8 %
311	$669,136	$164,600	($171,757)	$661,980	19.7 %
312	$837,315	$182,492	($186,070)	$833,737	17.9 %
313	$722,811	$196,805	($161,022)	$758,593	21.4 %
314	$755,015	$157,444	($143,131)	$769,328	17.3 %
320	$9,088	$2,097	($2,097)	$9,088	18.8 %
321	$31,320	$5,481	($6,264)	$30,537	14.9 %

Figura 124 ProductKey pivote - pero por supuesto, ProductKey no tiene sentido para mí.

OK, removamos ProductKey:

Normal Sales	Promo Sales	Refunds	Net Sales	Pct Sales on Promo
$20,784,362	$4,342,674	($4,231,642)	$20,895,394	17.3 %

Figura 125 ¡ Vete, ProductKey! Y nunca muestres tu cara en un pivote de nuevo.

Ahora voy a añadir ProductName de la tabla productos en su lugar:

Figura 126 Comprobado el campo ProductName en la lista de campos, añadiendo a las filas

ProductName	↓↑ Normal Sales	Promo Sales	Refunds	Net Sales	Pct Sales on Promo
Road-650 Black, 58	$34,312	$16,191	($7,494)	$43,009	32.1 %
Touring-1000 Blue, 54	$226,487	$104,899	($50,065)	$281,320	31.7 %
Touring-3000 Yellow, 54	$23,013	$8,166	($4,454)	$26,725	26.2 %
Mountain-100 Black, 38	$108,000	$37,125	($20,250)	$124,875	25.6 %
Mountain-400-W Silver, 46	$68,485	$23,085	($14,620)	$76,949	25.2 %
Touring-2000 Blue, 60	$64,387	$20,652	($13,363)	$71,676	24.3 %
Touring-1000 Yellow, 54	$252,711	$73,906	($50,065)	$276,552	22.6 %
Touring-3000 Yellow, 62	$25,982	$7,424	($3,712)	$29,694	22.2 %
Hitch Rack - 4-Bike	$26,880	$7,560	($4,920)	$29,520	22.0 %
Mountain-500 Silver, 44	$14,125	$3,955	($3,955)	$14,125	21.9 %
Road-650 Red, 44	$36,073	$9,927	($8,529)	$37,472	21.6 %
Road-150 Red, 52	$722,811	$196,805	($161,022)	$758,593	21.4 %
Road-650 Black, 62	$33,976	$9,228	($5,844)	$37,360	21.4 %
Road-750 Black, 52	$140,937	$37,799	($29,699)	$149,037	21.1 %
Touring-3000 Blue, 58	$28,209	$7,424	($6,681)	$28,952	20.8 %
Road-550-W Yellow, 48	$196,046	$49,982	($37,777)	$208,251	20.3 %
Classic Vest, L	$8,255	$2,096	($2,032)	$8,319	20.2 %
Touring-1000 Blue, 60	$236,023	$59,602	($54,834)	$240,791	20.2 %
Road-550-W Yellow, 38	$197,646	$49,262	($46,981)	$199,927	20.0 %

Figura 127 ProductName reemplaza a ProductKey: mucho más entendible

Pero yo no estoy limitado a utilizar un solo campo de Productos - todos ellos se puede utilizar ahora que tengo una relación establecida. Vamos a intentar algunos diversos:

Category ▾	Normal Sales	Promo Sales	Refunds	Net Sales	Pct Sales on Promo
Accessories	$495,995	$107,804	($96,961)	$506,838	17.9 %
Bikes	$20,047,702	$4,188,222	($4,082,220)	$20,153,704	17.3 %
Clothing	$240,664	$46,649	($52,460)	$234,852	16.2 %
Grand Total	**$20,784,362**	**$4,342,674**	**($4,231,642)**	**$20,895,394**	**17.3 %**

Figura 128 Category (de la tabla Products) en Filas

Category-SubCat ▾	Normal Sales	Promo Sales	Refunds	Net Sales	Pct Sales on Promo
⊟ **Accessories**	**$495,995**	**$107,804**	**($96,961)**	**$506,838**	**17.9 %**
Bike Racks	$26,880	$7,560	($4,920)	$29,520	22.0 %
Bike Stands	$28,779	$5,565	($5,247)	$29,097	16.2 %
Bottles and Cages	$40,697	$8,151	($7,951)	$40,897	16.7 %
Cleaners	$5,032	$1,185	($1,002)	$5,215	19.1 %
Fenders	$33,454	$6,616	($6,550)	$33,520	16.5 %
Helmets	$159,309	$34,220	($31,806)	$161,724	17.7 %
Hydration Packs	$27,825	$6,654	($5,829)	$28,650	19.3 %
Tires and Tubes	$174,019	$37,853	($33,657)	$178,216	17.9 %
⊟ **Bikes**	**$20,047,702**	**$4,188,222**	**($4,082,220)**	**$20,153,704**	**17.3 %**
Mountain Bikes	$7,199,563	$1,360,830	($1,392,367)	$7,168,026	15.9 %
Road Bikes	$10,217,336	$2,190,321	($2,112,927)	$10,294,730	17.7 %
Touring Bikes	$2,630,803	$637,071	($576,927)	$2,690,947	19.5 %
⊟ **Clothing**	**$240,664**	**$46,649**	**($52,460)**	**$234,852**	**16.2 %**
Caps	$13,854	$3,012	($2,823)	$14,042	17.9 %
Gloves	$24,514	$5,486	($5,020)	$24,980	18.3 %
Jerseys	$122,990	$22,606	($27,355)	$118,241	15.5 %
Shorts	$50,883	$9,519	($10,918)	$49,483	15.8 %
Socks	$3,785	$629	($692)	$3,722	14.3 %
Vests	$24,638	$5,398	($5,652)	$24,384	18.0 %
Grand Total	**$20,784,362**	**$4,342,674**	**($4,231,642)**	**$20,895,394**	**17.3 %**

Figura 129 SubCategory (también de la tabla Products) anidada debajo de Category

Color	Normal Sales	Promo Sales	Refunds	Net Sales	Pct Sales on Promo
Black	$6,272,549	$1,267,427	($1,298,436)	$6,241,540	16.8 %
Blue	$1,531,913	$400,061	($347,121)	$1,584,854	20.7 %
Multi	$75,241	$14,009	($17,220)	$72,031	15.7 %
NA	$308,861	$66,930	($59,326)	$316,465	17.8 %
Red	$5,417,765	$1,153,707	($1,152,859)	$5,418,613	17.6 %
Silver	$3,721,517	$713,957	($677,916)	$3,757,557	16.1 %
White	$3,785	$629	($692)	$3,722	14.3 %
Yellow	$3,452,730	$725,954	($678,071)	$3,500,614	17.4 %
Grand Total	$20,784,362	$4,342,674	($4,231,642)	$20,895,394	17.3 %

Figura 130 ¡Incluso la columna Color puede ser utilizada! (Otra columna de la tabla Products)

¿Por qué funciona?: Contexto de Filtro "viaja" a través de las Relaciones

Vamos a examinar una sola celda de medida y caminar a través del "flujo" de contexto de filtro:

Color	Normal Sales
Black	$6,272,549
Blue	$1,531,913
Multi	$75,241
NA	$308,861
Red	$5,417,765
Silver	$3,721,517
White	$3,785
Yellow	$3,452,730
Grand Total	$20,784,362

Figura 131 Vamos a examinar cómo fluye el contexto de filtro para la celda con la medida destacada.

Primero, el Color="Red"; Filtro es aplicado a la tabla Products:

Produ...	StandardC...	FinishedGoodsF...	Color
325	486.7066	TRUE	Red
324	413.1463	TRUE	Red
323	486.7066	TRUE	Red
322	413.1463	TRUE	Red
321	486.7066	TRUE	Red
320	413.1463	TRUE	Red
331	486.7066	TRUE	Red
330	413.1463	TRUE	Red
329	486.7066	TRUE	Red
328	413.1463	TRUE	Red
327	486.7066	TRUE	Red
326	413.1463	TRUE	Red
316	884.7083	TRUE	Red
315	884.7083	TRUE	Red
319	884.7083	TRUE	Red
318	884.7083	TRUE	Red
317	884.7083	TRUE	Red
372	1554.9479	TRUE	Red
371	1320.6838	TRUE	Red
370	1518.7864	TRUE	Red

Figura 132 Tabla Products filtrada para color = "Red", como resultado de su contexto de filtro

La columna ProductKey no se filtra directamente, pero es evidente que se ha reducido a un subconjunto de sus valores globales, gracias al filtro = "Rojo" en la tabla.

Valores Activos para la columna Products[ProductKey]:
{325; 324; 323; 322; 321; 320; 331; 330; 329; 328;
... 245; 244; 243; 242; 241; 214; 213; 212}

Figura 133 Sólo los ProductKeys que corresponden a los productos de Red se dejan "activos" en este punto (63 Product-Key valores de un total de 397).

Ese conjunto filtrado de 63 ProductKeys fluye entonces a través de la relación y filtra la tabla de ventas de ese mismo conjunto de ProductKeys:

OrderQ...	ProductKey	UnitPr...	ProductCost	Custom...	OrderDate
1	324	699.0982	413.1463	26620	7/30
1	324	699.0982	413.1463	20165	10/5
1	324	699.0982	413.1463	19415	12/15
1	324	699.0982	413.1463	20558	1/7
1	324	699.0982	413.1463	18010	2/6
1	324	699.0982	413.1463	25718	2/16
1	324	699.0982	413.1463	14737	2/24
1	324	699.0982	413.1463	18039	3/7
1	324	699.0982	413.1463	14746	3/9
1	324	699.0982	413.1463	25920	4/20
1	324	699.0982	413.1463	14755	4/25
1	324	699.0982	413.1463	19472	4/25
1	324	699.0982	413.1463	14756	4/28
1	324	699.0982	413.1463	25928	5/6
1	324	699.0982	413.1463	14896	5/19
1	324	699.0982	413.1463	25947	6/10
1	325	782.99	486.7066	20577	7/2
1	325	782.99	486.7066	19924	7/11
1	325	782.99	486.7066	15155	7/18
	325	782.99	486.7066	26021	7/26

| 2002 Sales: $... | Pct of All Month N... | Normal Sal... | Refunds: ($19,... | Pct Sales on... | Total Sales: $13... |

Sales | Customers | Products

Figura 134 Tabla de ventas se filtra (a través de la relación) a ese mismo conjunto de valores ProductKey:{325; 324;...}

Y entonces la aritmética se ejecuta contra la tabla de ventas filtrada. Así que las mismas reglas de oro de antes. Estas normas sólo se extienden por las relaciones.

> Durante la fase de filtro de la evaluación de la medida, los filtros aplicados a una tabla de búsqueda (Productos en este caso) fluyen a través de la tabla de datos (s) en relación a la tabla de búsqueda.
>
> Esto no significa, sin embargo, que se aplica a la inversa: los filtros aplicados a las tablas de datos no fluyen de nuevo "arriba" para tablas de búsqueda.

Visualizando los Filtros Fluyendo "Colina Abajo" – Uno de Mis Trucos Mentales

En mi cabeza, yo siempre veo las tablas de búsqueda que flotan por encima de las tablas de datos. De esta forma los filtros fluyen "cuesta abajo" en las tablas de datos.

Voy a arrastrar tablas alrededor en Vista Diagrama para representar lo siguiente:

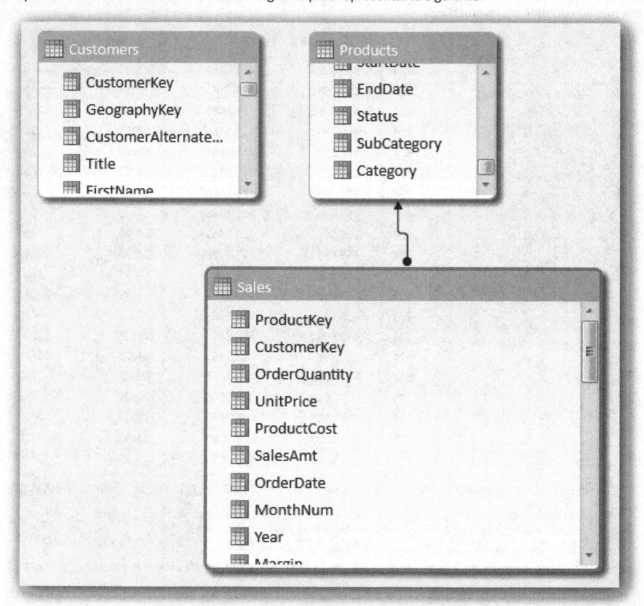

Figura 135 Tabla Products arrastrada para estar "por encima" de la tabla de ventas

También cambiar el tamaño de las tablas para que la tabla de datos (Sales) sea más grande que la tabla de búsqueda (Productos) – otro truco mental

Ahora voy a crear una relación de clientes a las ventas. Aquí está el diagrama actualizado:

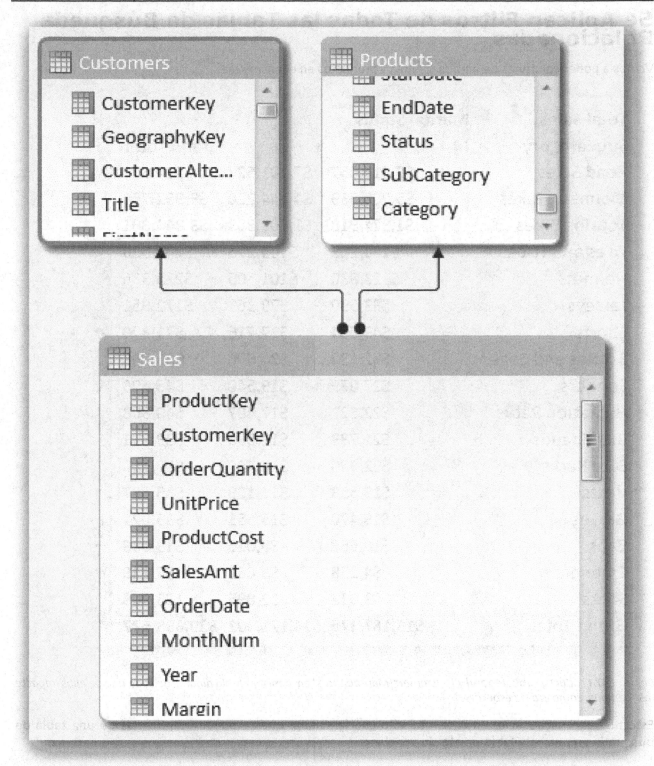

Figura 136 Dos tablas de búsqueda, ambas "por encima" de la tabla de datos que ellas filtran

 Es una pena, en mi opinión, que la relación de las flechas de flujo sea hacia las tablas de búsqueda. Las flechas apuntan de tablas de datos a tablas de búsqueda en el mundo de base de datos, pero en Power Pivot prefiero que apuntan en la dirección de flujo de filtro. Sí, son las pequeñas las que me molestan :-)

Se Aplican Filtros de Todas las Tablas de Búsqueda Relacionadas

Vamos a poner columnas de ambos clientes y productos en el mismo eje:

Total Sales	Marital Status		
SubCategory	M	S	Grand Total
Road Bikes	$7,419,057	$7,101,527	$14,520,584
Mountain Bikes	$5,208,539	$4,744,220	$9,952,760
Touring Bikes	$1,974,918	$1,869,883	$3,844,801
Tires and Tubes	$140,253	$105,276	$245,529
Helmets	$123,830	$101,506	$225,336
Jerseys	$93,590	$79,361	$172,951
Shorts	$43,604	$27,716	$71,320
Bottles and Cages	$32,122	$24,676	$56,798
Fenders	$27,079	$19,540	$46,620
Hydration Packs	$22,821	$17,487	$40,308
Bike Stands	$21,783	$17,808	$39,591
Bike Racks	$22,920	$16,440	$39,360
Vests	$19,558	$16,129	$35,687
Gloves	$19,470	$15,551	$35,021
Caps	$10,662	$9,026	$19,688
Cleaners	$4,158	$3,061	$7,219
Socks	$3,012	$2,095	$5,106
Grand Total	$15,187,376	$14,171,301	$29,358,677

Figura 137 Products[SubCategory] y [Customers[MaritalStatus] en la misma tabla dinámica: cada una de ellas impacta las medidas, como era de esperarse

Esto no vale machacar realmente - Yo sólo quería señalar que se puede utilizar más de una tabla de búsqueda en una sola tabla pivote sin problema.

CALCULATE() <Filters> *También* Fluyen A Través de Relaciones

Hasta ahora, todos nuestros argumentos <filter> en CALCULATE han estado filtrando columnas en la tabla Ventas. Pero los argumentos <filter> son totalmente legales en contra de las tablas de búsqueda (¡De hecho, alentadas!), por lo que vamos a definir una medida CALCULATE mediante una columna de una tabla de búsqueda:

```
[Sales to Parents] =
    CALCULATE([Total Sales], Customers[NumberChildrenAtH-
    ome]>0)
```

Y compara eso con tu medida de base, [Total Ventas]:

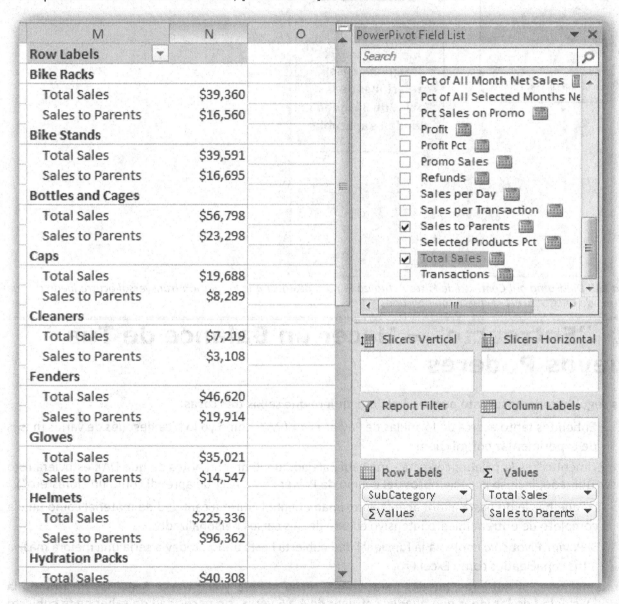

Figura 138 La prueba de que CALCULATE <filters> también fluya a través de las relaciones: [Ventas a Padres] devuelve números más pequeños que su medida de base [Total Ventas]

 Creo que eso es probablemente suficiente para explicar el concepto, pero para ser súper preciso, también debo decir que <filters> en CALCULATE() se aplican antes de que los filtros fluyan a través de las relaciones.

Tomando esa precisión un paso más allá, aquí está una versión actualizada del diagrama de flujo de Contexto de Filtro:

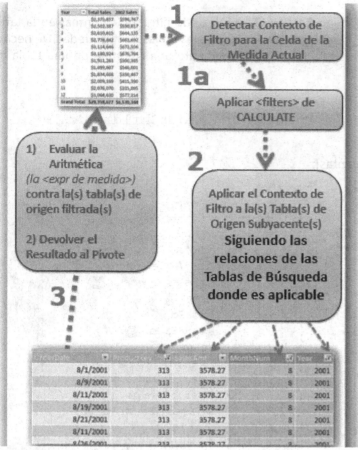

Figura 139 Diagrama del Contexto de Filtro Actualizado para destacar que la relación transversal ocurre luego de que los filtros de CALCULATE() <Filters> son aplicados

11- "Entreacto" – Hacer un Balance de Tus Nuevos Poderes

Si has seguido todo hasta este punto en el libro, quiero que sepas tres cosas:

1. Entiendes tanto acerca de fórmulas de Power Pivot (DAX) como yo lo hice después de varios meses de experimentar por mi cuenta.

(Y "experimentar" es la palabra correcta - me había alejado de Redmond antes de que DAX estuviera listo para ser utilizado, incluso por miembros del equipo de Power Pivot. Así que aprendí como un "forastero").

2. Lo que has leído hasta ahora abarca aproximadamente la misma cantidad de material como un día completo de entrenamiento intensivo en una de mis cursos personalizados.

3. Si Power Pivot *sólo* contenía la funcionalidad cubierta hasta ahora, todavía sería una mejora masiva a tus capacidades como Excel Pro.

En otras palabras, si quisieras, puedes parar ahora, cerrar el libro y archivarlo. Seguirías mejorando la cantidad y calidad de las ideas que puedes entregar de 4 a 5 veces, sin necesidad de saber nada cubierto más allá.

Pero no hay razón para hacerlo. Lo que sigue no es más difícil que lo que se ha cubierto hasta ahora. En realidad, yo creo que es más fácil, ya que sólo se basa en los fundamentos establecidos en los capítulos anteriores. **Y hay algo de magia *seria* que te espera :-)**

Mi punto en este breve "descanso" era sólo para hacerte saber que ya eres muy competente en Power Pivot. Haz una reverencia. Ahora vamos a cubrir algunas cosas verdaderamente increíbles :-)

12- Tablas Desconectadas

Una tabla desconectada es aquella que se agrega al modelo Power Pivot, pero intencionalmente no se relaciona a ninguna otra tabla. Al principio esto puede parecer un poco extraño - si no existe una relación entre ésta y cualquier otra tabla, el contexto del filtro no puede fluir dentro o fuera de él, por lo que una tabla desconectada nunca haría un aporte importante a un pivote (Tabla dinámica) involucrando a otras tablas.

Pero una vez que aprendas un simple truco nuevo, tendrá sentido. Es útil tener un ejemplo.

Un Informe con Parámetros

Vamos a trabajar hacia atrás esta vez: yo te mostraré el resultado y, a continuación, explicaré cómo lo hice.

Echa un vistazo a este pivote:

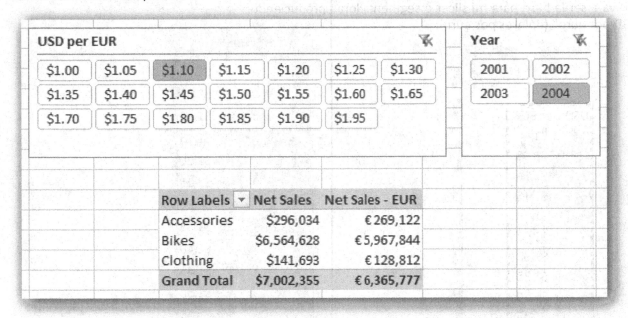

Figura 140 Solo una pequeña tabla dinámica simple con dos segmentadores de datos, ¿cierto?

Nada emocionante en la superficie. Pero vamos a cambiar ese "USD por euro" de $ 1.10 a $ 1.80 y ver lo que sucede:

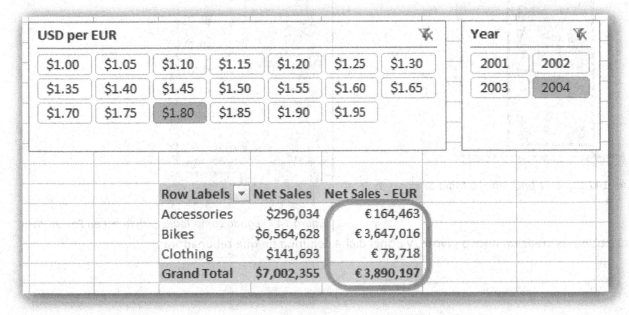

Figura 141 Las ventas netas en euros se redujeron drásticamente, mientras que las ventas netas originales (en dólares) se mantuvieron sin cambios

93

¿Estás viendo lo que estoy viendo? **Se trata de una tabla dinámica donde el usuario / consumidor puede dinámicamente ingresar los parámetros (a través de máquinas de cortar) ¡y tienen los parámetros reflejados en los cálculos!**

Esto es absolutamente real, y es fácil de construir.

Adición de la Tabla de Parámetros

Voy a pasar por alto una de mis propias recomendaciones aquí y crear una tabla a través de copiar / pegar. Me siento bien en hacerlo, porque este es un cuadro que no va a cambiar con frecuencia (en su caso), y yo no voy a escribir un montón de fórmulas en esta tabla (por lo que si necesitaba reconstruirla más adelante, no sería difícil de hacer).

Creo una sola tabla de una sola columna en Excel. Esto va a ser la base para mi slicer o segmentadora "USD por euro" (dólares por euro):

Y luego pegar como nueva tabla de Power Pivot, produciendo:

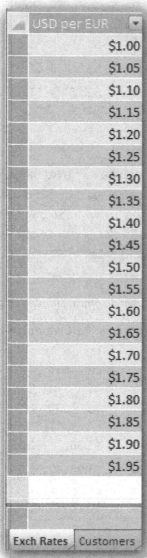

Figura 142 Copia de una sencilla tabla de datos de Excel

Figura 143 Pegado como Tabla Exch Rates en Power Pivot

Ahora podemos crear un nuevo pivote, y poner dicha columna en una rebanadora:

USD per EUR

$1.00	$1.05	$1.10	$1.15	$1.20	$1.25	$1.30
$1.35	$1.40	$1.45	$1.50	$1.55	$1.60	$1.65
$1.70	$1.75	$1.80	$1.85	$1.90	$1.95	

Row Labels ▾
Accessories
Bikes
Clothing
Components
Grand Total

Figura 144 Nueva pivote, Categoría en filas y la recién pegada Tabla / Columna en una rebanadora:

 Debido a que más a menudo utilizo tablas desconectadas como parámetros y los parámetros generalmente están expuestos como segmentadora de datoss, también puedes pensar en ellos como "Tablas Slicer" o "tablas de parámetros".

Agregando un "parámetro que cosecha" una medida

Ahora vamos a hacer algo interesante: vamos a agregar una medida sobre la tabla Exch Rates. Esta será la primera vez (¡pero no la última!) Que creamos una medida en una tabla sin datos.

La medida es:

```
[EURUSD] =
    MAX('Exch Rates'[USD per EUR])
```

Y el resultado:

USD per EUR

$1.00	$1.05	$1.10	$1.15	$1.20	$1.25	$1.30
$1.35	$1.40	$1.45	$1.50	$1.55	$1.60	$1.65
$1.70	$1.75	$1.80	$1.85	$1.90	$1.95	

Row Labels ▾	EURUSD
Accessories	$1.95
Bikes	$1.95
Clothing	$1.95
Components	$1.95
Grand Total	**$1.95**

Figura 145 ¿Medida que devuelve $ 1,95 todo el tiempo? ¿Por qué iba yo a querer una cosa así?

El "chiste" es que cuando hago una selección en la máquina de cortar, sucede algo interesante:

Figura 146 i La medida regresa todo lo que se selecciona en la rebanadora!

¡Excelente! Pero esto es sólo el contexto de filtro usado regularmente haciendo lo suyo. Antes de que se ejecute la operación aritmética (MAX), la tabla de Exch Rates se filtra por el pivote, y el pivote está diciendo "= $ 1.45 [USD por EUR]."

 Porque sólo se selecciona una sola fila cuando el usuario elige un valor único en la rebanadora, también podría haber usado MIN() y AVERAGE () o SUM() como la función de agregación en mi medida [ExchangeRateEURUSD] - todos ellos devuelven el mismo resultado cuando se selecciona un solo valor. Su elección de la función en casos como éste es en parte una cuestión de preferencia personal y en parte una cuestión de cómo desea manejar los casos en que el usuario elige más de un valor. Incluso puede decidir devolver un error - que vamos a cubrir en un capítulo posterior.

La lista de campos está de mal humor por esto

En este punto, la lista de campos me está dando una advertencia:

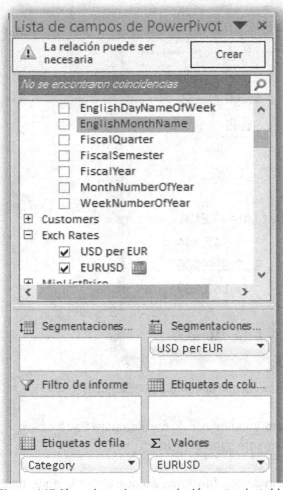

Figura 147 Sí, no hay ninguna relación entre la tabla de mis productos (de donde viene el campo de Categoría) y mi tabla Exch Rates (de donde esta nueva medida viene)

Esta advertencia, por desgracia, sólo va con el territorio de la utilización de tablas desconectadas. Y no me gusta sacrificar bienes raíces en mi lista de campos a una advertencia que no me dice nada. Así que me inclino a desactivar esta advertencia utilizando la cinta de Power Pivot en Excel:

Figura 148 Alterna éste botón para desactivar la advertencia

Utilizando la medida de parámetro para algo... útil

OK, el [ExchangeRateEURUSD] se encuentra limpio y todo, pero tener una medida que indica al usuario lo que ha seleccionado es, por supuesto, bastante inútil :-)

Pero ahora podemos usar esa medida en otras medidas:

```
[Net Sales - EUR Equivalent] =
    [Net Sales] / [ExchangeRateEURUSD]
```

USD per EUR

$1.00	$1.05	$1.10	$1.15	$1.20	$1.25	$1.30
$1.35	$1.40	$1.45	$1.50	$1.55	$1.60	$1.65
$1.70	$1.75	$1.80	$1.85	$1.90	$1.95	

Row Labels ▾	EURUSD	Net Sales - EUR
Accessories	$1.45	€ 349,544
Bikes	$1.45	€ 13,899,106
Clothing	$1.45	€ 161,967
Components	$1.45	
Grand Total	**$1.45**	**€ 14,410,617**

Figura 149 ¡Nueva medida me dice cómo mis ventas se verían en euros al tipo de cambio seleccionado!

Incluso he utilizado las opciones de formato en el editor de medida para dar formato a la nueva medida en Euros. Extrañamente satisfactorio.

Y yo no necesito la medida del parámetro visualizado con el fin de que funcione, así que ahora lo quito para limpiar el pivote:

USD per EUR

$1.00	$1.05	$1.10	$1.15	$1.20	$1.25	$1.30
$1.35	$1.40	$1.45	$1.50	$1.55	$1.60	$1.65
$1.70	$1.75	$1.80	$1.85	$1.90	$1.95	

Row Labels ▾	Net Sales - EUR
Accessories	€ 349,544
Bikes	€ 13,899,106
Clothing	€ 161,967
Grand Total	**€ 14,410,617**

Figura 150 Retira la medida parámetros para producir un informe más limpio

Añadir la columna Año de la tabla de ventas como segunda rebanadora:

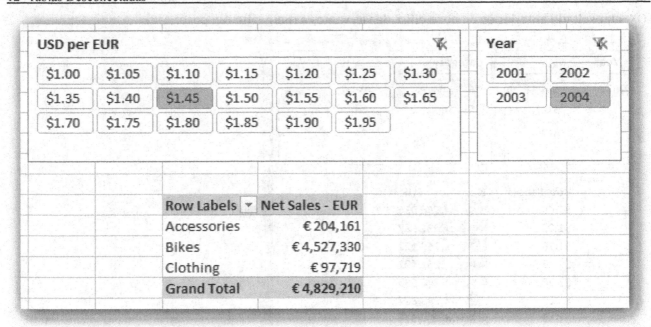

Figura 151 La columna Año como rebanadora funciona como siempre lo ha hecho

¡Tabla de parámetros se puede utilizar en Filas y Columnas también!

Para muecas, desactive la selección como rebanadora para que todos los tipos de cambio se seleccionan, a continuación, arrastre dicha columna a filas en su lugar:

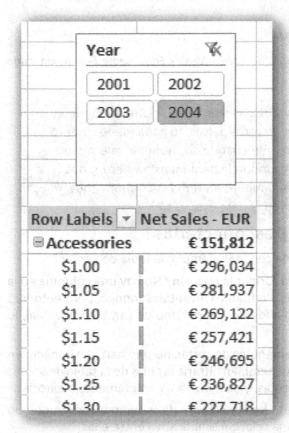

Figura 152 ¡Campo Desconectado como Slicer también funciona en Filas!

¿Te sorprende que esto funcione en filas también? Se sentía extraño para mí la primera vez que lo hice, pero no debería. Cada celda de medida corresponde a un solo valor de la columna Exch Rate. *Esto no es diferente de usar una columna normal (aquella que se conecta a la tabla de ventas a través de la relación, o se encuentra en la tabla de ventas) en segmentación de datos en lugar de filas.*

OK, el resultado anterior es un poco difícil de ver, vamos a reorganizar un poco:

Year			Category		
2003	2004		Accessories	Bikes	
2001	2002		Clothing	Components	

Row Labels ▼	Net Sales - EUR
$1.00	€ 296,034
$1.05	€ 281,937
$1.10	€ 269,122
$1.15	€ 257,421
$1.20	€ 246,695
$1.25	€ 236,827
$1.30	€ 227,718
$1.35	€ 219,284
$1.40	€ 211,453
$1.45	€ 204,161
$1.50	€ 197,356
$1.55	€ 190,990
$1.60	€ 185,021
$1.65	€ 179,415

Figura 153 Más fácil de ver ahora con la categoría en segmentadora de datos - Ventas Equivalente EUR bajan como Tipo de Cambio sube

 Esto puede parecer contrario a la intuición, pero es preciso: si la moneda de su país vale mucho en relación a las monedas de otros países, tu gana menos dinero vendiendo sus productos en el extranjero, que cuando su moneda vale menos. Así que en cierto sentido es "mejor" para la moneda de un país a valer menos (y peor en otras formas), pero que no es exactamente un tema DAX ahora ¿no? Yo simplemente no quiero que pienses que metí la pata esta vez :-)

¿Por qué es importante que ellas estén Desconectadas?

¿Qué pasaría si nuestra tabla Exch Rates estuviera relacionada con, por ejemplo, la tabla de ventas?

Respuesta corta: nada bueno. ¿Qué columna usaríamos para formar la relación? No hay una columna en la tabla de ventas que coincide con los valores de la tabla Tipos. Podríamos inventar, supongo, pero entonces tendríamos que asignar arbitrariamente filas de transacción a los valores del tipo de cambio individual, lo cual sería absurdo.

Y luego, cuando el usuario selecciona un tipo de cambio de la máquina de cortar, no sólo haría un impacto en la medida [ExchangeRateEURUSD] (como es deseado) sino que también filtraría las filas de la tabla de ventas (no deseada). Estaríamos subestimando nuestras cifras de ventas, y de manera completamente aleatoria.

En la vida real, algo así como el tipo de cambio es totalmente independiente de las ventas, por lo que no debe sorprendernos de que en realidad no podemos crear una relación significativa entre ellas.

Un concepto muy poderoso

Hay muchas variaciones en las tablas desconectadas. De hecho, este concepto raya en infinitamente flexible. Volveremos a este tema y abarcar algunas variaciones más conforme avanza el libro. Echemos un vistazo a uno en este momento, de hecho.

Variación de Tablas Desconectadas: Umbrales

En el ejemplo anterior, se utilizó una tabla desconectada para inyectar un parámetro numérico en ciertos cálculos, y dar al consumidor / usuario control sobre ese parámetro del reporte.

Ahora vamos a tratar otro ejemplo: dar al usuario el control sobre los "puntos de corte", o los umbrales, en términos de, por ejemplo, qué productos deben ser incluidos y cuáles no.

Una vez más, vamos a trabajar hacia atrás, mostrando el resultado deseado en primer lugar:

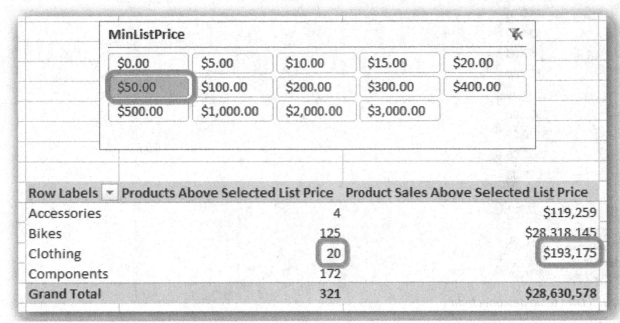

Figura 154 Este pivote nos muestra, por ejemplo, que hay 20 productos diferentes en la categoría Ropa que listan por $ 50 o más, y que representaron $ 193k en ventas.

Elegante ¿eh? El "cómo" empieza igual que el ejemplo anterior:

Crea una tabla desconectada para popular el slicer o segmentadora de datos:

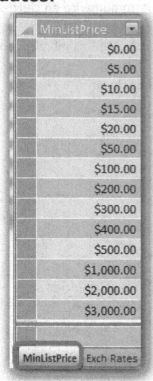

Figura 155 Otra tabla desconectada

Escribe una medida para "recoger" la selección del usuario:

```
[MinListThreshold] =

MAX(MinListPrice[MinListPrice])
```

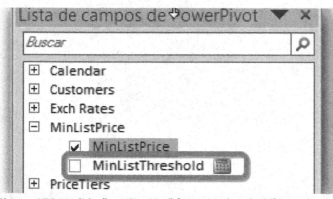

Figura 156 Medida "recolectora" [MinListThreshold] creada sobre la tabla desconectada

Las divergencias del ejemplo anterior: hay que filtrar, no realizar operaciones matemáticas

Hmm, ¿y ahora qué? La última vez, en este punto simplemente dividimos una medida existente por nuestros parámetros para crear algo nuevo. Esta vez, sin embargo, las matemáticas no van a hacerlo.

Dado que tenemos que filtrar los productos, a menos que se ajusten a nuestros criterios, tenemos que utilizar a nuestro amigo, CALCULATE().

CALCULATE() soporta el operador "> =", así que vamos a seguir adelante y hacerlo:

```
[Products Sales Above Selected List Price] =

  CALCULATE([Total Sales], Products[ListPrice]>=[MinList-
  Threshold])
```

Introdúcela en el editor de medidas:

Figura 157 [Products Sales Above Selected List Price] introducidas en el editor de medidas

Y haga clic en Comprobar fórmula:

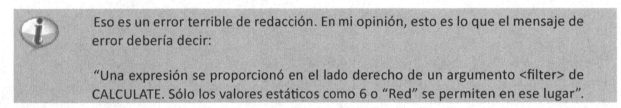

Figura 158 Error: Se ha usado una función 'CALCULATE' en una expresión True/False que se utiliza como expresión de filtro de tabla, lo que no está permitido.

> Eso es un error terrible de redacción. En mi opinión, esto es lo que el mensaje de error debería decir:
>
> "Una expresión se proporcionó en el lado derecho de un argumento <filter> de CALCULATE. Sólo los valores estáticos como 6 o "Red" se permiten en ese lugar".

CALCULATE() requiere que proporcione un valor estático en la parte derecha de una expresión <filter>.

¿CALCULATE() tiene una limitación? En realidad no.

Es difícil de creer ¿no? CALCULATE ¡nunca nos falla!

Bueno, no nos está fallando ahora tampoco. En realidad nos protege, y hay una versión de esta fórmula que funciona:

```
[Products Sales Above Selected List Price] =

CALCULATE([Total Sales],
          FILTER(Products,
                 Products[ListPrice]>=[MinListThreshold]
                 )
          )
```

¿Cuál es la función FILTER(), y qué está haciendo ocupando uno de nuestros argumentos <filter> para CALCULATE?

FILTER() es la función siguiente en su viaje de Power Pivot. Y aunque es bastante sencilla, no la quiero "ocultar" en este capítulo. Se merece el suyo. Así que vamos a volver a este ejemplo umbral, pero lo haremos en el contexto del capítulo FILTER().

13- Introduciendo la Función FILTER(), y Continuación de Tablas Desconectadas

Cuándo utilizar FILTER()

Regla simple: utiliza FILTER() cuando, en un argumento <filter> de CALCULATE(),es necesario realizar una prueba más compleja que "<columna> es igual a <valor fijo>" o "<columna> mayor que <valor fijo>," etc.

Ejemplo de pruebas <filter> que *requieren* el uso de FILTER():

- <columna> = <medida>

- <columna> = <fórmula>

- <columna> = <columna>

- <medida> = <medida>

- <medida> = <fórmula>

- <medida> = <valor fijo>

Utilicé "=" en todas las de arriba, pero los otros operadores de comparación (<, >, <=, >=, <>) están todas implícitas.

 También puedes utilizar FILTER() como argumento <table> a funciones como COUNTROWS() y SUMX() para poder tener esas con algunas funciones en un sub-conjunto de la tabla en lugar de todas las filas en el contexto actual del filtro. Sin embargo, este capítulo se centrará en su uso principal, que es como un argumento <filter> para CALCULATE().

Sintaxis de FILTER()

FILTER(<tabla>, <filtro "rico" único>)

¿Por qué es necesario FILTER()?

Quiero decir, ¿por qué no podemos simplemente utilizar cualquier vieja expresión de prueba compleja en el argumento <filter> de CALCULATE()? ¿Por qué la molestia extra?

He hecho las paces con la necesidad de utilizar FILTER(). Me gusta bastante. He aquí el por qué.

Es todo sobre el rendimiento (velocidad de la evaluación de fórmulas)

Respuesta corta:

1. **Fórmulas escritas solamente utilizando CALCULATE() *siempre* serán rápidas**, porque CALCULATE() tiene incorporado "dispositivos de seguridad" que le impiden escribir una fórmula lenta. CALCU-LATE() "Crudo" niega pruebas ricas en <filter> porque *pueden* ser lentas si se utilizan sin cuidado.

2. **FILTER() *remueve* esos dispositivos de seguridad** y por lo tanto te ofrece un disparador mental para tener más cuidado - todavía se puede escribir fórmulas rápidas utilizando FILTER(), pero si no tienes cuidado puedes escribir algo que es lento.

Me gustaría presentar tres términos que utilizo a menudo cuando hablo de velocidad de fórmula:

Rendimiento: la práctica de mantener sus reportes rápidos para los usuarios. Por ejemplo, si alguien hace clic en una máquina de cortar y tarda 30 segundos para que el pivote se actualice, me remito a eso como "mal desempeño". Si responde al instante, yo podría llamar a eso "excelente rendimiento", o podría decir que el pivote "funciona bien".

Tiempo de respuesta: la cantidad de tiempo que tarda un reporte para responder a una acción del usuario y mostrar los resultados actualizados. En el ejemplo anterior, describí un "tiempo de respuesta" de 30 segundos como pobre. Generalmente tratamos de mantener los tiempos de respuesta de 3 segundos o menos.

Cotosa: una operación se dice que es "costosa" si consume una gran cantidad de tiempo y por lo tanto afecta el tiempo de rendimiento / respuesta. Por ejemplo, arriba podría haber descrito <columna> = <valor estático> como "no costosa" para el motor de DAX, y las comparaciones más ricas como <columna> = <medida> como "potencialmente costosa."

Diré más acerca de estos conceptos en un capítulo posterior dedicado a rendimiento. Por ahora esto es suficiente.

De todos modos, lo importante a entender es que FILTER() elimina los dispositivos de seguridad y te permite realizar una increíble variedad de pruebas de filtración, pero hay que tener cuidado cuando se utiliza.

Cómo utilizar FILTER() cuidadosamente

Te va a encantar, ya que la gran mayoría de "ser cuidadosos" se reduce a dos sencillas reglas:

1. **Cuando utilices FILTER(), usarla contra las tablas de búsqueda o referencia, *nunca* en contra de las tablas de datos.**
2. **Nunca utilices FILTER() cuando un CALCULATE() "crudo" haga el trabajo.**

Bastante simple. Para aquellos de ustedes que quieren saber más sobre el "por qué" detrás de esa primera regla, estoy ahorrando para el capítulo de Desempeño.

Aplicando FILTER() en el ejemplo de "Umbrales"

Revisando la Exitosa Fórmula

Volvamos a nuestro ejemplo de "umbrales" del capítulo anterior, donde queríamos incluir sólo productos cuyo columna Products[ListPrice] era >= que nuestra medida [MinListThreshold]:

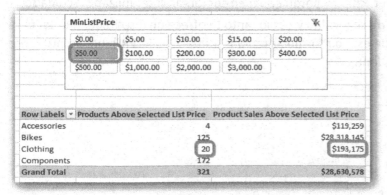

Figura 159 Volver al ejemplo de "umbral": sólo incluye productos cuyas ListPrice es >= la selección de la máquina de cortar.

La fórmula que terminé usando para la medida de la derecha era:

```
[Product Sales Above Selected List Price] =
CALCULATE([Total Sales],
        FILTER(Products,
            Products[ListPrice]>=[MinListThreshold]
        )
    )
```

¿Estoy siguiendo las reglas para el uso de FILTER() cuidadosamente? Vamos a ver.

1. **Products es una tabla de búsqueda o referencia**, no una tabla de Datos (como Sales). **SÍ para la regla #1.**

2. **Estoy comparando Products[ListPrice] a una medida**, que no puede ser hecho en CALCULATE() crudo. **SÍ para la regla #2.**

OK, así que ahora la medida [Products Above Selected List Price] - que me da un conteo de los productos que pasan la prueba [MinListThreshold], y es ejecutado de la misma manera que la anterior medida.

Primero, sin embargo, necesito una medida base que sólo cuente productos:

```
[Product Count] =
COUNTROWS(Products)
```

Nótese como yo asigné esa medida a la tabla Products, ya que cuenta con filas de esa tabla:

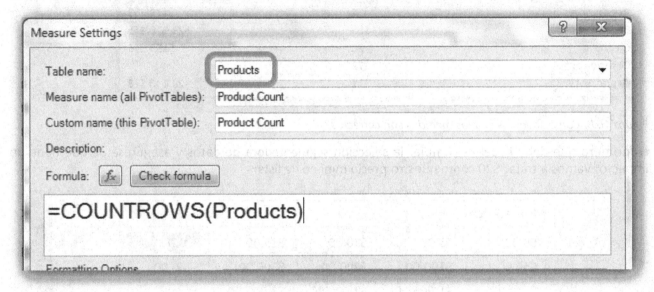

Figura 160 Medida [Product Count] es asignada a la tabla Products ya que su aritmética opera en la tabla Product (mejores prácticas)

Ahora puedo crear [Products Above Selected List Price] utilizando la nueva medida base:

```
[Products Above Selected List Price] =
CALCULATE([Product Count],
        FILTER(Products,
            Products[ListPrice]>=[MinListThreshold]
        )
    )
```

> Podría haber saltado la etapa independiente de la definición de la medida [Product Count], y solo especificar COUNTROWS (productos) como primer argumento para CALCULATE(). Pero [Product Count] es probable que sea una medida útil en otros lugares también, y recuerda que es una buena práctica construir medidas en la parte superior de otras medidas, para que los futuros cambios en el modelo se puedan hacer en un solo lugar.

Verificando que la medida funcione

Bueno, las medidas están regresando algunos números, ¿pero son los números correctos? Vamos a investigar un poco (no voy a hacer esto para cada medida, pero creo que es bueno mostrar algunos enfoques de validación).

MinListPrice

$0.00	$5.00	$10.00	$15.00	$20.00
$50.00	$100.00	$200.00	$300.00	$400.00
$500.00	$1,000.00	$2,000.00	$3,000.00	

Row Labels	Products Above Selected List Price	Product Sales Above Selected List Price
Accessories	4	$119,259
Bikes	125	$28,318,145
Clothing	20	$193,175
Components	172	
Grand Total	**321**	**$28,630,578**

Figura 161 ¿Cómo sabemos que las medidas son correctas?

Lo primero que debe hacer es cambiar la selección segmentadora de datos y asegúrese de que tiene un impacto. Vamos a tratar $20 como nuestro precio mínimo de lista:

MinListPrice

$0.00	$5.00	$10.00	$15.00	$20.00
$50.00	$100.00	$200.00	$300.00	$400.00
$500.00	$1,000.00	$2,000.00	$3,000.00	

Row Labels	Products Above Selected List Price	Product Sales Above Selected List Price
Accessories	25	$597,086
Bikes	125	$28,318,145
Clothing	41	$314,978
Components	187	
Grand Total	**378**	**$29,230,209**

Figura 162 Es de esperar que ambas medidas devuelvan un número mayor de $ 20 como el umbral seleccionado, y ambos lo hacen

Una buena señal. Pero vamos a asegurarnos de que las medidas están verdaderamente contando los productos adecuados. Pongamos Products[ProductKey] en filas, y ajuste el segmentador de datos a $3,000 ya que sólo nos debe mostrar un pequeño número de productos:

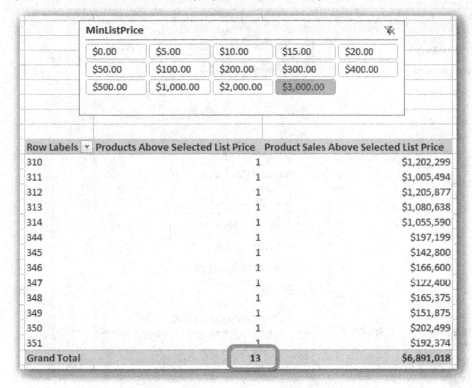

Figura 163 Sólo 13 productos aparecen - otra buena señal

Pero realmente tenemos que ver el ListPrice. Pongamos eso en filas también:

Row Labels ▾	Products Above Selected List Price	Product Sales Above Selected List Price
⊟ 3374.99	4	$712,123
348	1	$165,375
349	1	$151,875
350	1	$202,499
351	1	$192,374
⊟ 3399.99	4	$628,998
344	1	$197,199
345	1	$142,800
346	1	$166,600
347	1	$122,400
⊟ 3578.27	5	$5,549,897
310	1	$1,202,299
311	1	$1,005,494
312	1	$1,205,877
313	1	$1,080,638
314	1	$1,055,590
Grand Total	13	$6,891,018

Figura 164 OK, todos los productos mostrados tienen un precio realmente de más de $3k

Por último, a lo largo de la ventana de Power Pivot, vamos a filtrar la tabla Products en ListPrice> = 3000:

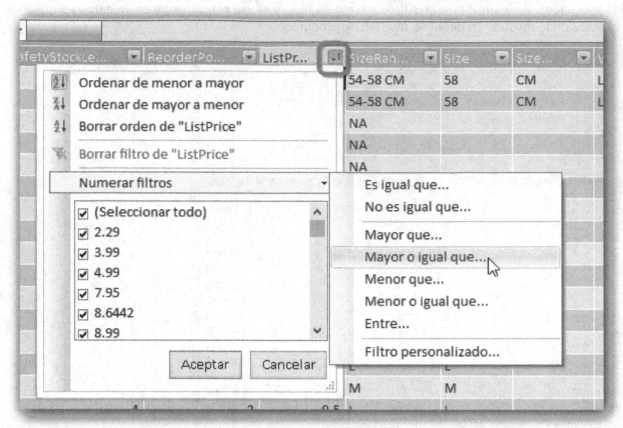

Figura 165 Esto debe resultar en 13 filas, igualando el total del pivote...

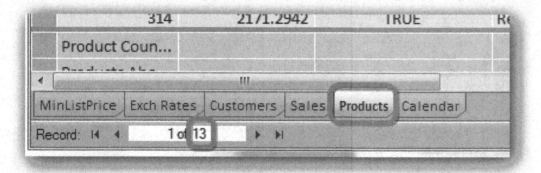

Figura 166 ...y lo hace

OK, este último paso sería probablemente la primera cosa que yo verificaría. Pero yo quería mostrar que tanto la ventana de Power Pivot y el propio pivote son herramientas importantes para la validación / depuración. Yo uso los dos.

Dado que ambas medidas utilizan la misma lógica FILTER(), una vez que hayamos confirmado éste, podemos estar bastante seguros de que el otro está trabajando también.

Así que ahí lo tienen: un ejemplo de umbral sencillo impulsado por máquina de cortar, y funciona.

Esto no era posible con las relaciones

Sólo para reforzar: el enfoque de la tabla desconectada era absolutamente necesario para este ejemplo tipo umbral. Un producto determinado, como una camisa de $75, pertenece a diferentes rangos de precios - que está incluido en los $0, $5, 10, $15, $20 y $50 los rangos de precios. (En otras palabras, los rangos de precios se solapan entre sí).

Para ver lo que quiero decir, imagina la creación de una columna, en la tabla dé productos, para formar la base de la relación. ¿Cómo sería esa columna? Si estas comprometido a ir por este camino, finalmente terminas con varias filas para cada producto (una para cada gama de precios de ese producto "pertenece a"). Por tanto, que exigiría una relación "muchos a muchos" con la tabla de máquina de cortar (y con la tabla de ventas), que Power Pivot no admite.

Consejo: Las medidas basadas en un patrón común - crear a través de copiar / pegar

¿Nótese cómo las dos medidas FILTER() anterior son idénticas a excepción de su base de medida? Una utiliza [Total Sales] como su primer argumento de CALCULATE() y la otra usa [Product Count], de otra forma la fórmula es la misma.

Vas a hacer esto todo el tiempo. Y hay una forma rápida de hacerlo:

1.   Escribes la primera medida. En este caso, la versión [TotalSales].

2.   A continuación, clic derecho en la medida en la lista de campos (o en la zona de aterrizaje de Valores) y seleccione Editar:

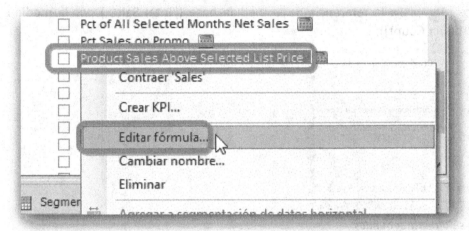

Figura 167 Edita tu primera medida

3.   Copia la fórmula existente:

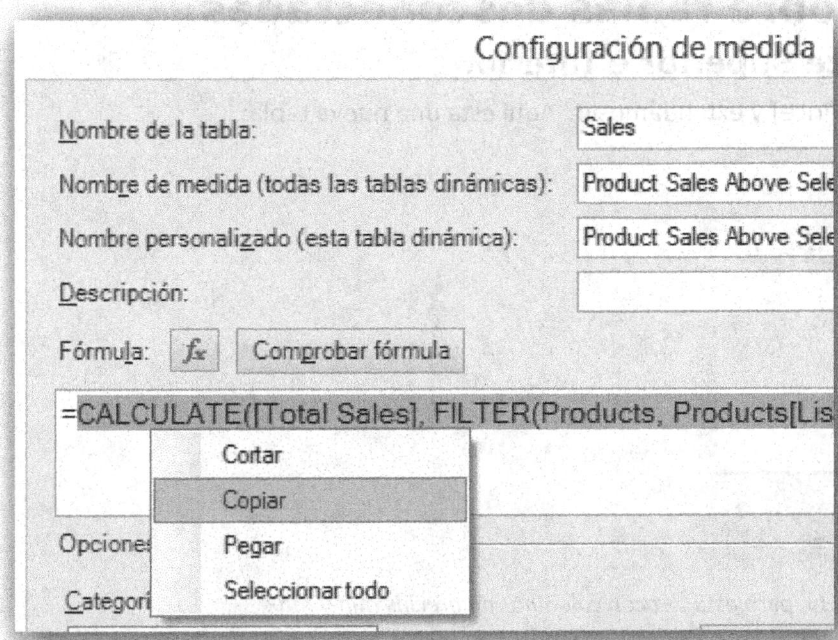

Figura 168 Copia la fórmula actual que ya está convenientemente selecciona cuando se edita una medida existente

4.   Cancela el editor, crea una nueva medida, y luego pega la fórmula:

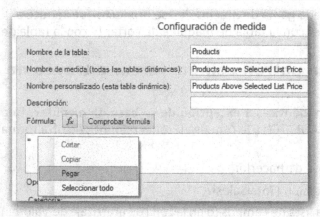

Figura 169 Pega la fórmula de la medida original

5. Por último, solamente reemplaza la referencia de la medida base ([Total Sales]) por la medida diferente deseada ([Product Count]):

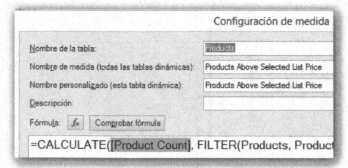

Figura 170 Todo el proceso toma solamente segundos

Podrías descubrir este "truco" por tu cuenta bastante rápido (si no lo has hecho), pero lo hago tan a menudo que yo quería estar absolutamente seguro de que estés consciente de ello.

Más variaciones sobre tablas desconectadas

Los Umbrales Tipo Límite Superior e Inferior

Tomemos el umbral de Product[ListPrice] y extendámoslo. Aquí esta una nueva tabla:

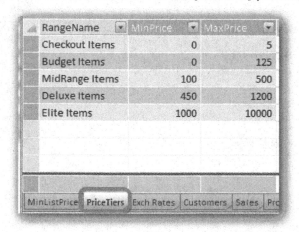

Figura 171 Una nueva tabla desconectada, pero esta vez con columnas de precios min y max

 Nótese una vez más que los niveles de precios se superponen, lo que significa que un producto dado puede pertenecer a más de uno, lo que hace imposible una relación.

Ahora voy a definir dos medidas "cosechadoras" en esa tabla:

```
[PriceTierMin] =

    MIN(PriceTiers[MinPrice])
```

y

```
[PriceTierMax] =

    MAX(PriceTiers[MaxPrice])
```

Y ahora voy a utilizar la columna RangeName como mi slicer o segmentador de datos:

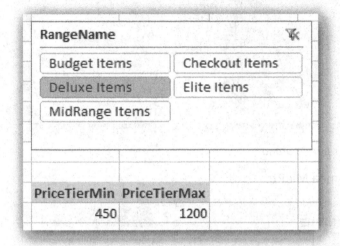

Figura 172 Puedes usar una columna Etiqueta de una tabla desconectadas en su pivote. Ambas medidas "cosechadoras" nuevamente capturan la selección del usuario, pero esta vez basada en columnas que el usuario no ve.

Corregir el orden de clasificación de la máquina de cortar: la característica "Clasificación por Columna"

En nuestro primer ejemplo de umbral, se utilizó un campo numérico de la máquina de cortar, que, naturalmente, van ordenados de menor a mayor. En este ejemplo, la etiqueta sin embargo, "Budget" (Presupuesto en inglés) precede alfabéticamente "Counter" (Contador en inglés), y el orden en clase es engañoso, como resultado.

En Power Pivot v1, teníamos que "arreglar" esto mediante preparando cadenas para su ordenamiento correcto, dándonos slicers con valores como "1 – Counter" y "2 – Budget" sobre ellos. Yuck.

En Power Pivot v2 sin embargo, tenemos un mejor arreglo: la característica de Ordenar por Columna.

Primero necesitamos una sola columna numérica (o texto) que ordene la tabla en el orden correcto.

No importa cómo vas sobre la creación de esta columna - siempre y cuando se crea una (o ya tiene una), funciona.

En este caso utilizare una nueva columna calculada:

Name	MinPrice	MaxPrice	Add Column
ut Items	0	5	
Items	0	125	
nge Items	100	500	
Items	450	1200	
ems	1000	10000	

`=([MaxPrice]-[MinPrice])/2`

Figura 173 Creación de una columna que va a clasificar correctamente (en este caso, mi columna será el punto medio de cada nivel de precio)

Ahora selecciono la columna RangeName y le doy clic al botón de Ordenar por Columna en la cinta:

Figura 174 Seleccionar columna de etiqueta, clic a Ordenar por Columna

En el dialogo, ajusta la clasificación por la nueva columna MidPt:

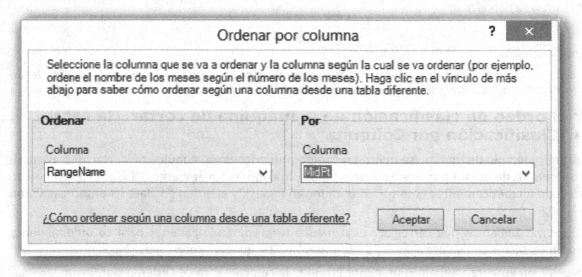

Figura 175 Ajustar el "ordenar por" columna a la columna MidPt

Volvemos a Excel:

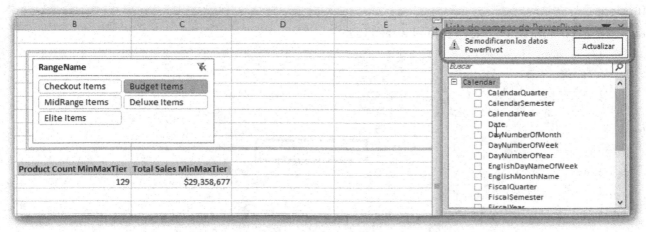

Figura 176 Cambiar el Ordenar por columna activa el aviso para "Actualizar"

Dale Clic al botón de Actualizar o refrescar y el orden de clasificación del slicer está corregido:

Figura 177 Actualizar, y la caracteristica de Clasificar por Columna "entra en juego" – el slicer está ahora ordenado de manera correcta

Completando el Umbral Min/Max

Ahora, justo como en el ejemplo de umbral simple, necesitamos versions de las medidas [Product Count] y [Total Sales] que respeten las selecciones del usuario en los slicers o segmentadores de datos:

```
[ProductCount MinMaxTier] =
  CALCULATE([Product Count],
            FILTER(
                   Products, Products[ListPrice]>=[Price-
TierMin] &&
                             Products[ListPrice]<=[Price-
TierMax]
                   )
       )
```

Dado que FILTER() solo soporta una expresión de <filtro rico>, yo utilizo el operador && – una fila de la tabla Products necesita cumplir ambas de esas pruebas de comparación para ser incluida.

Pero como CALCULATE() sí *brinda* soporte para argumentos múltiples de <filter>, podría haber hecho esto sin el operador && utilizando dos funciones FILTER():

CALCULATE(<medida>, FILTER(...), FILTER(...))

Esto daría los mismos resultados. Yo utilizo el enfoque && cada vez que puedo, porque es menos caro (en términos de rendimiento) hacerlo. Más sobre esto más adelante.

Y luego la versión de [Total Sales], de nuevo empleando el truco "copiar/pegar/cambiar medida":

```
[Total Sales MinMaxTier] =
  CALCULATE([Total Sales],
            FILTER(
                   Products, Products[ListPrice]>=[Price-
TierMin] &&
                             Products[ListPrice]<=[Price-
TierMax]
                   )
       )
```

Ahora pondré ambas medidas en la tabla dinámica, y removeré las medidas de "cosecha" o "siembra":

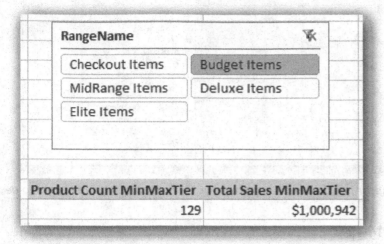

Figura 178 ¡Está viva! :-)

Una manera de visualizar tablas desconectadas

Tablas Desconectadas, por definición, no tienen relaciones con otras tablas en el modelo. Si vemos la vista de diagram, vemos que la tabla PriceTiers, por ejemplo, es una isla como esperamos:

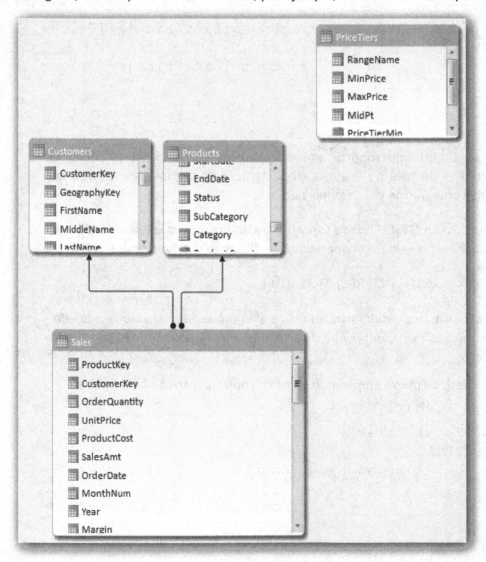

Figura 179 La Tabla Desconectada PriceTiers no presenta flechas de Relaciones (como se espera)

Pero cuando usamos las medidas "MinMaxTier" que escribimos arriba, la tabla PriceTiers de una forma actúa como una tabla de búsqueda o referencia, debido a que el contexto de filtro de PriceTiers (como selecciones del usuario en la máquina de cortar) impacta las calculaciones en la medida y sus resultados.

Así que a menudo me gustaría decir que las tablas desconectadas tienen una relación de "línea punteada" con las tablas que contienen las medidas correspondientes de FILTER(). En tu cabeza, podrías pensar que es así:

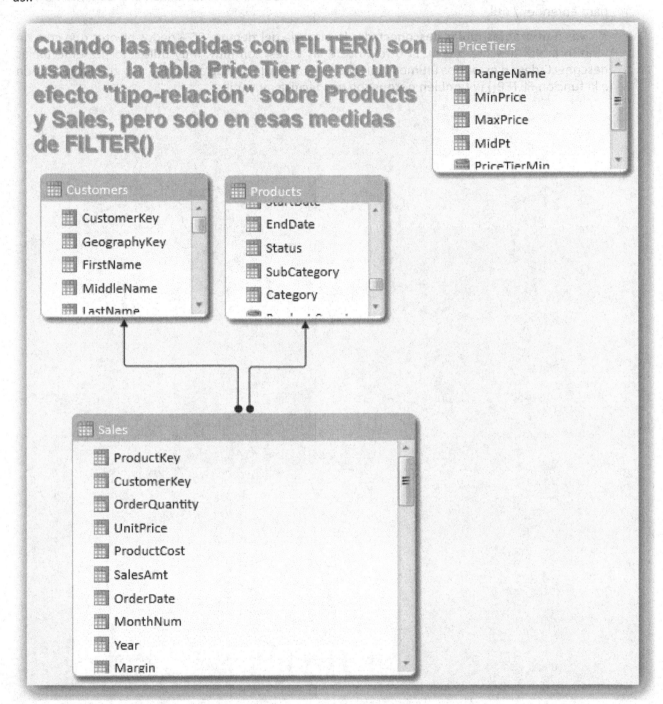

Figura 180 En tu cabeza, puedes imaginar relaciones de "línea punteada"

 Tablas desconectadas sólo afectan las medidas que se escriben específicamente a "prestar atención" a ellas – por lo que la tabla PriceTiers impacta [ProductCount MinMaxTier] y [Total Sales MinMaxTier], pero no otras medidas en las tablas Products y Sales.

Poniendo este capítulo en perspectiva

Un par de cosas que quiero destacar antes de seguir adelante:

- **No hemos terminado con FILTER().** Hay mucho más que aprender acerca de FILTER() que lo que he tratado aquí, pero quiero volver a esos puntos más adelante. No es esencial para aprender el resto, sin embargo, y estoy aferrándome a mi filosofía de introducir las cosas a ti en el orden más sencillo para aprender / útil.

- **No vas a utilizar las tablas desconectadas la mayoría del tiempo.** 90% de los pivotes que creo *no* utilizan tablas desconectadas. El otro 10% de las veces, son muy, muy útiles. Yo presenté tablas desconectadas en estos dos últimos capítulos, en gran parte debido a que son una gran introducción a la función FILTER() (y también porque son una técnica muy útil).

14- Introducción a Inteligencia de Tiempo

Por fin, ¡es tiempo!

(¿Lo entiendes? ¿Tiempo? No hay ningún cargo adicional por el humor de esta calidad).

He estado esperando ansiosamente este capítulo. Las Medidas en Power Pivot realmente brillan cuando se utilizan para realizar cálculos inteligentes contra el calendario.

Es una simple cuestión de realizar cálculos que responden a preguntas como las siguientes:

- ¿Cómo está funcionando el negocio en relación con el mismo período del año pasado?

- ¿Cuáles han sido nuestras Ventas de año hasta la fecha (YTD) al 1 de junio?

- ¿Cuál fue el mejor trimestre en los últimos dos años?

Eso no es más que arañar la superficie. Eso está muy bien. Pero antes de excavar, una breve nota sobre los diferentes tipos de calendarios.

"Calendario Estándar" versus "Calendario Personalizado"

Calendarios estándar: El enfoque de este capítulo

Justo desde el principio, quiero que sepas que este capítulo será escrito estrictamente desde el punto de vista del calendario estándar.

¿Qué quiero decir con «calendario estándar?» Es el calendario con las siguientes propiedades:

- Febrero tiene 28 días (29 en años bisiestos) en el mismo, y todos los otros meses tienen 30 o 31 días en ellos

- Trimestres constan de tres meses consecutivos - meses cuyas longitudes se han descrito anteriormente

- Años tienen 365 días en ellos (366 en años bisiestos)

- Un mes dado este año podría tener más / menos sábados (o cualquier otro día) en él que en el mismo mes del año anterior

En otras palabras, un calendario estándar es el calendario que tienes colgado en la pared.

Funciones de inteligencia de tiempo de Power Pivot operan bajo el supuesto de que se utiliza un calendario estándar. Así que representan un lugar natural para comenzar el tema de la inteligencia de tiempo.

Calendarios personalizados: Tal vez sea aún más importante que el estándar (que se describen más adelante)

Sin embargo, muchas empresas no se miden a sí mismos a través del calendario estándar. El calendario estándar plantea muchos problemas que a menudo son inaceptables:

- **Comparando este mes con el mes pasado a menudo no es "justo"** cuando el mes pasado tuvo 31 días y éste tiene 30, por ejemplo. ¿Realmente realizamos 3% peor este mes o es que sólo se debe a la diferente cantidad de días?

- **Incluso dos meses de la misma longitud a menudo no son comparaciones justas** ya que contienen diferentes números de días de fin de semana frente a días de la semana.

- **A veces, la unidad de tiempo medido ni siquiera se parece al calendario de pared** – "Semestres" en el mundo académico y "Temporadas" en el mundo del deporte, por ejemplo,

- **Yendo más lejos, a veces (como en la ciencia), queremos comparar literalmente períodos de tiempo** en lugar de períodos de calendario – tales como "los primeros cinco minutos después de un evento" en comparación con los siguientes quince minutos etc.

En mi experiencia, al menos la mitad de todas las organizaciones se miden por calendarios personalizados. Las empresas minoristas, en particular, son muy sensibles a los dos primeros problemas.

Así que no tengas miedo, abordaremos calendarios personalizados también. Nosotros sólo vamos a comenzar con el calendario estándar. Estén atentos, en capítulos posteriores, para el tratamiento de calendarios personalizados.

Calendario: Una tabla de búsqueda muy especial

Todo en la inteligencia de tiempo requiere que haya una tabla separada de Calendario. (No tiene que ser llamado "calendario", pero por lo general utiliza ese nombre, o "fechas".)

Dónde obtener una tabla calendario

Hay muchas maneras de crear una tabla calendario. Aquí están algunas opciones:

- **Importar una de una base de datos.** Esta es mi favorita, por varias razones. Pero no es una opción para todos.

- **Crear una en Excel.** Más o menos al alcance de todos, pero eso plantea problemas como la necesidad de ajustar todos los días.

- **Importar una de Azure DataMarket (o en otro lugar en el Internet).** Hay al menos una tabla calendario disponible para su descarga gratuita en Internet, producido por el increíble Boyan Penev. Ver http://ppvt.pro/UltDate para obtener más información.

Propiedades de una tabla calendario

Una tabla calendario deberá:

- **Contener al menos una columna de tipo de datos "fecha".**

- **Contener exactamente una fila por día.**

- **Contener fechas completamente consecutivas, sin lagunas** – incluso si tu negocio no está abierto los fines de semana, los días deben estar en el calendario

- **Estar relacionada con todas las tablas de datos (ventas, etc)**

- **Contener columnas para todos los de su agrupación y etiquetas que desee** – cosas como NombreMes, NombrediadeSemana, EsFindeSemana, EsFestivo, etc. (en sentido estricto, se puede tener una tabla de Calendario con sólo una columna de fecha, pero la tabla de calendario es el lugar para poner todas estas otras columnas si las tiene).

- **Lo *ideal* sería que sólo se "abarque" los intervalos de fechas relevantes para sus propósitos.** Si su negocio se abrió en 2001, no tiene sentido para tu tabla Calendario iniciar en el 2000. Y si hoy es el 20 de junio del 2012, no tiene sentido que el 21 de junio de 2012 esté en el de Calendario todavía. Este es uno de los requisitos más difíciles - es la razón principal por la que me gusta la fuente de mi Calendario desde una base de datos. Realmente es opcional, pero te resultará muy útil con el tiempo. No te preocupes mucho por el momento.

Mi Tabla Calendario: importada y relacionada

Date	DayNumberOfWeek	EnglishDayNameOfWeek	DayNumberOfMonth	Day
7/3/2003	5	Thursday	3	
7/4/2003	6	Friday	4	
7/5/2003	7	Saturday	5	
7/6/2003	1	Sunday	6	
7/7/2003	2	Monday	7	
7/8/2003	3	Tuesday	8	
7/9/2003	4	Wednesday	9	
7/10/2003	5	Thursday	10	
7/11/2003	6	Friday	11	
7/12/2003	7	Saturday	12	
7/13/2003	1	Sunday	13	
7/14/2003	2	Monday	14	
7/15/2003	3	Tuesday	15	
7/16/2003	4	Wednesday	16	
7/17/2003	5	Thursday	17	
7/18/2003	6	Friday	18	
7/19/2003	7	Saturday	19	
7/20/2003	1	Sunday	20	
7/21/2003	2	Monday	21	
7/22/2003	3	Tuesday	22	
7/23/2003	4	Wednesday	23	

stomers | Sales | Products | Calendar | Exch Rates | MinListPrice | PriceTiers

Figura 181 Tabla Calendario – ¡Ahora podemos empezar!

Ahora la relaciono con mi tabla de ventas, utilizando las columnas de Fecha:

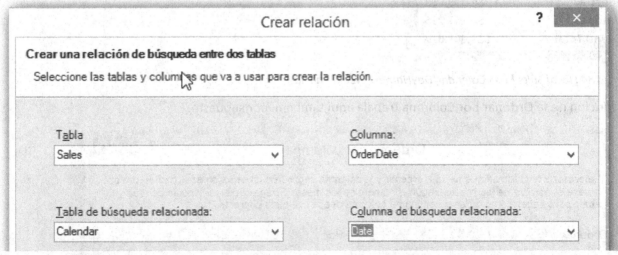

Crear relación

Crear una relación de búsqueda entre dos tablas

Seleccione las tablas y columnas que va a usar para crear la relación.

Tabla
Sales

Columna:
OrderDate

Tabla de búsqueda relacionada:
Calendar

Columna de búsqueda relacionada:
Date

Figura 182 Relacionando Calendario a Ventas (Sales)

En Power Pivot v1, la columna empleada para relacionar Calendario a otras tablas tenía que ser del tipo de datos de fecha. En v2, ahora puede relacionarse con una columna de un tipo de datos diferente, como un entero, por lo que no necesitas una columna de tipo de Fecha en la tabla de ventas más, pero todavía necesitas una columna de tipo de fecha en la tabla calendario.

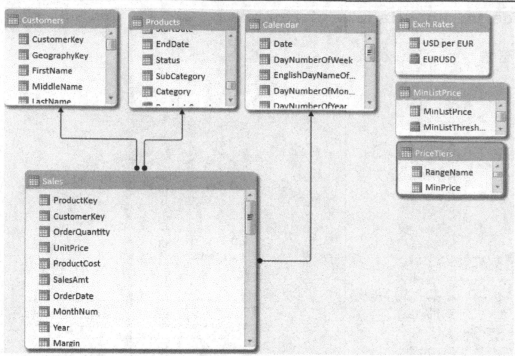

Figura 183 Actualizada la vista de diagrama: el Calendario se convierte en la tercera tabla de búsqueda

Funciona como una tabla de búsqueda normal

DayNameOfWeek	Total Sales
Friday	$4,235,386
Monday	$4,154,920
Saturday	$4,342,674
Sunday	$4,231,642
Thursday	$4,113,749
Tuesday	$4,153,093
Wednesday	$4,127,215
Grand Total	$29,358,677

Figura 184 [Total Sales] con Calendar[DayNameOfWeek] en Filas

Y la función de la Ordenar por Columna trabaja aquí también, por supuesto:

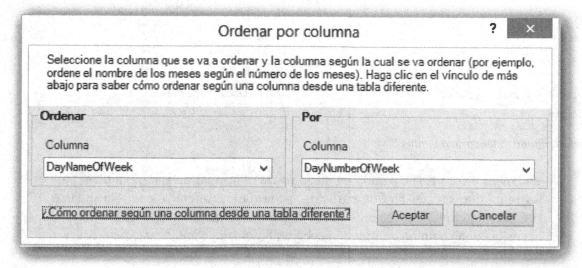

Figura 185 ¡ Ordenar por Columna monta otra vez!

DayNameOfWeek ▼	Total Sales
Sunday	$4,231,642
Monday	$4,154,920
Tuesday	$4,153,093
Wednesday	$4,127,215
Thursday	$4,113,749
Friday	$4,235,386
Saturday	$4,342,674
Grand Total	**$29,358,677**

Figura 186 Días de clasificación en el orden correcto (si quieres que Lunes sea el primero, simplemente crea una columna calculada en el calendario que comienza con 1 para el lunes y termina el 7 para el domingo, y usar eso como su ordenar por columna en su lugar)

Y podemos repetir el mismo proceso para MonthName - cada columna puede tener su propia orden por separado por columnas:

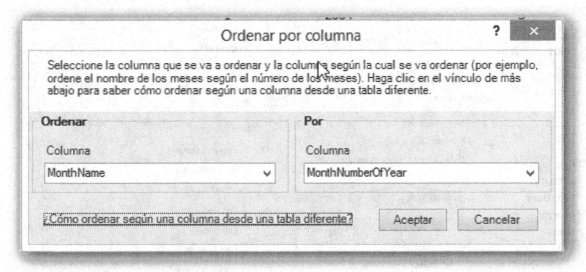

Figura 187 Configuración de ordenación para MonthName

MonthName ▼	Total Sales
January	$2,375,857
February	$2,502,387
March	$2,610,615
April	$2,778,842
May	$3,114,646
June	$3,180,924
July	$1,911,263
August	$1,899,607
September	$1,834,668
October	$2,009,169
November	$2,076,070
December	$3,064,630
Grand Total	**$29,358,677**

Figura 188 icorrectamente ordenados por nombres de los meses!

Primera Característica Especial: Habilitar el filtrado por fecha mediante Marcar como Tabla de Fechas

Con la tabla Calendario activa, ve a la pestaña Diseño de la cinta y selecciona Marcar como tabla de Fechas:

Figura 189 Haz de esto un hábito para la tabla Calendario / Fechas

Luego, en el pivote, se obtiene las opciones especiales de filtrado de fecha:

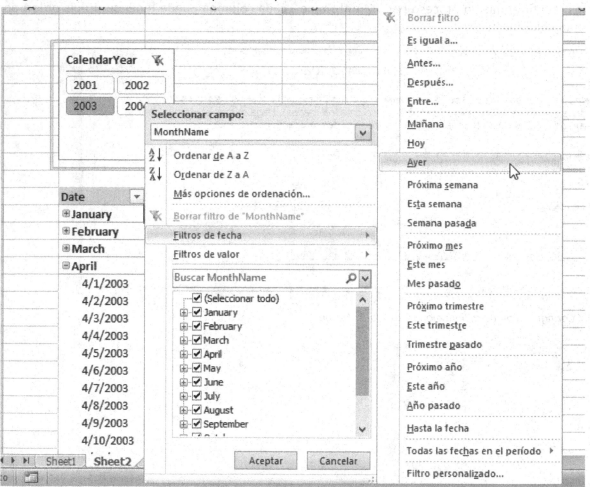

Figura 190 Power Pivot "le cuenta" a Excel que se trata de una tabla de Fecha, así Excel permite estas opciones de filtro para ti (la mayoría de los cuales son inútiles con mis datos de ejemplo ya que las fechas son antiguas, pero más útiles en el mundo real)

     Si vas a utilizar una columna de tipo de datos no de Fecha para relacionar la tabla Calendario a las tablas de datos, debes "marcar como fecha" en la ventana de Power Pivot, o muchas otras de las funciones de cálculo inteligentes cubiertas después de esto no funcionarán correctamente

Segunda Característica Especial: ¡Funciones de inteligencia de Tiempo!

Power Pivot incluye muchas nuevas funciones relacionadas con el tiempo:

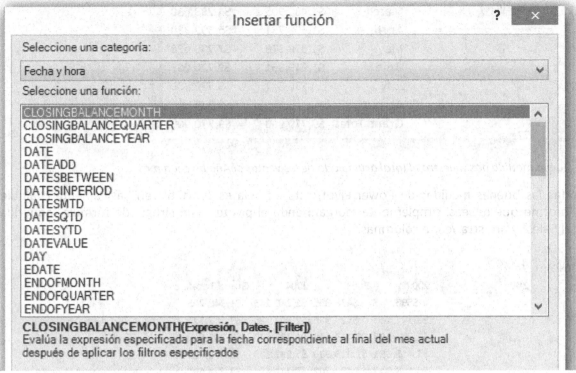

Figura 191 Un subconjunto de las funciones DAX relativas al tiempo - algunos son remanentes de Excel normal, pero la mayoría son nuevas.

Buceo con DATESYTD()

Hay tantas funciones que era difícil para mí elegir cuál cubrir primero. Elegí DATESYTD() no porque sea de alguna manera especial en relación con los demás, pero sólo porque se convierte en un buen ejemplo.

Vamos a empezar con una tabla dinámica sencilla:

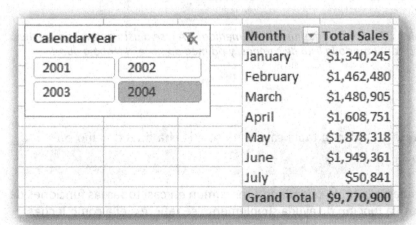

Figura 192 Nueva "camadeprueba" o "testbed" para DATESYTD()

Ahora vamos a añadir una nueva medida, que realiza un seguimiento de ventas del año hasta la fecha (YTD):

```
[Total Sales YTD] =

=CALCULATE([Total Sales], DATESYTD(Calendar[Date]))
```

Y...

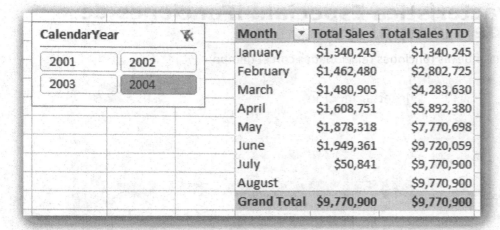

CalendarYear		
2001	2002	
2003	**2004**	

Month	Total Sales	Total Sales YTD
January	$1,340,245	$1,340,245
February	$1,462,480	$2,802,725
March	$1,480,905	$4,283,630
April	$1,608,751	$5,892,380
May	$1,878,318	$7,770,698
June	$1,949,361	$9,720,059
July	$50,841	$9,770,900
August		$9,770,900
Grand Total	$9,770,900	$9,770,900

Figura 193 Nueva medida nos muestra el total acumulado de las ventas al Año de cada mes

Y como todas las buenas medidas de Power Pivot, esta fórmula es "portátil" en básicamente cualquier forma de informe que deseas, simplemente reorganizando el pivote - ¡sin cirugía de fórmula requerida! Retira [Total Sales] y arrastra Year a columnas...

Total Sales YTD	Year				
Month	2001	2002	2003	2004	Grand Total
January			$596,747	$438,865	$1,340,245	$1,340,245
February		$1,147,563	$927,956	$2,802,725	$2,802,725
March		$1,791,698	$1,413,530	$4,283,630	$4,283,630
April		$2,455,391	$1,919,930	$5,892,380	$5,892,380
May		$3,128,947	$2,482,702	$7,770,698	$7,770,698
June		$3,805,711	$3,037,501	$9,720,059	$9,720,059
July	$473,388	$4,306,076	$3,924,170	$9,770,900	$9,770,900
August	$979,580	$4,852,077	$4,771,584	$9,770,900	$9,770,900
September	$1,453,523	$5,202,544	$5,781,842		$5,781,842
October	$1,966,852	$5,617,934	$6,862,291		$6,862,291
November	$2,510,846	$5,953,030	$8,059,273		$8,059,273
December	$3,266,374	$6,530,344	$9,791,060		$9,791,060

Figura 194 Nuestra nueva medida [Total Sales YTD], como todas las buenas medidas DAX, se ajusta automáticamente a toda nueva forma de pivote - sólo reacomodar utilizando la lista de campos, y ¡la medida hace el trabajo duro!

Anatomía de DATESYTD()
Definición de la función

DATESYTD(<columna de fecha en la tabla calendario>, < Fecha final del año opcional>)

Ese primer argumento, <columna de fecha de la tabla calendario >, es común en casi todas las funciones de inteligencia de tiempo. En sí Power Pivot, la función de ayuda simplemente se refiere a ella como fechas:

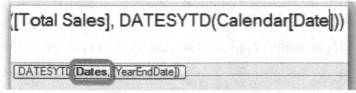

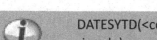

Figura 195 Lo que yo llamo "<columna de fecha de la tabla calendario >, Power Pivot llama" Fechas "- cada vez que veas esto, recuerda mi versión de ella, porque eso es lo que "fechas" significa en la definición de funciones de inteligencia.

DATESYTD() es utilizado como un argumento de <filter> para CALCULATE(), mucho como ALL() y FILTER().

¿Cómo funciona?

Al igual que casi todo lo demás "mágico" en Power Pivot, DATESYTD() funciona mediante la manipulación de contexto de filtro.

Volvamos a la simple presentación de la tabla pivote, y resaltar una celda determinada con la medida:

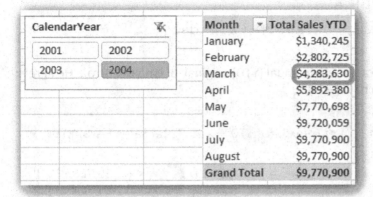

Figura 196 Para la celda de medida resaltada...

DATESYTD() esencialmente identifica la última fecha en el contexto actual del filtro, y luego "se expande" el filtro de contexto hacia atrás desde la fecha de la primera fecha del año (más específicamente, a la primera fecha del año que previamente identificamos con la última fecha, que es 2004 en este caso).

OK, entonces DATESYTD() modifica el contexto de filtro. He aquí cómo.

Una vez más, la visualización de la tabla de calendario en forma de calendario:

Resultando en un nuevo contexto de filtro:

Figura 197 Si imaginamos la tabla calendario como un calendario en lugar de una tabla, donde cada fila de calendario es una sola fecha, estas son las fechas activas (filas) en el contexto de filtro para la celda de medida resaltada en la figura anterior.

Figura 198 DATESYTD() comienza en la última fecha en el marco del filtro existente y, a continuación, "expande" el contexto filtro en la primera fecha del año (la primera fecha del año del contexto actual del filtro)

Figura 199 Nuevo contexto de filtro resaltado (de nuevo la visualización de la tabla de calendario como un calendario)

Cambiar la Fecha de Fin de Año

Ese último argumento de DATESYTD(), el cual es un argumento opcional que dejé en blanco en el primer ejemplo, permite personalizar tu calendario un poco. Esto permite tratar el 30 de junio como el último día del año, por ejemplo, que es común en los calendarios fiscales.

Aquí está una medida que hace precisamente eso:

```
[Total Sales Fiscal YTD] =
   CALCULATE([Total Sales], DATESYTD(Calendar[-
   Date],"6/30/2004"))
```

Ahora vamos a comparar eso con la medida de acumulado anual (YTD) original, al lado del otro.. He agregado Calendar[WeekNumOfYear] a filas, anidada bajo Month:

CalendarYear		
2001	2002	
2003	2004	

Month	Total Sales YTD	Total Sales Fiscal YTD
January		
1	$64,297	$2,788,930
2	$160,190	$2,884,823
3	$266,720	$2,991,353
4	$361,655	$3,086,288
5	$438,865	$3,163,498
February		
5	$457,003	$3,181,636
6	$591,370	$3,316,003
7	$711,294	$3,435,927
8	$847,144	$3,571,777
9	$927,956	$3,652,588
March		
9	$937,992	$3,662,625
10	$1,061,270	$3,785,903
11	$1,168,840	$3,893,473
12	$1,284,089	$4,008,722
13	$1,371,790	$4,096,423
14	$1,413,530	$4,138,163
April		
14	$1,502,836	$4,227,469
15	$1,621,929	$4,346,562

Figura 200 Medida original de YTD comienza en 0 desde January (Enero), pero la versión fiscal de la misma ya se está acercando a $3M.

 Tenga en cuenta cómo he cortado el pivote a 2003 a pesar de que he especificado 6/30/2004 en la medida. El año en sí no importa en ese último argumento - la función DATESYTD() sólo mira el mes y día e ignora el año (en ese argumento en particular.)

Ahora vamos a desplazarnos hacia abajo y ver qué pasa al final de Junio:

June			
23		$2,603,264	$5,327,897
24		$2,750,811	$5,475,444
25		$2,882,988	$5,607,621
26		$3,004,735	$5,729,367
27		$3,037,501	$5,762,134
July			
27		$3,194,171	$156,670
28		$3,387,544	$350,043
29		$3,563,304	$525,802
30		$3,782,105	$744,604
31		$3,924,170	$886,669
August			
31		$3,964,160	$926,658
32		$4,182,052	$1,144,551
33		$4,336,885	$1,299,384
34		$4,529,375	$1,491,874

Figura 201 La medida acumulado anual (YTD) Fiscal se restablece al final de junio, justo como se desea

 Por lo que las funciones incorporadas de inteligencia de tiempo *son* capaces de adaptarse a diferentes fechas de fin de año. Esto todavía corresponde a lo que yo llamo el calendario estándar , debido a que los meses están siendo los mismos que los meses en el calendario de pared – June todavía tiene 30 días, Julio tiene 31, etc. Sólo cuando empezamos a redefinir nuestra noción de mes / trimestre / año a ser uno diferente del calendario de pared es que empezamos a "romper" funciona como DATESYTD(). Verás lo que quiero decir cuando lleguemos a ese capítulo.

DATESMTD() y DATESQTD() – "primos" de DATESYTD()

Estas funciones son el "mes hasta la fecha" y "trimestre a la fecha", versiones de DATESYTD(), así que no caminarán a través de ellos - su uso es como lo he ilustrado para DATESYTD(). La única diferencia es que ninguno de ellos ofrece ese segundo argumento opcional para la fecha de fin de año.

TOTALYTD() – otro primo de DATESYTD()

TOTALYTD() es realmente un reemplazo de CALCULATE(),uno que "hornea en el" un DATESYTD().

Por ejemplo, nuestra medida original de YTD (Acumulado anual):

```
[Total Sales YTD] =

=CALCULATE([Total Sales], DATESYTD(Calendar[Date]))
```

Puede reescribirse como:

```
[Total Sales YTD] =

=TOTALYTD([Total Sales], Calendar[Date])
```

Supongo que es un poco más fácil de leer - más corto a ciencia cierta. Pero yo no veo esto como particular-mente necesario, estaríamos bien sin esta función. Ya sea que decides usar en realidad es sólo una cuestión de preferencia personal.

Los restantes (Muchas) Funciones de inteligencia de tiempo - Agrupadas en "Familias"

Como dije anteriormente, hay *muchas* funciones de inteligencia de tiempo. Pero es bastante fácil agruparlos en "familias" (para continuar con la metáfora "primos"). Si cubro un ejemplo de cada familia, eso te dará una base - la capacidad para adoptar rápidamente cualquier función que necesita - sin que nos aburramos ambos a la muerte cubriendo cada función.

Ya hemos cubierto la familia de DATESYTD(). Vamos a seguir adelante y hacer un recorrido por cada familia que queda.

FIRSTDATE() y LASTDATE()

Se trata de una familia sencilla, y sólo contiene estos dos.

En pocas palabras, se trata de las versiones para fechas de MIN() y MAX()

En pocas palabras, vamos a definir dos medidas:

```
[FIRSTDATE Example] =

    FIRSTDATE(Calendar[Date])
```

y:

```
[LASTDATE Example] =

    LASTDATE(Calendar[Date])
```

Y véalos en nuestra tabla dinámica de Month(Mes)/Weeknum(Numero de semana):

CalendarYear		Month - WeekNumOfYear	FIRSTDATE Example	LASTDATE Example
2001	2002	⊟ January	**1/1/2003**	**1/31/2003**
2003	2004	1	1/1/2003	1/4/2003
		2	1/5/2003	1/11/2003
		3	1/12/2003	1/18/2003
		4	1/19/2003	1/25/2003
		5	1/26/2003	1/31/2003
		⊟ February	**2/1/2003**	**2/28/2003**
		5	2/1/2003	2/1/2003
		6	2/2/2003	2/8/2003
		7	2/9/2003	2/15/2003
		8	2/16/2003	2/22/2003
		9	2/23/2003	2/28/2003
		⊟ March	**3/1/2003**	**3/31/2003**
		9	3/1/2003	3/1/2003

Figura 202 FIRSTDATE() y LASTDATE() en acción

 En la lista de campos puse ambas de estas medidas en la tabla Calendario debido a que su "aritmética" opera sobre el Calendar en sí – regresan fechas en lugar de los datos de ventas de productos o recuentos, etc

ENDOFMONTH(), STARTOFYEAR(), etc.

Estas devuelven fechas individuales, y tienen un tratamiento especial para los diferentes "tamaños" de períodos de tiempo.

Una vez más, vamos a ilustrar con el ejemplo:

```
[ENDOFMONTH Measure] =

    ENDOFMONTH(Calendar[Date])
```

ENDOFMONTH Measure	Column Labels				
Row Labels	2001	2002	2003	2004	Grand Total
January		1/31/2002	1/31/2003	1/31/2004	1/31/2004
February		2/28/2002	2/28/2003	2/29/2004	2/29/2004
March		3/31/2002	3/31/2003	3/31/2004	3/31/2004
April		4/30/2002	4/30/2003	4/30/2004	4/30/2004
May		5/31/2002	5/31/2003	5/31/2004	5/31/2004
June		6/30/2002	6/30/2003	6/30/2004	6/30/2004
July	7/31/2001	7/31/2002	7/31/2003	7/31/2004	7/31/2004
August	8/31/2001	8/31/2002	8/31/2003	8/31/2004	8/31/2004
September	9/30/2001	9/30/2002	9/30/2003		9/30/2003
October	10/31/2001	10/31/2002	10/31/2003		10/31/2003
November	11/30/2001	11/30/2002	11/30/2003		11/30/2003
December	12/31/2001	12/31/2002	12/31/2003		12/31/2003
Grand Total	12/31/2001	12/31/2002	12/31/2003	8/31/2004	8/31/2004

Figura 203 Hace lo que tú esperas ¿no?

Ahora vamos a intercambiar Mes por Trimestre en las filas:

ENDOFMONTH Measure	Column Labels				
Quarter	2001	2002	2003	2004	Grand Total
1		3/31/2002	3/31/2003	3/31/2004	3/31/2004
2		6/30/2002	6/30/2003	6/30/2004	6/30/2004
3	9/30/2001	9/30/2002	9/30/2003	8/31/2004	8/31/2004
4	12/31/2001	12/31/2002	12/31/2003		12/31/2003
Grand Total	12/31/2001	12/31/2002	12/31/2003	8/31/2004	8/31/2004

Figura 204 9/30/2001 (Septiembre 30) es la última fecha en el pasado mes de Q3 2001

¿Tiene sentido? Si le das más de un mes a ENDOFMONTH(),encontrará la última fecha en el último mes.

Pero cuando le das un contexto de filtro de "tamaño" *menos* de un mes, obtenemos algo diferente:

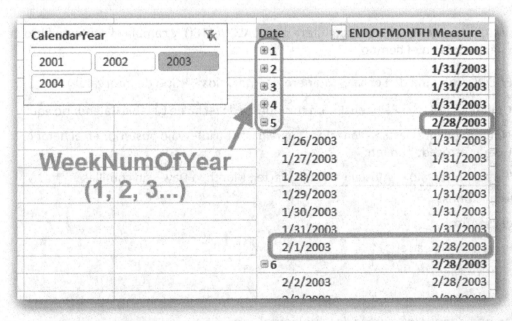

Figura 205 ENDOFMONTH() devuelve el último día del mes, incluso si ese día no es parte del contexto actual del filtro.

El resto de esta familia se comporta de la misma manera.

CLOSINGBALANCEMONTH(), OPENINGBALANCE-YEAR(), etc.

Estas funciones son reemplazos de CALCULATE() que tienen dentro de ellas lógica de fechas equivalentes a ENDOFMONTH(), STARTOFYEAR(), etc

 CLOSINGBALANCEMONTH(<expresión de medida>,<Columna de Fecha>,<filtro opcional>)

Medida de ejemplo

```
[Total Sales CLOSINGBALANCEMONTH]=
    CLOSINGBALANCEMONTH([Total Sales], Calendar[Date])
```

CalendarYear		Row Labels	Total Sales	Total Sales CLOSINGBALANCEMONTH
2001	2002	January	$97,267	$17,469
2003	2004	1/24/2003	$13,759	$17,469
		1/25/2003	$6,298	$17,469
		1/26/2003	$20,301	$17,469
		1/27/2003	$5,275	$17,469
		1/28/2003	$11,451	$17,469
		1/29/2003	$13,474	$17,469
		1/30/2003	$9,240	$17,469
		1/31/2003	$17,469	$17,469
		February	$489,090	$12,772
		2/1/2003	$18,138	$12,772
		2/2/2003	$19,624	$12,772
		2/3/2003	$11,302	$12,772

Figura 206 CLOSINGBALANCEMONTH() siempre devuelve el valor de su medida de base en el último día del mes en el contexto actual del filtro. (He utilizado una medida de ventas para demostrar, pero en realidad, estas funciones son más útiles con cosas como el inventario o saldo de caja.)

DATEADD() y SAMEPERIODLASTYEAR()

DATEADD()

Esta función también se utiliza como un argumento <filter> para CALCULATE(), y cambia el contexto filtro de fecha hacia adelante o hacia atrás en el tiempo.

 DATEADD(<Columna de Fecha>, <número de intervalos>, <tipo de intervalo>)

- <Columna de Fecha> - lo usual. Pon tu columna de fecha de tu tabla Calendario aquí.

- <Número de intervalos> - Póngalo a 1 para pasar un intervalo posterior en el tiempo, -1 para retroceder un, etc

- <Tipo de Intervalo> - Ajústelo a Year, Quarter, Month, o Day – sin comillas

- **Definiciones:**

- Year = Año

- Quarter = Trimestre

- Month = Mes

- Day = Día

- *(siempre utilizar la columna de la izquierda)*

Medida de Ejemplo que nos muestra [Total Sales] del año pasado:

```
[Total Sales DATEADD 1 Year Back] =

    CALCULATE([Total Sales], DATEADD(Calendar[Date], -1,
Year))
```

Estos son los resultados para el año 2003 de lado a lado con una tabla dinámica que muestra la medida original [Ventas totales] para 2002:

CalendarYear 2003		CalendarYear 2002	
Month	**Total Sales DATEADD 1 Year Back**	**Month**	**Total Sales**
January	$596,747	January	$596,747
February	$550,817	February	$550,817
March	$644,135	March	$644,135
April	$663,692	April	$663,692
May	$673,556	May	$673,556
June	$676,764	June	$676,764
July	$500,365	July	$500,365
August	$546,001	August	$546,001
September	$350,467	September	$350,467
October	$415,390	October	$415,390
November	$335,095	November	$335,095
December	$577,314	December	$577,314
Grand Total	**$6,530,344**	**Grand Total**	**$6,530,344**

Figura 207 DATEADD() versión filtrada de 2003 coincide con la medida original filtrada a 2002

Y ahora la misma comparación, pero con Trimestre en filas esta vez:

CalendarYear 2003		CalendarYear 2002	
Quarter	**Total Sales DATEADD 1 Year Back**	**Quarter**	**Total Sales**
1	$1,791,698	1	$1,791,698
2	$2,014,012	2	$2,014,012
3	$1,396,834	3	$1,396,834
4	$1,327,799	4	$1,327,799
Grand Total	**$6,530,344**	**Grand Total**	**$6,530,344**

Figura 208 Igual comparación, sólo con los Trimestres en filas en lugar de meses. Una vez más, un partido perfecto.

El crecimiento respecto al año anterior (Año a año, YOY, etc.)

Una aplicación obvia de DATEADD() y funciones similares es el cálculo de crecimiento respecto al año anterior.

```
[Pct Sales Growth YOY] =

([Total Sales] - [Total Sales DATEADD 1 Year Back]) /
    [Total Sales DATEADD 1 Year Back]
```

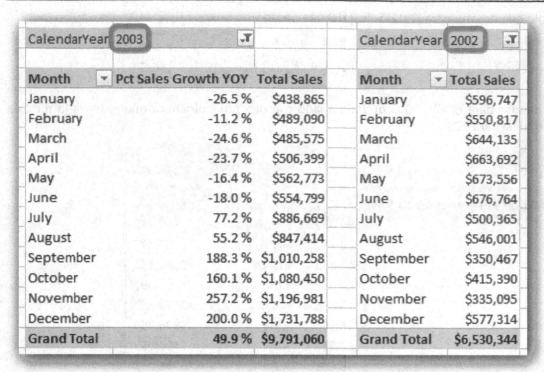

Figura 209 [Pct Growth YOY] muestra para 2003 y comparado con 2002 en la segunda tabla dinámica

Peculiaridades y Observaciones

Hay un par de cosas que descubrir sobre DATEADD() que podrían hacer que te rascas un poco la cabeza, así que voy a dar un poco de aviso por adelantado.

Debes tener rangos de fechas contiguas en el pivote

Si filtro un Trimestre de mi pivote voy a tener un error:

Figura 210 Filtrando Trimestre 3 fuera del pivote...

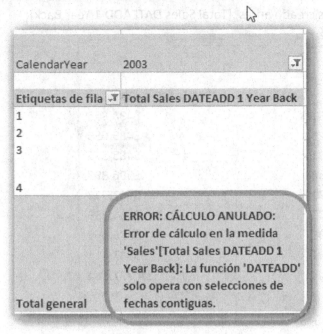

Figura 211 ...nos brinda un error con DATEADD()

Lo mismo sucedería si estuviera usando Mes en filas y filtrado fuera uno o más meses.

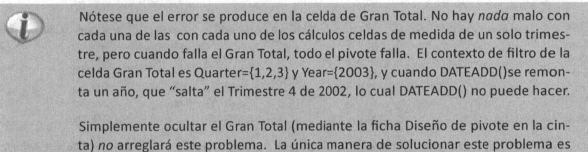

Nótese que el error se produce en la celda de Gran Total. No hay *nada* malo con cada una de las con cada uno de los cálculos celdas de medida de un solo trimestre, pero cuando falla el Gran Total, todo el pivote falla. El contexto de filtro de la celda Gran Total es Quarter={1,2,3} y Year={2003}, y cuando DATEADD()se remonta un año, que "salta" el Trimestre 4 de 2002, lo cual DATEADD() no puede hacer.

Simplemente ocultar el Gran Total (mediante la ficha Diseño de pivote en la cinta) *no* arreglará este problema. La única manera de solucionar este problema es evitar que el Gran Total ni siquiera sea calculado en primer lugar, que explicaré en el capítulo IF().

DATEADD()tiene un tratamiento especial para meses / trimestres / año "completos"

Esta y la siguiente son muy sutiles. Si luchas para entender, no te preocupes por eso – sólo recuerda que hay algo especial aquí, por lo que si / cuando se descubre por tu cuenta, puedes regresar y volver a leer esta sección.

2004 es un año bisiesto, en el que febrero tiene 29 días. Vamos a añadir una medida simple de la tabla de calendario que muestra esto:

```
[Number of Days] =

COUNTROWS(Calendar)
```

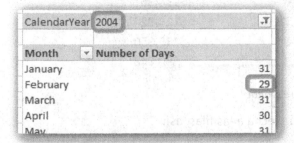

Figura 212 29 días en Feb 2004

Y ahora voy a añadir la medida DATEADD() que hemos creado antes, [Total Sales DATEADD 1 Year Back]:

CalendarYear	2004		
Month	**Number of Days**		**Total Sales DATEADD 1 Year Back**
January	31		$438,865
February	29		$489,090
March	31		$485,575
April	30		$506,399
May	31		$562,773
June	30		$554,799
July	31		$886,669
August	31		$847,414
Grand Total	**244**		**$4,771,584**

Figura 213 Pregunta: ¿$489,090 representa ventas de 28 días de 2003, o 29 días?

Vamos a comparar eso con un pivote para 2003 con la medida "cruda" de [Total Sales]:

CalendarYear	2004			CalendarYear	2003	
Month	**Number of Days**	**Total Sales DATEADD 1 Year Back**		**Month**	**Total Sales**	**Number of Days**
January	31	$438,865		January	$438,865	31
February	29	$489,090		February	$489,090	28
March	31	$485,575		March	$485,575	31
April	30	$506,399		April	$506,399	30
May	31	$562,773		May	$562,773	31
June	30	$554,799		June	$554,799	30

Figura 214 ¡DATEADD() está regresando un total de 28 días de las ventas de febrero 2003 a pesar de que empieza con un contexto de filtro de 29 días en 2004!

DATEADD() carece de inteligencia por Semanas

CalendarYear	2004		CalendarYear	2003	
WeekNum	**Total Sales DATEADD 1 Year Back**		**WeekNum**	**Total Sales**	
1	$45,668		1	$64,297	
2	$100,546		2	$95,893	
3	$107,535		3	$106,530	
4	$101,609		4	$94,935	
5	$83,508		5	$95,348	
6	$135,289		6	$134,367	
7	$118,548		7	$119,924	
8	$132,961		8	$135,850	
9	$102,293		9	$90,848	

Figura 215 ¡Con WeekNum en Filas, la medida DATEADD() NO corresponde!

Para ver por qué los números no coinciden, hay que añadir la fecha a las filas, así:

CalendarYear 2004		CalendarYear 2003	
WeekNum ▼ **Total Sales DATEADD 1 Year Back**		**WeekNum** ▼ **Total Sales**	
⊟1	**$45,668**	⊟1	**$64,297**
Thursday	$12,445	Wednesday	$12,445
Friday	$19,703	Thursday	$19,703
Saturday	$13,520	Friday	$13,520
⊟2	**$100,546**	Saturday	$18,629
Sunday	$18,629	⊟2	**$95,893**
Monday	$13,497	Sunday	$13,497
Tuesday	$4,363	Monday	$4,363
Wednesd	$14,623	Tuesday	$14,623
Thursday	$15,733	Wednesday	$15,733
Friday	$18,142	Thursday	$18,142
Saturday	$15,558	Friday	$15,558
⊟3	**$107,535**	Saturday	$13,977
Sunday	$13,977	⊟3	**$106,530**

Figura 216 Los dos pivotes informan de domingo a lunes, pero la medida DATEADD() está regresando ventas Domingo de 2003 en el contexto de 2004 Lunes

Dicho de otra manera, las semanas no están alineadas en un día:

CalendarYear 2004		CalendarYear 2003	
WeekNum ▼ **Total Sales DATEADD 1 Year Back**		**WeekNum** ▼ **Total Sales**	
⊟1	**$45,668**	⊟1	**$64,297**
Thursday	$12,445	Wednesday	$12,445
Friday	$19,703	Thursday	$19,703
Saturday	$13,520	Friday	$13,520
⊟2	**$100,546**	Saturday	$18,629
Sunday	$18,629	⊟2	**$95,893**
Monday	$13,497	Sunday	$13,497
Tuesday	$4,363	Monday	$4,363
Wednesd	$14,623	Tuesday	$14,623
Thursday	$15,733	Wednesday	$15,733
Friday	$18,142	Thursday	$18,142
Saturday	$15,558	Friday	$15,558
⊟3	**$107,535**	Saturday	$13,977
Sunday	$13,977	⊟3	**$106,530**
Monday	$13,255	Sunday	$13,255

Figura 217

¿Por qué no funciona, si funciona para el mes y trimestre? Bueno, para empezar, 52 semanas en las épocas del año 7 días a la semana = 364. Así que nunca vamos a conseguir semanas del todo bien a menos que cambiemos años de 364 días de duración en lugar de 365 (que algunos calendarios personalizados en realidad lo hacen).

Así que el concepto de "semana" se define sólo en mi tabla Calendario, en la columna WeekNumOfYear. Mira los pivotes anteriores - ¡Semana 1 de 2004 tiene sólo 3 días en ella! ¡Y la semana 1 de 2003 tiene sólo 4!

Es puramente la "culpa" de mi tabla Calendario:

D...	DayNameOfWeek	WeekNumberOfYear	CalendarYear
1/1/2004	Thursday	1	2004
1/2/2004	Friday	1	2004
1/3/2004	Saturday	1	2004

Figura 218 Mi tabla calendario sólo tiene 3 días para la Semana 1 de 2004

Considerando que las funciones de inteligencia de tiempo intrínsecamente pueden "conocer" lo que entendemos por mes / trimestre / año, se basan en la tabla de calendario para el resto de conceptos, por lo que no hay ninguna "corrección mágica" cuando navego con DATEADD() en un contexto de filtro de la participación de semanas.

SAMEPERIODLASTYEAR()

SAMEPERIODLASTYEAR(<Columna de Fecha>)

Esta es una función de atajo que es sólo un envoltorio de DATEADD(). Es 100% equivalente a DATEADD() con "-1, Year" como los dos últimos argumentos:

```
SAMEPERIODLASTYEAR(Calendar[Date])
```

Es exactamente lo mismo que:

```
DATEADD(Calendar[Date], -1, Year)
```

PARALLELPERIOD(), NEXTMONTH(), PREVIOUSYEAR(), etc.

PARALLELPERIOD()

Esta es *casi* un envoltorio para DATEADD(),pero difiere de un modo crucial que se muestra mejor con el ejemplo.

> PARALLELPERIOD(<Columna de Fecha>, <Número de Intervalos>, <tipo de intervalo>)

Vamos a crear una medida de ejemplo:

[Total Sales PARALLELPERIOD Back 1 Year] =

CALCULATE([Total Sales], PARALLELPERIOD(Calendar[Date], -1, Year))

CalendarYear 2003	🔽		CalendarYear 2002	🔽
Month 🔽	**Total Sales PARALLELPERIOD Back 1 Year**		**WeekNum** 🔽	**Total Sales**
January	$6,530,344		January	$596,747
February	$6,530,344		February	$550,817
March	$6,530,344		March	$644,135
April	$6,530,344		April	$663,692
May	$6,530,344		May	$673,556
June	$6,530,344		June	$676,764
July	$6,530,344		July	$500,365
August	$6,530,344		August	$546,001
September	$6,530,344		September	$350,467
October	$6,530,344		October	$415,390
November	$6,530,344		November	$335,095
December	$6,530,344		December	$577,314
Grand Total	**$6,530,344**		**Grand Total**	**$6,530,344**

Figura 219 PARALLELPERIOD() siempre obtiene todo el año cuando regrese 1 año, sin importar el "tamaño" de su contexto de filtro (mes en este caso).

Así que PARALLELPERIOD() *navega* **igual que DATEADD(), pero cuando llega a su "destino," expande el contexto de filtro para el tamaño del <tipo de intervalo> especificado - Year, Quarter, o Month. (Traducido – Año, Trimestre, Mes)**

 Recordatorio: no tienes que recordar todos los detalles de todas estas funciones. (Estoy seguro que no lo hago) Sólo necesitas saber que ellas existen, entonces serás capaz de encontrar la que sirve a tu propósito actual, y rápidamente volver a familiarizarte según sea necesario.

NEXTMONTH(), PREVIOUSYEAR(), etc.

Estas funciones son sólo envolturas a PARALLELPERIOD() – navegan y se expanden en la misma forma.

```
[Total Sales NEXTMONTH]=
    CALCULATE([Total Sales], NEXTMONTH(Calendar[Date]))
```

CalendarYear	🔽		Date 🔽	Total Sales NEXTMONTH	Total Sales
2001	2002	2003	⊞ January	$489,090	$438,865
2004			⊞ February	$485,575	$489,090
			⊞ March	$506,399	$485,575
			⊟ April	$562,773	$506,399
			4/1/2003	$562,773	$19,034
			4/2/2003	$562,773	$26,338
			4/3/2003	$562,773	$8,196
			4/4/2003	$562,773	$19,375
			4/5/2003	$562,773	$16,363
			4/6/2003	$562,773	$8,413

Figura 220 NEXTMONTH() siempre agarra TODO el mes siguiente, incluso si empezamos en el contexto de un solo día.

DATESBETWEEN()

Ah, tengo un lugar especial en mi corazón para DATESBETWEEN(). A veces, no quieres nada especial - sólo quieres un control total sobre el intervalo de fechas de una medida. Y DATESBETWEEN() entrega justamente eso.

DATESBETWEEN(<columna de fechas>, <expr de fecha de inicio>, <expr fecha de fin>)

Empecemos con un ejemplo muy simple:

```
[Total Sales First Half 2003] =

CALCULATE([Total Sales],
          DATESBETWEEN(Calendar[Date],
    "1/1/2003","6/30/2003")
                )
```

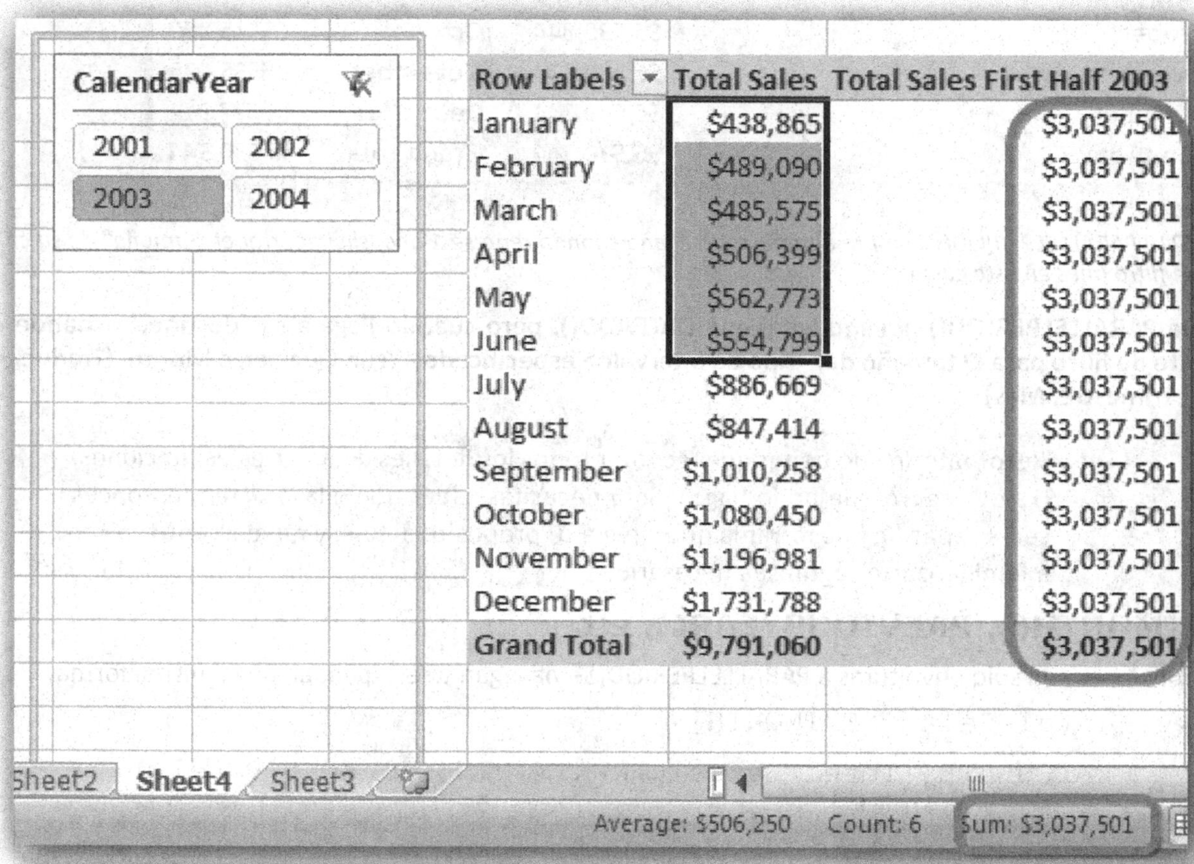

CalendarYear		Row Labels	Total Sales	Total Sales First Half 2003
2001	2002	January	$438,865	$3,037,501
2003	2004	February	$489,090	$3,037,501
		March	$485,575	$3,037,501
		April	$506,399	$3,037,501
		May	$562,773	$3,037,501
		June	$554,799	$3,037,501
		July	$886,669	$3,037,501
		August	$847,414	$3,037,501
		September	$1,010,258	$3,037,501
		October	$1,080,450	$3,037,501
		November	$1,196,981	$3,037,501
		December	$1,731,788	$3,037,501
		Grand Total	$9,791,060	$3,037,501

Average: $506,250   Count: 6   Sum: $3,037,501

Figura 221 Observe cómo DATEBETWEEN() anula completamente el contexto filtro existente en la tabla de calendario, de lo contrario sería en blanco para julio-diciembre (y de enero a junio se correspondería [Ventas totales] de cada mes)

Calculaciones "Life to Date" ("Vida a la fecha")

Antes, utilizamos DATESYTD() para calcular el "año hasta la fecha" de ventas, pero ¿qué pasa si quieres un total acumulado que no se reinicia al comienzo de cada año, sino que sólo sigue acumulando año tras año?

Afortunadamente, DATEBETWEEN() nos permite usar expresiones para los argumentos de punto final:

```
[Total Sales Life to Date] =

CALCULATE([Total Sales],
          DATESBETWEEN(Calendar[Date], "1/1/1900",
                  LASTDATE(Calendar[Date])
                      )
                )
```

CalendarYear	2003	⊤

Row Labels ▼	Total Sales Life to Date
January	$10,235,582
February	$10,724,673
March	$11,210,247
April	$11,716,647
May	$12,279,419
June	$12,834,219
July	$13,720,887
August	$14,568,301
September	$15,578,559
October	$16,659,009
November	$17,855,990
December	$19,587,777
Grand Total	$19,587,777

Row Labels ⊤	Total Sales
⊞ 2001	$3,266,374
⊞ 2002	$6,530,344
⊞ 2003	$9,791,060
Grand Total	$19,587,777

Figura 222 "Life to Date" ("Vida a Fecha") utilizando DATESBETWEEN()coincide con el total a través de 2001-2003, como se esperaba

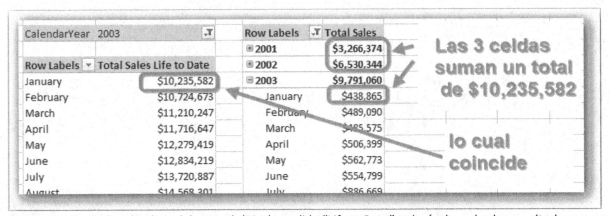

Figura 223 Expandiendo al nivel de Month (Mes), medida "Life to Date" todavía devuelve los resultados esperados

Quitar ese Cableado de 1/1/1900

Sí, eso es feo. Vamos a reemplazarlo con FIRSTDATE(ALL(Calendar[Date])):

```
[Total Sales Life to Date] =

CALCULATE([Total Sales],
          DATESBETWEEN(Calendar[Date],
                       FIRSTDATE(ALL(Calendar[Date])),
                       LASTDATE(Calendar[Date])
                      )
         )
```

¿Por qué ALL(Calendar[Date])? Porque de lo contrario hubiéramos apenas conseguido la primera fecha en el marco del filtro, (que sería el 1 de enero de 2003 en la celda de $10,235,582 destacada en el pivote anterior). Tenemos que aplicar ALL() con el fin de aclarar el contexto actual del filtro y, literalmente, encontrar la primera fecha de toda la tabla de calendario.

 Nótese que *no* queremos ALL() en el LASTDATE() en el argumento <end date> de DATEBETWEEN() en este caso, de lo contrario, siempre regresaría ventas de todos los tiempos, y no las ventas hasta la fecha en el contexto actual del filtro.

¡DATESBETWEEN() es fantástico con las tablas desconectados también!

¿Te acuerdas de la versión umbral de Min / Max con tablas desconectadas? Puedes hacer lo mismo con las fechas, usando una tabla desconectada DateRange, la tabla Calendar normal, y DATESBETWEEN().

No voy a extenderme en eso aquí, ya que es una repetición de un patrón familiar, pero para un ejemplo detallado, véase http://ppvt.pro/ABCampaign

15- IF(), SWITCH(), BLANK(), y otras divertidas condicionales

Utilizando IF() en medidas

Es el momento de introducir la lógica condicional / ramificadas en nuestras fórmulas de medida. Esto comienza tan simple como era de esperar.

Considera nuestra medida [Pct Sales Growth YOY] de nuestro último capítulo:

```
[Pct Sales Growth YOY] =

([Total Sales] - [Total Sales DATEADD 1 Year Back]) /
    [Total Sales DATEADD 1 Year Back]
```

Row Labels	Pct Sales Growth YOY
2001	#NUM!
2002	99.9 %
2003	49.9 %
2004	104.8 %
Grand Total	101.5 %

Figura 224 Tenemos el error #NUM para 2001

Obtenemos un error porque [Total Sales DATEADD 1 Year Back] para 2001 es 0 – no hubo ventas en el 2000, por lo que esto es un error de "div sobre 0".

 Técnicamente hablando, [Total Sales DATEADD 1 Year Back] *No* está devolviendo un 0 para el año 2001, está regresando un espacio en blanco - Cuando no hay filas en las tablas de origen correspondientes al contexto filtro, las medidas devuelven un espacio en blanco. Pero cuando dividimos por espacio en blanco, eso es lo mismo que dividir por cero en términos de causar un error

Esta es una solución fácil - apenas corregimos la fórmula, y envolvemos nuestra fórmula original en un IF():

```
[Pct Sales Growth YOY] =

IF([Total Sales DATEADD 1 Year Back]=0, 0,
    ([Total Sales] - [Total Sales DATEADD 1 Year Back]) /
        [Total Sales DATEADD 1 Year Back]
    )
```

Y los resultados:

Row Labels	Pct Sales Growth YOY
2001	0.0 %
2002	99.9 %
2003	49.9 %
2004	104.8 %
Grand Total	101.5 %

Figura 225 Ahora devuelve 0% en lugar de un error

La Función BLANK()

Podemos hacerlo mejor que 0%, ¿no? 0% implica que tuvimos un crecimiento 0, cuando en realidad, este cálculo no tiene sentido en absoluto para 2001.

Así que en lugar de regresar 0, podemos devolver función BLANK().

Vamos a modificar la fórmula por consiguiente:

```
[Pct Sales Growth YOY] =

IF([Total Sales DATEADD 1 Year Back]=0, BLANK(),
    ([Total Sales] – [Total Sales DATEADD 1 Year Back]) /
     [Total Sales DATEADD 1 Year Back]
   )
```

Y los resultados:

Row Labels	Pct Sales Growth YOY
2002	99.9 %
2003	49.9 %
2004	104.8 %
Grand Total	101.5 %

Figura 226 ¡Ajá! Ahora 2001 ha desaparecido por completo, ¡agradable!

¿Por qué 2001 desaparece de la tabla dinámica por completo? Debido a que todas las medidas mostradas devuelven BLANK() para el año 2001.

> Este es un truco MUY útil. Devolver BLANK() en ciertas situaciones se convertirá en una de tus más confiadas técnicas.

Si a esto añadimos una medida que no está en BLANK() para el año 2001, se muestra una vez más, 2001:

Row Labels	Pct Sales Growth YOY	Total Sales
2001		$3,266,374
2002	99.9 %	$6,530,344
2003	49.9 %	$9,791,060
2004	104.8 %	$9,770,900
Grand Total	101.5 %	$29,358,677

Figura 227 2001 se muestra siempre que al menos una medida devuelve un resultado no vacío

Puedes forzar 2001 para que aparezca, sin embargo, incluso si todas las medidas están en blanco. En Opciones de tabla dinámica, en la ficha Opciones de tabla dinámica, están las siguientes casillas:

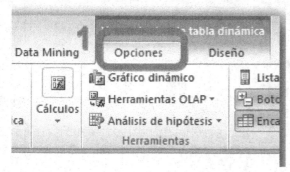

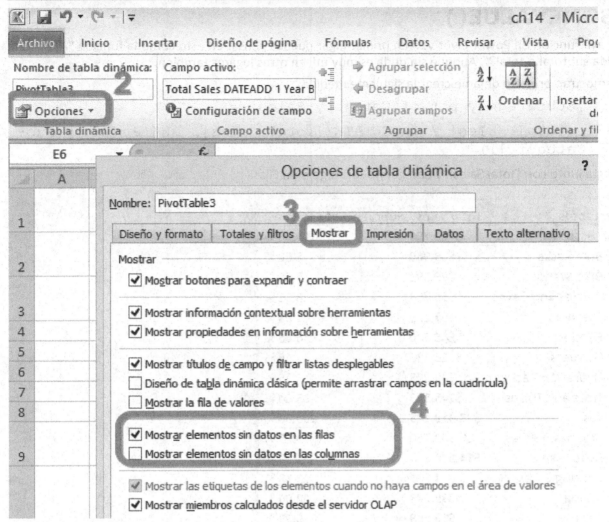

Figura 228 Comprueba la primera casilla...

Row Labels ▼	Pct Sales Growth YOY
2001	
2002	99.9 %
2003	49.9 %
2004	104.8 %
Grand Total	**101.5 %**

Figura 229 ...y 2001 se mostrará incluso cuando todas las medidas están en blanco.

La Función ISBLANK()

Excel tiene esta función también, por supuesto, pero vale la pena ponerla aquí. Cuando se prueba que "= 0" como lo hice en las fórmulas anteriores, y la medida retorna BLANK(), el IF() evaluará como TRUE *(Verdadero en Español)*.

Podría haber probado ISBLANK() en lugar de "= 0", pero aún me dejaría expuesto a un error en el caso de que [Total Sales DATEADD 1 Year Back] devuelve un legítimo 0 (es decir, había filas, pero la suma de la columna de SalesAmt es 0 - raro pero posible).

Así que la mayoría de las veces, sólo prueba "= 0". Pero cuando se quiere hacer una distinción entre 0 y BLANK(), ISBLANK() es lo que necesitas.

HASONEVALUE()

Otra nueva función en Power Pivot V2. En primer lugar puedes pensar en esto como la función "¿estoy en una celda subtotal o total?", Aunque sin duda es muy útil en otros lugares también.

Para demostrar, primero déjame crear la siguiente medida:

```
[Subcategory pct of Category Sales] =
  [Total Sales] / CALCULATE([Total Sales], ALL(Products[Sub-
    Category]))
```

Y aquí está junto con [Total Sales], y Category/Subcategory en Filas:

Row Labels	Total Sales	Subcat pct of Cat Sales
⊟ Accessories	$700,760	100.00 %
Bike Racks	$39,360	5.62 %
Bike Stands	$39,591	5.65 %
Bottles and Cages	$56,798	8.11 %
Cleaners	$7,219	1.03 %
Fenders	$46,620	6.65 %
Helmets	$225,336	32.16 %
Hydration Packs	$40,308	5.75 %
Tires and Tubes	$245,529	35.04 %
⊟ Bikes	$28,318,145	100.00 %
Mountain Bikes	$9,952,760	35.15 %
Road Bikes	$14,520,584	51.28 %
Touring Bikes	$3,844,801	13.58 %
⊟ Clothing	$339,773	100.00 %
Caps	$19,688	5.79 %
Gloves	$35,021	10.31 %
Jerseys	$172,951	50.90 %
Shorts	$71,320	20.99 %
Socks	$5,106	1.50 %
Vests	$35,687	10.50 %
Grand Total	$29,358,677	100.00 %

Figura 230 Cada Subcategory se calcula como un porcentaje de su elemento primario Category, en términos de [Total Sales]

Esos subtotales y totales de 100.0% son inútiles. Me encantaría suprimirlos.

Para ello, voy a detectar cuando mi contexto filtro contiene más de un Subcategory, porque tener más de un Subcategory es la definición de una célula total / subtotal para ese campo, como se explica en el capítulo de ALL().

Así que puedo editar mi medida inicial para detectar esta condición, mediante la función HASONEVALUE():

```
[Subcategory pct of Category Sales] =
IF(HASONEVALUE(Products[SubCategory]),
   [Total Sales] /
    CALCULATE([Total Sales], ALL(Products[SubCategory]))
  , BLANK()
 )
```

HASONEVALUE() es equivalente a IF(COUNTROWS(VALUES()))=1 – solíamos tener que utilizar este último enfoque, pero ahora con Power Pivot v2, HASONEVALUE() es mucho mejor.

Resultados:

Row Labels	Total Sales	Subcat pct of Cat Sales
⊟ Accessories	$700,760	
Bike Racks	$39,360	5.62 %
Bike Stands	$39,591	5.65 %
Bottles and Cages	$56,798	8.11 %
Cleaners	$7,219	1.03 %
Fenders	$46,620	6.65 %
Helmets	$225,336	32.16 %
Hydration Packs	$40,308	5.75 %
Tires and Tubes	$245,529	35.04 %
⊟ Bikes	$28,318,145	
Mountain Bikes	$9,952,760	35.15 %
Road Bikes	$14,520,584	51.28 %
Touring Bikes	$3,844,801	13.58 %
⊟ Clothing	$339,773	
Caps	$19,688	5.79 %
Gloves	$35,021	10.31 %
Jerseys	$172,951	50.90 %
Shorts	$71,320	20.99 %
Socks	$5,106	1.50 %
Vests	$35,687	10.50 %
Grand Total	$29,358,677	

Figura 231 Subtotales y totales generales suprimidos por sólo esta medida, sigue estando "encendida" para [Total Sales]

Podía desactivar Subtotales y / o totales a través de la pestaña Diseño de pivote en la cinta, pero eso sería desactivar los totales de [Total Sales] también. Quiero hacer esto sólo por [Subcat pct of Cat Sales]

IF() sobre la base de campos de Fila / Columna / Filtro / Slicer

Nuestro primer uso de IF() en este capítulo probado contra el valor de una medida. Pero ¿qué pasa si queremos poner a prueba donde nos "encontramos" en el pivote en términos de contexto filtro?

Por ejemplo, ¿qué pasa si queremos calcular algo un poco diferente para un país específico?

Tengo una nueva tabla de búsqueda para mi modelo, una llamada SalesTerritory. Contiene una columna País, que estoy mostrando en filas, junto con mi medida [Sales to Parents]:

Country	Sales to Parents
Australia	$2,486,889
Canada	$762,530
France	$1,400,775
Germany	$1,460,348
United Kingdom	$1,666,415
United States	$3,655,420

Figura 232 No confío en ese número para Canadá...

Muy bien, vamos a inventar un problema. Fingir por un momento que no puedo confiar en la columna [NumberOfChildren] en mi tabla Customers para los clientes de Canadá – algo acerca de la manera en que yo recojo los datos en Canada hace que el número no sea confiable. Ésa columna es la base de mi medida [Sales to Parents].

Así que para Canadá, y Canadá solamente, quiero sustituir una medida diferente, [Sales to Married Couples], por esa medida. (Y por supuesto, todo el mundo en mi organización está "a bordo" con este cambio - ¡No estoy deliberadamente engañando a nadie!)

Entonces, ¿cómo puedo detectar cuando Country = Canada? Te voy a dar la fórmula de la medida primero y luego explicaré.

```
[Sales to Parents Adj for Canada]=

IF(HASONEVALUE(SalesTerritory[Country]),
    IF(VALUES(SalesTerritory[Country])="Canada",
        [Sales to Married Couples],
        [Sales to Parents]
        )
    ,
     BLANK()
    )
```

La Función VALUES()

En primer lugar, vamos a explicar de qué se trata VALUES(). Simplemente, devuelve el contexto de filtro según lo especificado por el pivote. Así que a veces devuelve un solo valor para una columna, y otras veces devuelve varios valores (si se encuentra en una celda total).

Ejemplos:

Country	Sales to Parents
Australia	$2,486,889
Canada	$762,530
France	$1,400,775
Germany	$1,460,348
United Kingdom	$1,666,415
United States	$3,655,420
Grand Total	$11,432,377

Figura 233 Para la celda de medida resaltada, VALUES(SalesTerritory[Country]) devuelve "Canada"

Country	Sales to Parents
Australia	$2,486,889
Canada	$762,530
France	$1,400,775
Germany	$1,460,348
United Kingdom	$1,666,415
United States	$3,655,420
Grand Total	$11,432,377

Figura 234 En este caso, sin embargo, devuelve varios valores: {"Australia"," Canada", "France"… , "United States"}

Bien, ahora vamos a trabajar de adentro hacia afuera y explicar la fórmula.

1. **IF(VALUES(SalesTerritory[Country])="Canada"** – no podemos probar directamente IF(SalesTerritory[Country]) – eso viola la regla "sin columnas desnudas" de las medidas. Y como Country es una cadena de texto, tenemos que utilizar algo más que MIN, MAX, etc., por lo que usamos VALUES().

2. **IF(HASONEVALUE(SalesTerritory[Country])** – Si realizamos una prueba IF(VALUES()) ="Canada" en un caso en el que hay más de un valor, se obtendrá un error. Así que tenemos que "proteger" nuestra prueba IF(VALUES()) con la prueba IF(HASONEVALUE()), y solamente dejar la prueba IF(VALUES()) "correr" en los casos en que existe un único valor.

OK, vamos a ver a la medida en acción:

Country	Sales to Parents	Sales to Parents Adj for Canada
Australia	$2,486,889	$2,486,889
Canada	$762,530	$1,078,215
France	$1,400,775	$1,400,775
Germany	$1,460,348	$1,460,348
United Kingdom	$1,666,415	$1,666,415
United States	$3,655,420	$3,655,420

Figura 235 Nuestra medida especial se diferencia sólo por Canadá, según lo deseado.

Utilizando VALUES() para columnas que *no* están en la tabla dinámica

No estás restringido a utilizar VALUES() con columnas que están en el pivote. De hecho, a menudo es muy útil usar VALUES() con una columna que no se utiliza.

Por ejemplo, echemos un vistazo a este pivote que tiene dos campos de la tabla Products en filas (Category y Color), y la simple medida [Product Count]:

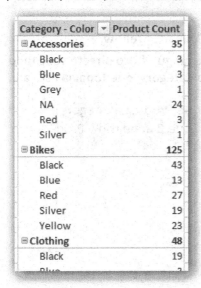

Category - Color	Product Count
Accessories	35
Black	3
Blue	3
Grey	1
NA	24
Red	3
Silver	1
Bikes	125
Black	43
Blue	13
Red	27
Silver	19
Yellow	23
Clothing	48
Black	19

Figura 236 Pivote Simple de Products

Ahora vamos a centrarnos en una sola celda:

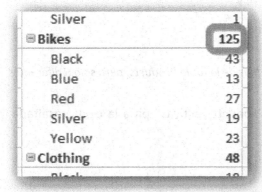

Silver	1
Bikes	125
Black	43
Blue	13
Red	27
Silver	19
Yellow	23
Clothing	48

Figura 237 En la celda resaltada de medida, ¿qué valores regresa VALUES(Products[Color])?

En este caso, VALUES(Products[Color]) devuelve {"Black", "Blue", "Red", "Silver", "Yellow"}.

 Nota como "Grey" y "NA" no se devuelven a la celda de medida "Bikes", pero esos dos colors se devuelven para Accesories. Esto se debe a Category y color (los campos en filas) son las dos columnas de la tabla productos, lo que significa que un filtro de category tiene un impacto en lo que es válido para Color. Category = "Bikes" filtra la tabla productos, y no hay Bikes de color "Grey" o "NA".

El mismo tipo de cosas sería cierto si Color vino de Products y Category vino de una tabla relacionada, que tuvo un papel de tabla de búsqueda con respecto a Products (ya que las tablas de búsqueda filtran sus tablas de datos asociadas).

Ahora, si remuevo Color del pivote, ¿qué valores regresa **VALUES(Products[Color])?**

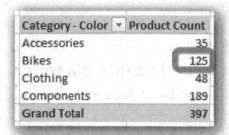

Figura 238 Misma celda de la tabla pivote después que color ha sido retirada – ¿qué valores regresa VALUES(Products[-Color])?

Devuelve exactamente la misma lista que antes: {"Black", "Blue", "Red", "Silver", "Yellow"}.

Si Color estaba en el pivote o no, la celda que habíamos resaltado no tiene ningún filtro directo solicitado de color. Los únicos filtros de color son los implicados por el contexto filtro Category, que todavía está allí.

 Así que si teníamos Calendar[Year] en el pivote en lugar de Products[Category], VALUES(Products[Color]) devolvería todos los colores, ya que Calendario y Products tienen ninguna relación entre ellos.

VALUES() sólo devuelve valores únicos

Tuve la medida [Product Count] en el pivote por una razón:

Figura 239 Hay 35 Productos en la Categoría de Accessories, que son 35 filas de la tabla Products, pero solo 6 diferentes valores para Color.

Así que, aunque el contexto de filtro tiene 35 filas de la tabla Products "activas" para la celda resaltada, COUNTROWS(VALUES(Products[Color])) devolvería 6.

Para poder gestionar esto, vamos a hacer exactamente eso:

[Color Values] =

 COUNTROWS(VALUES(Products[Color]))

Category - Color	▼	Product Count	Color Values
⊟ **Accessories**		35	6
Black		3	1
Blue		3	1
Grey		1	1
NA		24	1
Red		3	1
Silver		1	1

Figura 240 La prueba de que VALUES() sólo devuelve los valores únicos

SWITCH()

¿Y si queremos hacer algo diferente para varios países, y no solamente Canadá? IF()'s anidados es una manera clara, pero la nueva función SWITCH() es *mucho más* limpia.

He aquí un ejemplo completamente arbitrario, ya que es difícil llegar a algo realista con datos de muestra:

```
[Different Number per Country] =
  IF(HASONEVALUE(SalesTerritory[Country]),
    SWITCH(VALUES(SalesTerritory[Country]),
      "Australia", 6,
      "Canada", 12,
      "France", 18,
      "Germany", 24,
      100
    ),
    BLANK()
  )
```

Notas:

1. **A partir del segundo argumento, los argumentos de SWITCH() operan en pares** – si coincide con "Australia" devuelve 6, si coincide con "Canada" devuelve 12

2. **Si termina SWITCH() con un argumento "impar", se trata como el "ELSE" ("de otro modo")** – el 100 es por sí mismo, no emparejado con otro argumento. Así que, si el valor actual no coincide con ninguna de las pruebas anteriores, se devolverá el 100.

3. **SWITCH() todavía necesita la "protección" de IF(HASONEVALUE()) si estas usando VALUES() como el primer argumento de SWITCH** – si estuviera usando una función aritmética como AVERAGE(), no sería necesario (al igual que no es necesario con IF). Realmente, debes pensar en SWITCH() como una versión multi-rama del IF().

Y los resultados:

Country	▼	Different Number per Counti
Australia		
Canada		
France		
Germany		
NA		1
United Kingdom		1
United States		1

Figura 241 Resultado de la medida SWITCH()

SWITCH()

16- SUMX() y las otras funciones X ("iterador")

¿Necesidad de forzar a los totales a sumarse «correctamente»?

¿Recuerdas nuestra medida [Sales per Day]? Vamos a echar otro vistazo:

Year - ModelName	Sales per Day
⊟ 2001	**$18,046**
Mountain-100	$6,104
Road-150	$14,533
Road-650	$963
⊟ 2002	**$17,891**
Mountain-100	$5,993
Mountain-200	$5,077
Road-150	$16,381
Road-250	$8,829
Road-550-W	$1,475
Road-650	$1,329
⊟ 2003	**$26,825**
All-Purpose Bike Stand	$210
Bike Wash	$20
Classic Vest	$111
Cycling Cap	$44
Fender Set - Mountain	$109
Half-Finger Gloves	$87

más pequeña que la suma de los hijos

Estos, obviamente, suman mucho más que $17,891

Figura 242 Los subtotales no coinciden con la suma de sus partes

A medida que tus medidas se vuelven más sofisticadas, esto sucederá mucho: obtendrás subtotales y totales generales que no son iguales a la suma (o incluso de la media) de sus hijos. (En este caso, es porque [Sales per Day] tiene un denominador diferente para cada ModelName de bike).

Por supuesto, muchas veces es 100% deseable. Si tienes una temperatura media de cada uno de los 12 meses del año, por ejemplo, un promedio de esos 12 números *no* te dará la temperatura promedio para el año, ya que cada mes se compone de un número diferente de días.

Pero, de nuevo, en las medidas sofisticadas (y contextos de negocios) a veces la lógica correcta para el nivel de detalle más pequeño no es correcto para el siguiente nivel.

En otras palabras, a veces es necesario forzar un total que sea igual a la suma (o el promedio, etc) de sus hijos.

SUMX(), y otras funciones "X" como ella, te ayudarán a hacer precisamente eso.

Anatomía de SUMX()

 SUMX(<tabla o expresión de tabla>, <expresión aritmética>)

Eso es todo. Dos argumentos.

SUMX() opera de la siguiente manera:

1. Se pasa a través de cada fila individual en una <tabla o expresión de tabla>, una a la vez. Se puede pasar un nombre de tabla cruda para este argumento, o utilizar una función que devuelve una tabla, como VALUES() o FILTER(). El contenido de una <tabla o expresión de tabla> están sujetas al contexto de filtro de la celda de medida actual. (Este comportamiento de "paso a paso a través de" se describe a menudo como "iterando.")

2. Para cada fila, evalúa la <expresión aritmética> utilizando el contexto de filtro de la fila actual.

3. Recuerda el resultado de la <expresión aritmética> de cada fila, y cuando termina, las suma todas.

SUMX() en Acción

 Nota: En la versión de habla hispana de Excel SUM() es conocida como SUMA().

Volviendo al ejemplo de subtotales, vamos a mirar el pivote de nuevo:

Year - ModelName	Sales per Day
⊟ 2001	**$18,046**
Mountain-100	$6,104
Road-150	$14,533
Road-650	$963
⊟ 2002	**$17,891**
Mountain-100	$5,993
Mountain-200	$5,077
Road-150	$16,381
Road-250	$8,829
Road-550-W	$1,475
Road-650	$1,329
⊟ 2003	**$26,825**
All-Purpose Bike Stand	$210

Figura 243 [Sales per Day] con Calendar[Year] y Products[ModelName] en Filas

Ahora escribimos una nueva medida:

```
[Sales per Day Totals Add Up] =

IF(HASONEVALUE(Products[ModelName]),
   [Sales per Day],
    SUMX(VALUES(Products[ModelName]), [Sales per Day])
   )
```

Así que si estamos en el contexto de un solo ModelName, sólo utiliza la medida [Sales per Day] al igual que el pivote ya lo hace. Pero cuando hay más de un ModelName, eso significa que estamos en un total de celdas, y la cláusula de SUMX() entra en acción.

Nota que he usado VALUES(Products[ModelName]) para el argumento de <tabla o expresión de tabla>. Eso me permite ser muy específico – quiero que este SUMX() de un paso a través de todos los valores únicos de ModelName del contexto de filtro actual. Si hubiese especificado toda la tabla Products en su caso (y no la función VALUES), SUMX() entraría a traves de cada fila de la tabla Products del contexto de filtro actual, lo que podría ser un número diferente de filas.

Resultados:

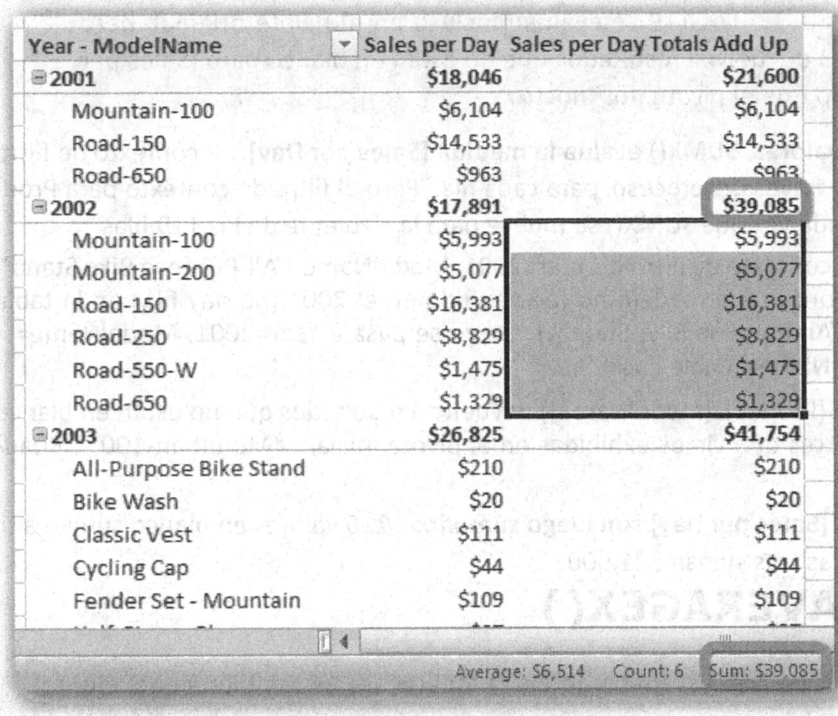

Figura 244 Nueva medida: los totales son la suma de los modelos individuales

Paso a Paso Detallado

Sólo para llevarlo a casa, caminemos a través de la evaluación de la parte de la medida anterior SUMX(), para la celda destacada en el pivote:

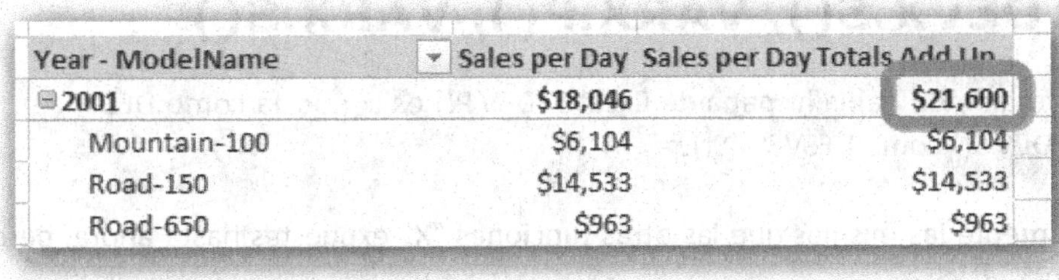

Figura 245 Vamos a ver paso a paso como la cláusula de la medida SUMX() llegó a la cifra $21,600

Siguiendo los 3 puntos señalados en la sección "anatomía de SUMX()":

1. **SUMX() pasa a través de cada fila individual en VALUES(Products[ModelName]).** El filtro de contexto proporcionada por el pivote en este caso es una tabla Producto completamente sin filtrar porque esta celda es Year=2001, Products=All (no tiene "coordenadas" en el pivote de la tabla Products). Por lo que VALUES(Products[ModelName]) regresa cada valor único de [ModelName] de la tabla Products.

¿Cuantos valores *es* realmente eso? Verifiquemos.

```
[ModelName Values] =
    COUNTROWS(VALUES(Products[ModelName]))
```

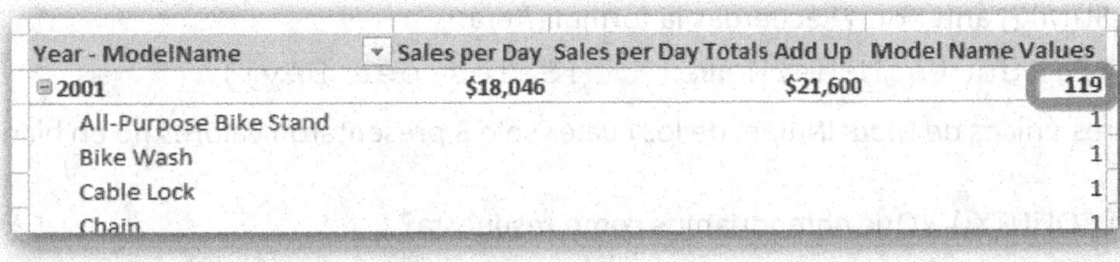

Figura 246 ¡Eso es 119 valores, a pesar de que sólo vemos 3 en el pivote debajo de 2001, en la pantalla anterior!

¿Por qué 119 versus 3? Los 119 se evalúan incluso en el pivote original, pero debido a que sólo 3 devuelven resultados que no están en blanco para [Sales per Day], eso es todo lo que el pivote nos mostró.

2. **Para cada uno de esos 119 valores, SUMX() evalúa la medida [Sales per Day].** El contexto de filtro de Year=2001 se mantiene a través del proceso, para cada fila. Pero el filtro de contexto para Products[ModelName] cambia cada vez que SUMX() se mueve para la siguiente de las 119 filas.

Así que evalúa [Sales per Day] con el contexto de filtro de Year=2001, ModelName="All-Purpose Bike Stand", y esto devuelve celdas en blanco, porque ese modelo no fue vendido en el 2001 (no hay filas en la tabla Sales con Year=2001, ModelName="All-Purpose Bike Stand".) Luego se pasa a Year=2001, ModelName="Bike Wash", luego Year=2001, ModelName="Cable Lock", etc.

Sólo tres de esas 119 filas en VALUES(Products[ModelName]) devuelven resultados que no están en blanco para [Sales per Day], y esas son las tres que vimos exhibidas en el pivote inicial: "Mountain-100", "Road-150", y "Road-650".

3. **Todos los 119 resultados de [Sales per Day] son luego sumados.** 116 valores en blanco suman a 0, por supuesto, y luego los otras tres suman $21,600.

MINX(), MAXX(), AVERAGEX()

Nota: En la versión de habla hispana de Excel AVERAGE() es también conocido como PROMEDIO().

Estos tres operan exactamente de la misma manera que SUMX.

La única diferencia es que en el último paso - en lugar de sumar todos los resultados devueltos por cada paso, ellos entonces aplican una agregación diferente: MIN(), MAX(), o AVERAGE().

STDEVX.P(), STDEVX.S(), VARX.P(), VARX.S()

Nota: En la versión de habla hispana de Excel STDEV.P() es conocida como DESVEST.P() y STDEV.S() como DESVEST.S().

Una vez más, estos son exactamente las mismos que las otras funciones "X" expuestas hasta ahora, pero separados a causa de los sabores ".P vs .S".

La diferencia entre las versiones P y S es, precisamente, la misma diferencia que tienen las funciones de STDEVP() y STDEVS() en Excel normal. Se utiliza la versión P cuando el conjunto de datos representa a toda la población de los resultados, y la función S cuando todo lo que tienes es un ejemplo de los datos.

Es una cosa de las estadísticas, no es una cosa de DAX.

COUNTX() y COUNTAX()

Nota: En la versión de habla hispana de Excel COUNT() es conocida como CONTAR() y COUNTA() como CONTARA().

Técnicamente hablando, éstas no son diferentes de las otras mencionadas hasta ahora. Pero hay una sutil diferencia cuando se piensa en ello cuidadosamente.

Volvamos a nuestro ejemplo SUMX() anterior. ¿Recuerdas la fórmula? era:

```
SUMX(VALUES(Products[ModelName]), [Sales per Day])
```

Y reiteró a través de 119 valores únicos de ModelName, de los cuales sólo 3 presentaron valores no en blanco para [Sales per Day].

Si reemplazamos SUMX() con COUNTX(), ¿Qué obtendríamos como respuesta?

Obtendríamos 3, porque COUNTX() no "cuenta" las filas en blanco.

Por lo que podríamos pensar de COUNTX() siendo algo como "COUNT *NONBLANK* X()" (Contar Filas que no están en blanco X) realmente.

Entonces, ¿Por qué esto es diferente de COUNTROWS()?

COUNTROWS() no puede tomar una medida como argumento, por lo que no se puede utilizar para evaluar la cantidad de veces que la medida devuelve un valor distinto de blanco, que COUNTX() puede hacer.

COUNTAX() versus COUNTX()

COUNTAX() *también* devolvería 3 en este caso, por lo que no es realmente diferente en la gran mayoría de los casos. Hay un tipo específico de caso en COUNTAX() donde devuelve algo diferente - voy a usar eso como un ejemplo al final de este capítulo.

COUNTAX() trata la ausencia de filas, y los resultados de una medida en blanco, exactamente de la misma manera como COUNTX(). El único lugar donde COUNTAX() difiere de COUNTX() es cuando estás contando los valores de texto en una columna, y hay filas con valores de texto de "" - filas que existen, pero que contienen una cadena vacía. Habrá un ejemplo al final de este capítulo.

Utilizando las funciones X en campos que no se muestran

En el único grupo de ilustraciones hasta el momento, ya has visto SUMX() utilizado para hacer que los totales se sumen "correctamente".

Pero también se puede utilizar una función X para recorrer un campo que no está en el pivote, y luego informar sobre lo que encontró.

Tomemos el pivote que utilizamos para SUMX():

Year - ModelName	Sales per Day	Sales per Day Totals Add Up
2001	**$18,046**	**$21,600**
Mountain-100	$6,104	$6,104
Road-150	$14,533	$14,533
Road-650	$963	$963
2002	**$17,891**	**$39,085**
Mountain-100	$5,993	$5,993
Mountain-200	$5,077	$5,077

Figura 247 Donde dejamos nuestra medida completada de SUMX()

Y agreguemos una nueva medida:

```
[Max Single-Country Sales] =

    MAXX(VALUES(SalesTerritory[Country]), [Total Sales])
```

Resultados:

Year - ModelName	Sales per Day	Sales per Day Totals Add Up	Max Single-Country Sales
2001	**$18,046**	**$21,600**	**$1,309,047**
Mountain-100	$6,104	$6,104	$304,749
Road-150	$14,533	$14,533	$984,024
Road-650	$963	$963	$27,265
2002	**$17,891**	**$39,085**	**$2,154,285**
Mountain-100	$5,993	$5,993	$365,749
Mountain-200	$5,077	$5,077	$286,231
Road-150	$16,381	$16,381	$1,123,577
Road-250	$8,829	$8,829	$524,360
Road-550-W	$1,475	$1,475	$49,021
Road-650	$1,329	$1,329	$105,00

Figura 248 Interesante nueva medida pero, ¿es correcta?

Vamos a comprobarlo mediante la adición de Country al pivote:

Year - ModelName	Sales per Day	Sales per Day Totals Add Up	Max Single-Country Sales
⊟ 2001	$18,046	$21,600	$1,309,047
⊟ Mountain-100	$6,104	$6,104	$304,749
Australia	$4,233	$4,233	$304,749
Canada	$3,379	$3,379	$20,275
France	$3,383	$3,383	$30,450
Germany	$3,387	$3,387	$44,025
United Kingdom	$3,877	$3,877	$54,275
United States	$4,006	$4,006	$132,200
⊟ Road-150	$14,533	$14,533	$984,024
Australia	$6,649	$6,649	$984,024
Canada	$4,055	$4,055	$121,661
France	$3,868	$3,868	$143,131
Germany	$3,959	$3,959	$186,070
United Kingdom	$4,026	$4,026	$225,431
United States	$6,920	$6,920	$941,085
⊟ Road-650	$963	$963	$27,265
Australia	$780	$780	$20,274
Canada	$699	$699	$4,894
France	$699	$699	$6,991
Germany	$699	$699	$7,690
United Kingdom	$743	$743	$11,885
United States	$737	$737	$27,265

Figura 249 De hecho, es la presentación de informes de ventas máximo de un solo Country.

Pero, ¿Qué Country?

Dado que este es muy "mágico" cuando el campo Country no se encuentra en el pivote, una de las preguntas más frecuentes que recibo es "bien, pero ¿cómo puedo mostrar cuál Country fue el máximo cuando Country no está en el pivote? Saber cuál es puede ser tan importante como saber la cantidad".

Desde Power Pivot v2 no hay una función que simplemente lo *hace* por ti.

He escrito un post sobre esto, sin embargo, no cabe aquí por razones de espacio. Utiliza la función FIRST-NONBLANK() – échale un vistazo aquí si estás interesado:

http://ppvt.pro/WhatDidXFind

RANKX()

OK, éste es en realidad un poco diferente a los demás a pesar de que su sintaxis es similar.

Vamos a hacer todo eso de "trabajar hacia atrás desde el resultado deseado" de nuevo:

Customer FullName	Total Sales	Customer Sales Rank
Jordan Turner	$15,999	1
Willie Xu	$13,490	2
Nichole Nara	$13,295	3
Kaitlyn Henderson	$13,294	4
Margaret He	$13,269	5
Randall Dominguez	$13,266	6
Adriana Gonzalez	$13,243	7
Rosa Hu	$13,216	8
Brandi Gill	$13,196	9
Brad She	$13,173	10
Francisco Sara	$13,165	11
Maurice Shan	$12,910	12
Janet Munoz	$12,489	13

Figura 250 Queremos una medida que clasifique los clientes por [Total Sales]

Ésta es la fórmula para la medida de rango:

```
[Customer Sales Rank] =
    RANKX(ALL(Customers[FullName]), [Total Sales])
```

El uso de ALL()

La única diferencia que vemos hasta ahora es que he usado ALL() en lugar de VALUES() en el primer argumento.

¿Por qué es eso?

Porque si utilizo VALUES(), obtengo 1's para todos:

Customer FullName	Total Sales	Customer Sales Rank
Bradley Kumar	$3,345	1
Bradley Lal	$2,664	1
Aaron Alexander	$70	1
Bradley Luo	$3,400	1
Aaron Baker	$1,751	1
Bradley Nara	$5,898	1
Aaron Butler	$15	1
Bradley Pal	$124	1
Aaron Carter	$40	1
Bradley Rai	$79	1
Aaron Coleman	$62	1
Bradley Raje	$1,274	1

Figura 251 Si reemplazo ALL() con VALUES(), ¡todos son nuestros customer (clientes) #1!

OK, ¿Por qué es eso?

Bueno, tiene *algo* de sentido en realidad – para cada fila del pivote, sólo hay un valor de Customer[FullName] – por lo que la medida RANKX clasifica a cada cliente como si él / ella fuera el único cliente en el mundo :-)

Por lo que aplicando ALL(), yo clasifico cada cliente contra todos. Supongo que es intuitivo, pero cuanto más lo pienso, más aún eso no se siente bien.

Lo pragmático a hacer aquí es no preocuparse por eso. Solo utiliza ALL() y sé feliz que tenemos la función:-)

Empates

Echemos un vistazo a la parte inferior de esa misma dinámica, con ALL() restaurada así que no todo el mundo es # 1:

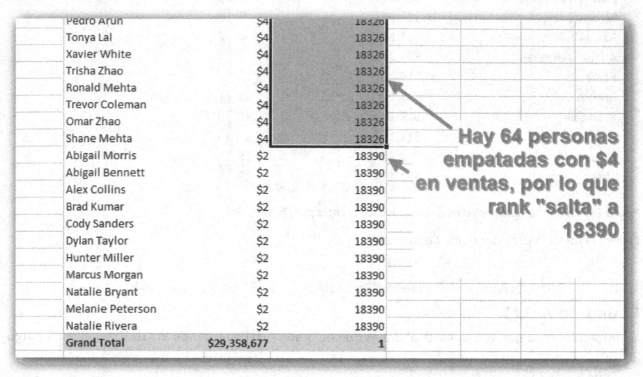

Figura 252 Por defecto, los empates se manejan de esta manera, pero puedes cambiar eso con el quinto (y argumento opcional), estableciéndolo a Dense

Los parámetros opcionales

RANKX()en realidad tiene cinco parámetros en lugar de los dos que poseen las otras funciones X, pero los tres últimos son opcionales:

 RANKX(<Tabla o expresión de tabla>, <expresión aritmética>, <expresión arit-mética alternativa *opcional*>, <bandera de ordenación *opcional*>, <bandera de manejo de empates *opcional*>

<expresión aritmética alternativa *opcional*> - el tercer argumento para RANKX() puede ser la cosa más mis-teriosa de todas en Power Pivot. Si no estuviera escribiendo este libro, volvería a seguir ignorando que no la entiendo. Recomiendo siempre dejarla en blanco. En serio. (Pero voy a regresar a ella en el Capítulo 17, porque tomar por completo el "aprobado" en ella no se siente bien).

<bandera de ordenación *opcional*> - Esto te permite controlar el orden de clasificación (ascendente/descen-dente) estableciéndolo a 1 o 0. Por defecto es 0 si se deja en blanco, que clasifica grandes valores más altos (mayor a menor).

<bandera de manejo de empates *opcional*> - Esto se puede ajustar a Skip o Dense. Su valor predeterminado es Skip, que es el comportamiento observado en la imagen anterior. Si lo cambio a Dense, así es como los empates lucen cerca de la parte inferior del pivote:

```
RANKX(ALL(Customers[FullName]), [Total Sales],,,Dense)
```

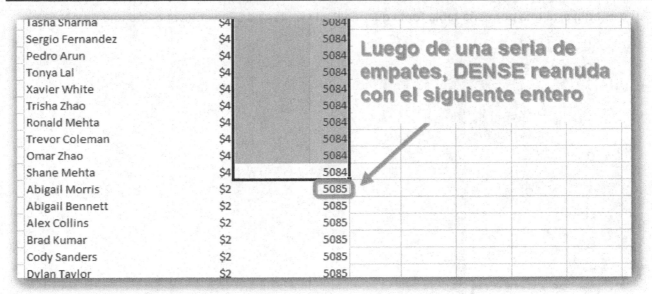

Figura 253 Manejo de empates Dense – reanuda con el siguiente número entero después de una serie de clasificaciones empatadas

¿Duplicado de FullNames?

Muy peligroso. Si tiene dos clientes con el mismo FullName, se combinan en un solo cliente y califica injustamente alto por sus ventas combinadas.

Así que asegúrate de que tu clasificación sea mediante un campo único. Recomiendo concatenando CustomerKey o algo único con FullName lo que todavía se puede reconocer al cliente por su nombre, y todavía mantiene la singularidad.

Una última nota

 Voy a ser totalmente honesto contigo y decir que a partir de Power Pivot v2, no confío por completo de la función RANKX() todavía. Hay momentos en los que hace cosas misteriosas - tales como empates que no espero. No estoy diciendo que no deberías usarla, pero que deberías ver los resultados que obtienes y asegurarte de que cumplen con tus expectativas antes de compartir. Esto puede reflejar los límites de mi comprensión de esta función, por supuesto, en cuyo caso creo que necesitamos una versión de RANKX() que sea un poco más fácil de usar. Voy a actualizar el blog, si / cuando oigo algo de mis antiguos colegas de Microsoft.

Segundos argumentos que no son medidas en las funciones X

Hasta ahora, sólo he medidas utilizadas para ese segundo argumento de estas funciones X.

Pero en realidad este es un lugar donde se puede romper la regla de "sin columnas desnudas". En realidad se puede poner un nombre de la columna para ese segundo argumento. Y SUMX() estará feliz de sumarla.

De hecho, puedes incluso poner una fórmula de estilo columna calculada allí, como Customers[YearlyIncome] / Customers[NumberOfChildren], y eso también trabajará.

¡El misterio de COUNTAX() resuelto!

La capacidad de utilizar una expresión no-medida como argumento final ayuda a resolver el enigma COUNTAX(). Cuando utilizas *medidas* como el segundo argumento, Yo no creo que haya *alguna* situación en donde COUNTX() y COUNTAX() devuelvan resultados diferentes.

Pero COUNTAX() te permitirá utilizar una columna de texto como segundo argumento, mientras que COUNTX(), si se utiliza una columna como segundo argumento, exige que sea de tipo numérico o de fecha.

Así que aquí está una pequeña tabla tonta que añadí a la ventana de Power Pivot como una prueba:

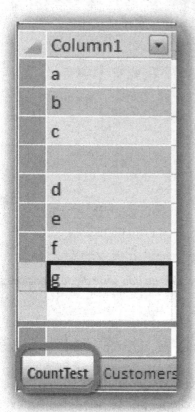

Figura 254 Tabla TablCountTest – una cama de prueba para COUNTAX()

Aquí está una medida que escribí contra ella:

```
[COUNTAX Test] =
    COUNTAX(CountTest, CountTest[Column1])
```

Y los resultados:

Figura 255 La medida devuelve 7. De una tabla de 8 filas. Por lo tanto, no contaba con la una fila con un valor en blanco, que es diferente de la ausencia de una fila. ¡Sutil!

Cambia el COUNTAX() por COUNTX() y obtenemos un error – COUNTX() se niega a aceptar una columna de texto como segundo argumento.

Así que ahí lo tienen. La razón por la cual COUNTAX() existe.

(De hecho, es más útil en columnas calculadas que las medidas, así que no fue realmente una prueba "justa" de su valor).

17- Múltiples Tablas de Datos

Ejemplo 1: Presupuesto versus Actuales

He aquí un problema común: tienes una tabla de ventas, donde cada fila representa una transacción individual. En mi caso eso es cerca de 60 mil líneas. Pero también hay una tabla de Presupuesto, donde cada fila es capturada normalmente con una granularidad más gruesa, y es mucho más pequeña en términos de número de filas.

Por ejemplo, aquí hay una tabla de ejemplo de presupuesto que he importado a Power Pivot:

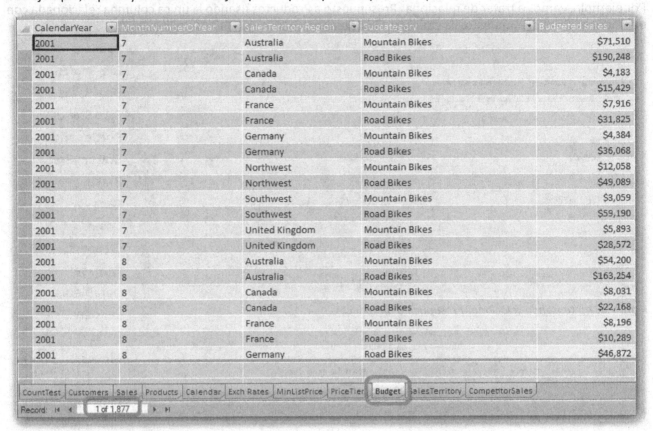

Figura 256 Tabla Budget o Presupuesto: 1,877 filas a la granularidad de Year/Month/Territory/SuCategory (Año/Mes/Territorio/Subcategoría)

Y ahora la pregunta común: ¿cómo están mis ventas de productos en comparación con el presupuesto?

Difícil en Excel Normal

Resolver dicho problema en Excel Normal es tedioso. La rutina normal con BUSCARV() que hemos utilizado en Excel Normal para combinar una tabla de datos (como las ventas) con una tabla de búsqueda (como los productos) no funciona en este caso.

El problema es esencialmente que ventas y presupuesto son dos tablas de datos. ¿Cuál te gustaría BUSCARV() «en» el otro? Además, cada tabla tiene varias filas que corresponden a varias filas de la otra, por lo que incluso si decides qué camino BUSCARV() debe «fluir», no serías capaz de construir con éxito una fórmula BUSCARV().

Así que una solución común consiste en la creación de *dos* pivotes – una para medir las ventas y la otra para medir el Presupuesto, y entonces escribir fórmulas que enlacen en cada pivote para formar un informe unificado de "Ventas vs Presupuesto". Toma un tiempo para hacer las cosas bien, y luego, cuando alguien, inevitablemente, quiere ver un formato de informe ligeramente diferente o nivel de resumen, ¡es casi tanto trabajo para modificarlo como lo fue crearlo la primera vez!

Más Rápido *y* Más Flexible en Power Pivot

Hey, no estaría diciéndote al respecto si no tuviera una solución para ti :-)

La versión corta es que con Power Pivot, ventas y presupuesto pueden coexistir en la misma tabla dinámica. Y todavía no es necesario combinarlos en una tabla.

Creando Relaciones – Necesitamos Algunas Nuevas Tablas de Búsqueda

La siguiente buena noticia es que podemos lograr todo lo que necesitamos con las relaciones. No hay tablas desconectadas de lujo o relaciones de "línea punteada" a través de medidas.

Pero tenemos un problema: La Tabla de Presupuestos se niega a relacionarse con cualquiera de nuestras tablas de búsqueda.

Por ejemplo, vamos a tratar de relacionar Presupuesto a Productos usando la única columna relacionada con el producto en el presupuesto: la columna SubCategory.

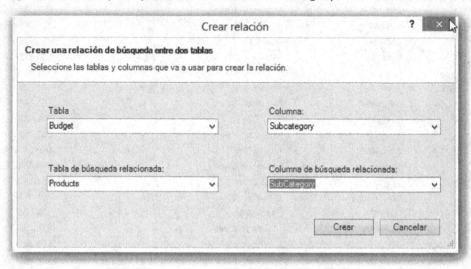

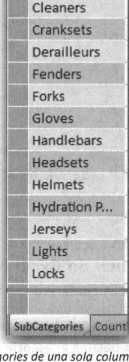

Figura 257 Intentando relacionar Presupuesto a Productos...

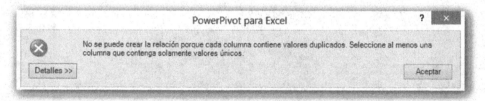

Figura 258 ...resulta en el temido error "muchos a muchos".

Bueno, eso tiene sentido: cada valor de SubCategory (como "Mountain Bikes") *sí* aparece muchas veces en cada tabla.

Tenemos un problema de granularidad no coincidentes entre el presupuesto y el resto de nuestro modelo que ha existido hasta ahora. Es por eso que es un problema tan difícil en Excel Normal en realidad. Entonces, ¿cómo lo resolvemos? ¡Necesitamos una tabla de búsqueda para SubCategories!

Figure 259 ¡Una tabla Subcategories de una sola columna!

Luego relacionamos las tablas Products y Budget, coincidiendo la columna SubCategory en cada.

Así que ahora nuestra vista de diagrama luce así:

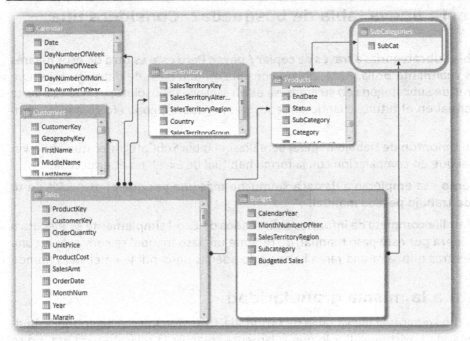

Figura 260 Vista de Diagrama Actualizada – tabla SubCategories ahora actúa como una tabla de búsqueda para las tablas Products y Budget

Recuerda, el contexto de filtro "fluye" en la dirección opuesta de la flecha de relación. Vamos a visualizar que:

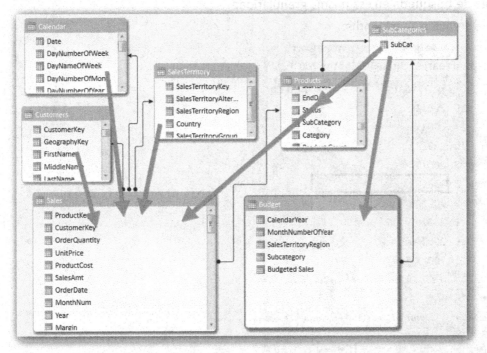

Figura 261 Flujo de contexto de filtro representado por flechas de color naranja. Nota que el contexto de filtro de la tabla SubCategories fluye a través hasta Sales, a pesar de que se trata de un flujo de "multi-paso".

Contexto de filtro fluye de SubCategories a Products, y luego de Products a Sales. En otras palabras, las SubCategories todavía influencian a Sales (en términos de contexto de filtro) como si SubCategories estuvieran directamente relacionadas con Sales. Dicho de manera más general, el contexto de filtro es transitivo: si la tabla A es una tabla de consulta para la tabla B, y la tabla B es una tabla de consulta para la tabla C, un filtro en la tabla A *tendrá* un impacto en la tabla C.

¿Dónde *obtenemos* esta nueva tabla de búsqueda? Considera una base de datos

Es muy tentador crear esta tabla Subcategorías a través de copiar / pegar. Pero este es otro de esos lugares en los que una base de datos realmente brilla. Una tabla o consulta en una base de datos que siempre devuelve la lista única de valores de subcategoría en su empresa es un salvavidas absoluto, ya que te ahorra el trabajo de actualización manual en el futuro, cuando obtienes nuevas subcategorías (o retirar las antiguas).

En términos absolutos, no es un montón de trabajo manual actualizar la tabla SubCategories que has creado mediante copiar / pegar. Así que en comparación con la forma habitual de Excel, no es gran cosa.

Pero pocas cosas manuales como esa empiezan a destacarse mucho más una vez que el otro 95% de tu hoja de cálculo ahora carece de trabajo pesado manual.

Al llegar al punto en que una familia completa de informes sofisticados de Excel simplemente se ejecuta a sí mismos todos los días si no fuera por este paso manual, de repente un paso manual se convierte en una gran victoria para eliminar, mientras que la misma tarea habría sido apenas perceptible en el viejo mundo de tedioso esfuerzo constante.

SalesTerritory ya está a la misma granularidad

Para SalesTerritory, *no* necesitamos crear una nueva tabla de búsqueda. SalesTerritory el lugar donde Budget *coincide* con nuestra granularidad existente. Por lo que solamente creamos la relación para esa, no se requiere una nueva tabla.

Repitiendo el proceso de "tabla nueva" para Calendario

Granularidad del Presupuesto en términos de tiempo sólo se reduce a pares de Año / Mes. Así que de nuevo, necesitamos una nueva tabla de búsqueda en esa misma granularidad.

Aquí está la tabla de reciente creación YearMonths:

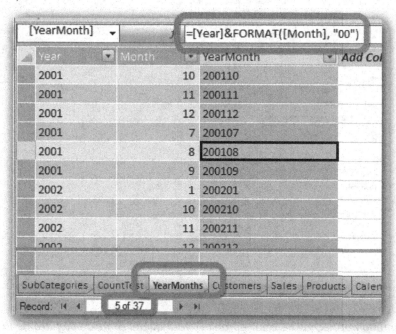

Figura 262 La nueva tabla YearMonths. Tenga en cuenta el número de filas de 37, y la columna calculada que voy a utilizar para crear relaciones.

 Esa columna calculada de YearMonth es un patrón que me encontraré repitiendo mucho. La función FORMAT() se utiliza para agregar el cero adicional a los números del mes de un solo dígito. Esto no es estrictamente necesario aquí - Yo lo uso sólo para combos Año / Mes para ordenar correctamente - pero se ha convertido tal fuerza del hábito para mí que pensé que lo compartiría.

Añado el mismo tipo de columna calculada YearMonth a mi tabla de Presupuesto y mi tabla Calendario, a continuación, creo ambas relaciones, dando la siguiente vista de diagrama:

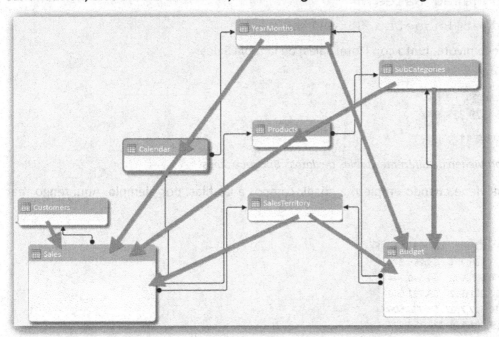

Figura 263 Vista de Diagrama actualizada para mostrar las nuevas tablas, relaciones, y flujo de contexto de filtro (flechas de color naranja). Tenga en cuenta que con esta cantidad de tablas, He apagado los detalles en cada tabla para que más pueda caber en una sola pantalla.

Pivote Integrado

Ahora puedo construir un pivote único con medidas tanto de ventas y presupuesto, siempre y cuando yo sólo use los campos de las tablas de búsqueda compartidas en Filas/Columnas/Filtros/Slicers.

¿Qué es una tabla de búsqueda compartida? Es una tabla que filtra a mis dos tablas de datos.

En este caso, hay tres tablas de búsqueda compartidas: YearMonths, SalesTerritory, y SubCategories, todas marcadas con asteriscos en este diagrama:

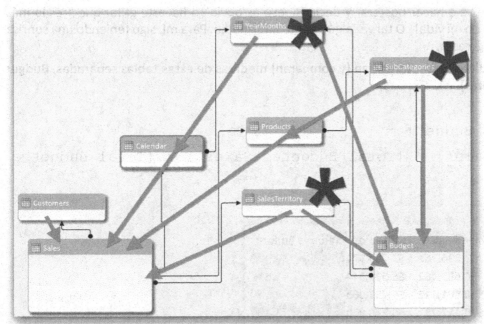

Figura 264 Cuando se construye un pivote que muestra las medidas, tanto de Presupuesto y ventas, sólo las tres tablas señaladas con asteriscos deben usarse en filas / columnas / Filtros / Máquinas de cortar, ya que sólo las tres filtran a Ventas (Sales) y Presupuesto (Budget).

He creado una única y simple medida sobre la tabla de Presupuesto (Budget):

```
[Total Budgeted Sales] =

=SUM(Budget[Budgeted Sales])
```

Pongamos eso en un Nuevo pivote, junto con [Total Sales] de la tabla Sales:

Total Budgeted Sales	Total Sales
$29,991,136	$29,358,677

Figura 265 Estas medidas provienen de diferentes tablas de datos: Budget y Sales

Pero la verdadera prueba viene cuando empiezo a añadir campos a las filas, por ejemplo. Aquí tengo Year (Año) en filas:

Row Labels ▾	Total Budgeted Sales	Total Sales
2001	$3,236,761	$3,266,374
2002	$6,635,482	$6,530,344
2003	$10,001,112	$9,791,060
2004	$10,117,781	$9,770,900
Grand Total	$29,991,136	$29,358,677

Figura 266 Year en Filas, ¡y ambas medidas todavía funcionan! Pero nota en este caso, ¡Year viene de la tabla Year-Months y NO de mi tabla Calendario!

 Una vez que tengas el mismo tipo de campo (como Year) en más de una tabla en el modelo, necesitas asegurarte que estás utilizando el más adecuado para las medidas en el pivote. La columna Calendar[Year] no podrá funcionar adecuadamente con sus medidas de la tabla Budget (Presupuesto), por ejemplo.

Medidas Integradas

La siguiente parte o bien te va a hacer bostezar y decir "sí, eso es obvio" o hacerte gritar que "¡es lo más impresionante que he visto en mi vida!" O tal vez algún punto intermedio. Para mí, sigo teniendo una sonrisa en mi cara cada vez que hago esto.

Puedo escribir nuevas medidas que referencian (y comparan) medidas de estas tablas separadas, Budget (Presupuesto) y Sales (Ventas).

Por ejemplo:

```
[Sales vs. Budget] =

([Total Sales] - [Total Budgeted Sales]) / [Total Budgeted
Sales]
```

Resultados:

Row Labels ▾	Total Budgeted Sales	Total Sales	Sales vs Budget
2001	$3,236,761	$3,266,374	0.9 %
2002	$6,635,482	$6,530,344	-1.6 %
2003	$10,001,112	$9,791,060	-2.1 %
2004	$10,117,781	$9,770,900	-3.4 %
Grand Total	$29,991,136	$29,358,677	-2.1 %

Figura 267 [Sales vs. Budget] en acción. (Añadí el formato condicional, eso no es automático).

Ahora puedo quitar las dos medidas iniciales, y luego apilar algunos más campos en filas y columnas:

Sales vs Budget	Column Labels				
SubCat - Region	2001	2002	2003	2004	Grand Total
⊟ **Mountain Bikes**	3.8 %	-3.3 %	-3.5 %	-3.0 %	-2.9 %
Australia	8.4 %	-8.6 %	-6.3 %	-4.2 %	-4.9 %
Canada	-10.0 %	3.3 %	-8.5 %	-10.3 %	-8.0 %
France	0.5 %	-4.6 %	-4.7 %	-9.5 %	-6.6 %
Germany	-15.7 %	8.5 %	-3.2 %	11.6 %	4.1 %
United Kingdom	7.6 %	6.3 %	-11.0 %	-7.1 %	-6.5 %
United States	3.4 %	-1.7 %	3.2 %	-2.1 %	0.2 %
⊟ **Road Bikes**	0.3 %	-1.0 %	0.1 %	-1.8 %	-0.6 %
Australia	-6.5 %	-1.5 %	-0.1 %	-1.4 %	-2.1 %
Canada	-3.1 %	0.7 %	-6.2 %	-12.1 %	-2.8 %
France	-3.9 %	-7.6 %	0.2 %	1.8 %	-2.5 %
Germany	-10.8 %	-3.7 %	2.4 %	-4.2 %	-2.9 %
United Kingdom	1.1 %	4.0 %	-4.9 %	-3.7 %	-1.5 %
United States	12.7 %	-0.0 %	3.9 %	-0.1 %	3.4 %
⊞ **Bike Racks**			3.9 %	-2.5 %	0.1 %
⊞ **Bike Stands**			-4.7 %	1.2 %	-1.7 %
⊞ **Bottles and Cages**			-5.1 %	-1.0 %	-2.7 %
⊞ **Caps**			-7.8 %	-3.8 %	-5.5 %
⊞ **Cleaners**			-1.9 %	-1.7 %	-1.8 %
⊞ **Fenders**			5.3 %	-4.0 %	-0.3 %

Figura 268 Sales vs. Budget, hecho criminalmente sencillo. Bajo y Sobre-Ejecutantes sólo saltan a la vista. Y este pivote puede reordenarse / reestructurarse a voluntad – las fórmulas simplemente seguirán trabajando, siempre y cuando sólo se utilicen tablas de búsqueda que filtran las dos tablas de datos.

Ejemplo 2: Haciendo Uso de ese Misterioso Tercer Argumento en RANKX()

Muy bien, esto se ha convertido en una cuestión de honor. El tercer argumento se puede poner a buen uso. Pero tuve que inventar nuevos datos con el fin de armar un ejemplo creíble.

En primer lugar, he aquí los nuevos datos. Finge que he adquirido cifras de ventas de mi principal competidor, y lo bien que sus motos se han vendido en los últimos años.

Eso está aquí en la tabla CompetitorSales:

ModelName	Year	SalesAmt
Trail 61	2001	$4,428,670
Trail 412	2001	$608,628
Road 187	2001	$1,596,374
Mountain 385	2001	$4,938,898
Trail 333	2001	$1,655,169
Mountain 175	2001	$3,290,579
Mountain 348	2001	$4,487,781
Mountain 127	2001	$165,191
Mountain 159	2001	$1,040,273
Trail 130	2001	$1,612,589
Trail 153	2001	$842,439
Mountain 403	2001	$908,305
Trail 493	2001	$2,922,936
Mountain 496	2001	$1,928,876
Trail 329	2001	$1,174,214
Trail 487	2001	$725,476
Mountain 225	2001	$209,844

SubCategorie | CompetitorSales | CountTest | YearMonths | Cu

Figura 269 CompeitorSales está compuesta de solo tres columnas: ModelName, Year, y SalesAmt

El Problema: ¡La clasificación de MIS productos contra los suyos!

Así que... ¿qué pasa si quiero ver cómo clasifican MIS productos en contra de mis competidores en términos de ventas?

Por ejemplo, si uno de mis modelos vendieron $ 3 millones en valor de los productos, y sus tres principales modelos que se venden por $ 4 millones, $ 3,5 millones y $ 2,5 millones, lo que significa que mi modelo se ubicaría tercero en contra de sus modelos.

(El crédito va para Scott Senkeresty por romper el bloqueo y sugerir un escenario en el que se podría utilizar el tercer parámetro.)

Discrepancia en la granularidad de Tiempo Year (Año) Significa una Nueva Tabla de Búsqueda

Al igual que en las ventas comparado con el presupuesto, ya que tenemos un desfase de granularidad, necesitamos una nueva tabla de búsqueda. Esta vez es el más simple aún: Years (Años).

Figura 270 La nueva Tabla de Búsqueda, Years

Ahora relaciono eso a CompetitorSales, y también para Calendar (para que pueda filtrar las ventas), produciendo el siguiente diagrama de la tabla:

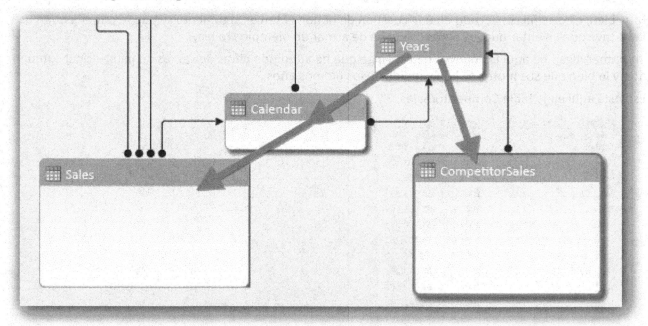

Figura 271 Diagrama de Tabla (otras tablas se apartaron para resaltar precisamente este "rincón" del modelo)

Medida Simple

Ahora agrego una medida simple a la tabla CompetitorSales:

```
[Compete Sales] =

SUM(CompetitorSales[SalesAmt])
```

Y aquí está en un simple pivote:

Model ⌄↓	Compete Sales
Trail 412	$11,064,747
Trail 153	$10,935,275
Mountain 385	$10,773,383
Trail 487	$10,328,574
Trail 222	$9,966,929
Trail 333	$9,955,816
Trail 61	$9,925,752
Mountain 175	$9,632,946
Trail 493	$8,872,714
Mountain 403	$8,648,188
Mountain 496	$8,262,950
Road 101	$8,220,904

Figura 272 [Compete Sales] con CompetitorSales[ModelName] en Filas

Ahora La Absolutamente Increíble Medida "Rango-Cruzado"

De regreso en la tabla Sales (o la tabla Products si prefiero):

```
[Model Sales Rank vs Competition] =

RANKX(VALUES(CompetitorSales[ModelName]),
    [Compete Sales],
    [Total Sales]
        )
```

¿Qué significa esa *fórmula*? Empieza como que va a clasificar sólo productos de la competencia entre sí y luego toma un giro:

- **VALUES(CompetitorSales[ModelName])** – esto significa que las "entidades" siendo clasificadas son en realidad las únicas ModelNames de la tabla CompetitorSales.

- **[Compete Sales]** – esto significa que la medida por la que se clasificarán los modelos de la competencia será su propia medida [Compete Sales]. Hasta ahora, esto es normal, totalmente comprensible en el uso de RANKX().

- **[Total Sales]** – pero ¡Whoa! Esto significa que vamos a tener el valor de [Total Sales] en nuestro contexto actual del filtro (que en el pivote de la izquierda, es un ModelName de *mi* compañía), e ¡insertarlo en el orden jerárquico establecido por los dos primeros argumentos ! Esencialmente, tratar el valor de esta medida, en el contexto de filtro actual, como si se tratara de un participante en la evaluación normal de RANKX() como controlada por los dos primeros argumentos.

y resulta:

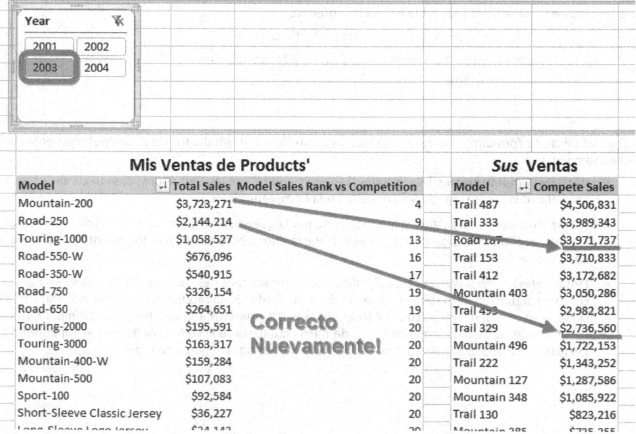

Figura 273 *Nueva medida Rango-cruzado comparada al pivote mostrando ventas de la competencia. Mi producto estrella estaría realmente detrás de sus 13 mejores productos, obteniendo un rango de 14.*

Y ya que ambas son filtradas por la tabla Years...

¡Puedo agregar Years[Year] como un slicer para ambos pivotes!

Vamos a ver si aún funciona cuando yo rebano a un año diferente:

Figura 274 *Slicer compartido de Year: medida todavía funciona*

Wow.

18- Inteligencia de Tiempo con Calendarios Personalizados: Uso Avanzado de FILTER()

Tal vez mi cosa favorita en DAX

Trabajar con calendarios personalizados en DAX se ha convertido en algo que yo casi hago gratis, es muy divertido. En concreto, sólo se siente *poderoso*, como que se pudiese hacer casi cualquier cosa.

Dicho esto, me tomó un poco de tiempo descubrir la fórmula mágica. Tomó algo de experimentación. Pero tú no tendrás que hacer nada de eso - Yo te daré el secreto, y explicaré cómo funciona.

También proporciona una plataforma para explicar algunas cosas más acerca de FILTER() que no se abordan en ese capítulo.

La Tabla de Periodos

Un Ejemplo "4/4/5"

OK digamos que mi empresa opera en un calendario "4/4/5", lo cual es muy común en el comercio minorista. "4/4/5" se refiere al número de semanas en cada período, donde un período es más o menos un mes. Estos calendarios rotan por cuatro trimestres en un año, cada uno con un total de 13 semanas.

He aquí un ejemplo - una Tabla de Períodos importada a Power Pivot:

PeriodID	Start	End	Days	Year	PeriodOfYear	Qtr
1	7/1/2001	7/28/2001	28	2001	7	3
2	7/29/2001	8/25/2001	28	2001	8	3
3	8/26/2001	9/29/2001	35	2001	9	3
4	9/30/2001	10/27/2001	28	2001	10	4
5	10/28/2...	11/24/2001	28	2001	11	4
6	11/25/2...	12/29/2001	35	2001	12	4
7	12/30/2...	1/26/2002	28	2002	1	1
8	1/27/2002	2/23/2002	28	2002	2	1
9	2/24/2002	3/30/2002	35	2002	3	1
10	3/31/2002	4/27/2002	28	2002	4	2
11	4/28/2002	5/25/2002	28	2002	5	2
12	5/26/2002	6/29/2002	35	2002	6	2
13	6/30/2002	7/27/2002	28	2002	7	3
14	7/28/2002	8/24/2002	28	2002	8	3
15	8/25/2002	9/28/2002	35	2002	9	3
16	9/29/2002	10/26/2002	28	2002	10	4
17	10/27/2...	11/23/2002	28	2002	11	4
18	11/24/2...	12/28/2002	35	2002	12	4
19	12/29/2...	1/25/2003	28	2003	1	1
20	1/26/2003	2/22/2003	28	2003	2	1
21	2/23/2003	3/29/2003	35	2003	3	1
22	3/30/2003	4/26/2003	28	2003	4	2

Years | SubCategories | CompetitorSales | CountTest | Periods | YearMonths | Customers | Sales | Products

Record: 1 of 39

Figura 275 Tablas de Períodos - 39 filas que van desde 07/01/2001 hasta 09/25/2004 - cuenta el patrón de repetición 28/28/35, que es 4/4/5 semanas

Cómo esto cambia las cosas: hay que "escribir" nuestras propias funciones de inteligencia de tiempo

El punto crítico no es la mera existencia de esta tabla. El "truco" es que todos los reportes de "ventas para el periodo X", así como todas las comparaciones de crecimiento - en comparación con el año pasado, en comparación con períodos anteriores - se deben realizar de acuerdo a los plazos definidos en la tabla. Del mismo modo, todos los "año hasta la fecha", y cálculos similares deben respetar esta tabla.

Las funciones "inteligentes" de inteligencia de tiempo como DATESYTD(), DATEADD(), y SAMEPERIODLAST-YEAR() - aquellas con una función de conocimiento del calendario estándar - no van a funcionar correctamente en este sentido.

Así que tendremos que escribir esencialmente nuestras propias versiones de estas funciones desde el principio, el uso de otras funciones más primitivas como FILTER(), ALL() y DATESBETWEEN().

Medida Simple: "Ventas en Periodo"

Vamos a empezar con lo básico. Queremos un pivote que muestra algo como esto:

Year - Qtr - Period	Sales in Period
2001	**$3,219,717**
Q3	**$1,417,740**
P7	$426,286
P8	$448,953
P9	$542,501
Q4	**$1,801,977**
P10	$481,475
P11	$516,537
P12	$803,964
2002	**$6,526,854**
Q1	**$1,824,424**
P1	$552,898
P2	$534,463
P3	$737,062
Q2	**$2,009,710**
P4	$582,060
P5	$687,716
P6	$739,934
Q3	**$1,388,518**
P7	$459,261

Figura 276 Sencilla tabla dinámica: sólo mostrar los datos de ventas de acuerdo a la tabla perzonalida Tablas de Períodos (el calendario 4/4/5)

Esto es bastante directo en realidad, es sólo otro ejemplo de una tabla desconectada.

Vamos a empezar con dos medidas en la tabla de Periodos que reportan las fechas de inicio / finalización de cada período:

```
[PeriodStartDate] =
FIRSTDATE(Periods[Start])
```

y:

```
[PeriodEndDate] =
LASTDATE(Periods[End])
```

Con resultados:

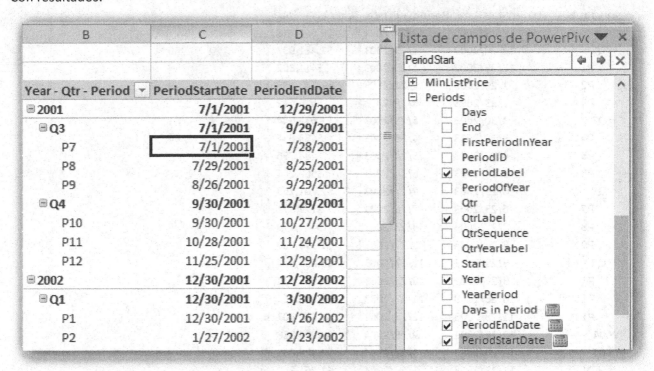

Figura 277 Medidas de Inicio y Fin de fecha definidas en la tabla de Periodos

Nota que he añadido un par de columnas de texto a través de la fórmula (QtrLabel y PeriodLabel), para que el pivote se muestre un poco mejor que un revoltijo de números en filas:

Formatting			Measures		View
fx ="Q" & [Qtr]					

PeriodOfYear	Qtr	QtrLabel	PeriodLabel	A
1	7	Q3	P7	
1	8	Q3	P8	
1	9	Q3	P9	
1	10	Q4	P10	
1	11	Q4	P11	

Figura 278 QtrLabel y PeriodLabel - mejores campos de la etiqueta para el pivote, definidas usando fórmulas sencillas de concatenación

Luego definamos la medida [Sales in Period] en la tabla Sales, una que respete [PeriodStartDate] y [PeriodEndDate]:

```
[Sales in Period] =

CALCULATE([Total Sales],
                DATESBETWEEN(Calendar[Date],
                             [PeriodStartDate],
                             [PeriodEndDate]
                             )
            )
```

Se muestra con el formato condicional, y se filtró para sólo 2003 y 2004 para resaltar las diferencias:

Row Labels	PeriodStartDate	PeriodEndDate	Sales in Period
⊟2003	12/29/2002	12/27/2003	$9,614,218
⊟Q1	12/29/2002	3/29/2003	$1,421,937
P1	12/29/2002	1/25/2003	$411,802
P2	1/26/2003	2/22/2003	$485,488
P3	2/23/2003	3/29/2003	$524,647
⊟Q2	3/30/2003	6/28/2003	$1,632,944
P4	3/30/2003	4/26/2003	$483,894
P5	4/27/2003	5/24/2003	$488,796
P6	5/25/2003	6/28/2003	$660,254
⊟Q3	6/29/2003	9/27/2003	$2,701,763
P7	6/29/2003	7/26/2003	$777,371
P8	7/27/2003	8/23/2003	$747,270
P9	8/24/2003	9/27/2003	$1,177,122
⊟Q4	9/28/2003	12/27/2003	$3,857,574
P10	9/28/2003	10/25/2003	$943,911
P11	10/26/2003	11/22/2003	$1,048,462
P12	11/23/2003	12/27/2003	$1,865,201
⊟2004	12/28/2003	9/25/2004	$9,997,888
⊟Q1	12/28/2003	3/27/2004	$4,328,055
P1	12/28/2003	1/24/2004	$1,261,841

Figura 279 [Sales in Period] – ten en cuenta los valores más destacados del año (2003) y Trimestre (Q2) en relación al periodo. Tenga en cuenta también el "golpe" en el tercer período de cada trimestre, debido a la estructura 4/4/5.

Visualizando las relaciones

Hasta el momento esto es absolutamente lo mismo que lo que cubrimos en el capítulo sobre tablas desconectadas. Pero sólo para anclar nuestra comprensión, vamos a echar un vistazo al diagrama de la tabla:

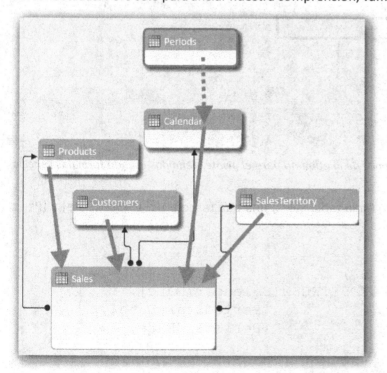

Figura 280 Diagrama de la tabla actualizada. Tabla de Periodos tiene una relación con "línea punteada" al calendario, que tiene una verdadera relación con las ventas. Por lo tanto, con ciertas medidas como [Sales en período], la Tabla de Periodos actúa como una tabla de búsqueda de Sales. (Varias tablas de los capítulos anteriores eliminadas para mayor claridad).

Otro Concepto Familiar: Ventas por Día

Ya que nuestros períodos son de diferentes tamaños, con el fin de comparar "manzanas con manzanas", debemos tener una medida que compara las ventas por día (o semana).

En primer lugar vamos a escribir una medida que calcula cuántos días están seleccionados:

```
[Days in Period] =

SUM(Periods[Days])
```

Row Labels ⟋	Sales in Period	Days in Period
⊟ 2003	$9,614,218	364
⊟ Q1	$1,421,937	91
P1	$411,802	28
P2	$485,488	28
P3	$524,647	35
⊟ Q2	$1,632,944	91
P4	$483,894	28

Figura 281 Medida [Days in Period] (Medidas de Start y End date removidas de la tabla dinámica)

OK, ahora podemos escribir una medida que calcula las ventas por día en cada período:

```
[Sales per Day in Period] =

[Sales in Period]/[Days in Period]
```

Row Labels ⟋	Sales in Period	Days in Period	Sales per Day in Period
⊟ 2003	$9,614,218	364	$26,413
⊟ Q1	$1,421,937	91	$15,626
P1	$411,802	28	$14,707
P2	$485,488	28	$17,339
P3	$524,647	35	$14,990
⊟ Q2	$1,632,944	91	$17,944
P4	$483,894	28	$17,282
P5	$488,796	28	$17,457
P6	$660,254	35	$18,864
⊟ Q3	$2,701,763	91	$29,690
P7	$777,371	28	$27,763
P8	$747,270	28	$26,688
P9	$1,177,122	35	$33,632
⊟ Q4	$3,857,574	91	$42,391
P10	$943,911	28	$33,711
P11	$1,048,462	28	$37,445
P12	$1,865,201	35	$53,291
⊟ 2004	$9,997,888	273	$36,622
⊟ Q1	$4,328,055	91	$47,561
P1	$1,261,841	28	$45,066
P2	$1,402,318	28	$50,083

Figura 282 [Sales per Day in Period] – ten en cuenta cómo la longitud de cada período no determina el tamaño de su valor. Ahora podemos comparar "manzanas con manzanas", - de "4 vs 4 vs 5", sino también del período contra trimestre y del año.

Primer Nuevo Concepto: Ventas por día en Periodo Anterior

Organizarse en Primer Lugar

En primer lugar vamos a añadir una columna PeriodYear la tabla de Periodos, por lo que tenemos una etiqueta única para cada período, independientemente de en qué año estemos:

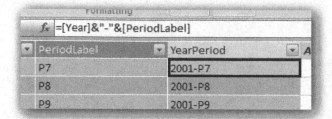

Figura 283 Etiqueta única para períodos, a través de años

Y utilízala en las filas en su lugar:

PeriodYear	Sales per Day in Period
2001-P7	$15,224
2001-P8	$16,034
2001-P9	$15,500
2001-P10	$17,196
2001-P11	$18,448
2001-P12	$22,970
2002-P1	$19,746
2002-P2	$19,088
2002-P3	$21,059
2002-P4	$20,788
2002-P5	$24,561
2002-P6	$21,141
2002-P7	$16,402
2002-P8	$17,049
2002-P9	$12,911
2002-P10	$13,704

Figura 284 PeriodYear en Filas, [Sales per Day in Period] en Valores

Resultados Deseados

En el contexto de este pivote, esto es con lo que queremos terminar:

PeriodYear	Sales per Day in Period	Prior Period Sales per Day
2001-P7	$15,224	#NUM!
2001-P8	$16,034	$15,224
2001-P9	$15,500	$16,034
2001-P10	$17,196	$15,500
2001-P11	$18,448	$17,196
2001-P12	$22,970	$18,448
2002-P1	$19,746	$22,970
2002-P2	$19,088	$19,746
2002-P3	$21,059	$19,088
2002-P4	$20,788	$21,059
2002-P5	$24,561	$20,788
2002-P6	$21,141	$24,561
2002-P7	$16,402	$21,141
2002-P8	$17,049	$16,402

Figura 285 Esto es lo que queremos: una medida que devuelve el valor de [Sales per Day in Period] para el período inmediatamente antes. (#NUM tiene sentido por ahora, ya que era nuestro primer período de la historia).

Revelando la Fórmula Primero, luego Explicándola

Vamos a tomar el tema de "trabajo hacia atrás" un paso más allá y simplemente revelar la fórmula para la primera medida:

```
[Prior Period Sales per Day] =

IF(HASONEVALUE(Periods[PeriodID]),
    CALCULATE([Sales per Day in Period],
            ALL(Periods),
            FILTER(ALL(Periods),
                    Periods[PeriodID]=
                        VALUES(Periods[PeriodID])-1
                    )
            ),
    BLANK()
)
```

La Fórmula más Importante en el Mundo

Ignora la prueba HASONEVALUE() por un momento y enfoquémonos en la "carne" de la fórmula:

```
CALCULATE([Sales per Day in Period],
        ALL(Periods),
        FILTER(ALL(Periods),
                Periods[PeriodID]=
                    VALUES(Periods[PeriodID])-1
                )
        )
```

En mi blog, sólo medio en broma refiero a esto como la fórmula más importante en el mundo, o LFMIEEM. Es, *por mucho*, el patrón #1 que necesitas saber cuando se trata de calendarios personalizados

A medida que te se sientas cómodo con LFMIEEM, algunos de ustedes prefieren tratarlo como sólo eso, un modelo que se puede adaptar a sus necesidades. No es estrictamente necesario que entiendas a fondo por qué funciona, al menos no inmediatamente. (Ciertamente he copiado algunas fórmulas y macros de Excel normales de la web en mi día que yo no acababa de entender en el momento, no hay vergüenza en ello ¿no?)

Así que por un momento vamos a reducirlo al propio patrón:

> **El Patrón LFMIEEM** – ¡adaptar y reutilizar este para todas tus necesidades de calendario personalizado!
>
> ```
> CALCULATE(<medida                              base>,
>         ALL(<tabla personalizada de periodos>),
>     FILTER(ALL(<tabla personalizada de periodos>),
>             <prueba de fila con navegación aritmética>
>                 )
>         )
> ```

¿Lo tienes? Ahora, para explicar cómo funciona, a partir de un nivel alto y luego obtener progresivamente más detalles.

"Borrar los filtros y luego re-filtra" – Otro nombre para LFMIEEM

A un alto nivel, aquí está la manera de entender LFMIEEM: **borra todo el contexto de tiempo del filtro existente relacionado, después se filtra de nuevo a un nuevo contexto de filtro. Ese nuevo contexto filtro es el que tu controlas, por lo general el uso de las matemáticas que se desplaza hacia atrás en la tabla de**

calendario personalizado. Por esta razón, también se puede pensar en LFMIEEM como "Borrar filtros, y luego re-filtro."

Otra manera de decirlo: en primer lugar borra todo el contexto de filtro de tiempo, produciendo una "pizarra en blanco". Una vez hecho esto, se puede reconstruir un nuevo contexto de filtro de marca, desde el principio, sin tener que preocuparse acerca de la interferencia del contexto filtro original.

Con ese entendimiento, no es difícil de "analizar" LFMIEEM en sus componentes:

- **ALL(<tabla de períodos personalizada>)** – este primer ALL(), el que está afuera de FILTER(),es la primera parte de la fase de "Borrado". (No chocante dado que ALL() tiene que ver con la limpieza del contexto de filtro contexto, ¿verdad?)

- **FILTER(ALL(<tabla de períodos personalizada>)...** - el segundo ALL(), el que está dentro de FILTER(), *también* contribuye a la fase de "Borrado". (por qué tenemos que "limpiar" dos veces se explica en la siguiente sección)

- **FILTER(** ... <"prueba de fila con navegación aritmética>) – esta es la fase de "re-filtrado", la parte donde se genera un nuevo contexto del contexto de filtro desde cero, usando cualquier lógica necesaria.

Para llegar al siguiente nivel de detalle, tenemos que volver a la función FILTER(), y formamos un conocimiento un poco más profundo de lo que hicimos antes.

FILTER() – las entradas y salidas

Cuando introduje por primera vez FILTER(), expliqué como "Utilizar esta función cuando es necesario utilizar una expresión en el lado derecho de un CALCULATE() argumento <filter>" En pocas palabras, esto sigue siendo cierto - que es una forma justa para describir cuándo usarlo.

Pero eso no capturar todas las diferencias entre la función FILTER() y los argumentos "en bruto" <filter> para CALCULATE(). Hay varios puntos clave para entender acerca de la función FILTER() antes de que podamos entender verdaderamente LFMIEEM. Vayamos uno por uno.

Primera característica clave de FILTER() - siempre *substrae* del contexto de filtro, nunca lo anula

Vamos camino de regreso a la discusión original de CALCULATE(). ¿Recuerdas este primer ejemplo?

```
[2002 Sales] =

CALCULATE([Total Sales], Sales[Year]=2002)
```

Year	Total Sales	2002 Sales
2001	$3,266,374	$6,530,344
2002	$6,530,344	$6,530,344
2003	$9,791,060	$6,530,344
2004	$9,770,900	$6,530,344
Grand Total	$29,358,677	$6,530,344

Figura 286 Conducta normal de CALCULATE() <filter> es un override o anulación: obtenemos las ventas del 2002 inclusive para el 2001

Intentemos hacer lo mismo pero con FILTER():

```
[2002 Sales] =

CALCULATE([Total Sales], FILTER(Sales, Sales[Year]=2002))
```

Row Labels	Total Sales	2002 Sales	2002 Sales via FILTER
2001	$3,266,374	$6,530,344	
2002	$6,530,344	$6,530,344	$6,530,344
2003	$9,791,060	$6,530,344	
2004	$9,770,900	$6,530,344	
Grand Total	$29,358,677	$6,530,344	$6,530,344

Figura 287 FILTER() nos da espacios en blanco para años distintos de 2002, porque FILTER() siempre substrae del contexto de filtro en lugar de reemplazarlo

Nota que el uso de FILTER() en este ejemplo, viola dos reglas de uso de FILTER(): una es no consumir FILTER() cuando un simple <filter> lo hará. La otra es utilizar sólo FILTER() en contra de las tablas de búsqueda. Este ejemplo sólo se proporciona para llevar a casa la diferencia particular, FILTER() substrae del contexto de filtro.

Ahora vamos a ir un paso más allá, y añadir un <filter> crudo adicional para CALCULATE() que establece el año=2003:

```
[2002 FILTER with 2003 raw filter] =

CALCULATE([Total Sales],
          FILTER(Sales, Sales[Year]=2002),
          Sales[Year]=2003
          )
```

Y los resultados:

Row Labels ▼	Total Sales	2002 Sales	2002 Sales via FILTER	2002 FILTER with 2003 raw filter
2001	$3,266,374	$6,530,344		
2002	$6,530,344	$6,530,344	$6,530,344	
2003	$9,791,060	$6,530,344		
2004	$9,770,900	$6,530,344		
Grand Total	$29,358,677	$6,530,344	$6,530,344	

Figura 288 FILTER() substrae siempre desde el resto del contexto de filtro, y no importa de donde el resto del contexto filtro proviene - puede provenir desde el pivote original o de otros argumentos para CALCULATE() y FILTER() sólo sigue sustrayendo de ella. Es como un agujero negro.

En la siguiente ilustración, el lado izquierdo representa el contexto de filtro aplicado a una tabla de origen según lo determinado por el contexto filtro original del pivote, además de todos los otros argumentos <filter> para CALCULATE(). (Donde "otro" significa "todos los argumentos <filter> distintos del FILTER que actualmente estamos viendo - técnicamente los otros argumentos podrían ser también FILTER).

Y luego el lado derecho representa el resultado de FILTER() donde nos estamos enfocando. (No haga caso de los números, no son más que datos aleatorios - se centran en las filas).

Resultados del Contexto de Filtro Original y todos los otros argumentos de CALCULATE()   **Resultados de FILTER()**

Figura 289 Tabla de misma fuente (como ventas o períodos) - Contexto de filtro original de la izquierda, los resultados de FILTER() a la derecha. Cada uno "dice" que un conjunto diferente de filas debe estar activo. Cuando CALCULATE mueve a la fase de cálculo, ¿qué filas permanecerán activas?

Como FILTER() substrae del contexto de filtro en lugar de reemplazarlo, sólo las filas que quedan activas tanto por el contexto original y el FILTER() van a "sobrevivir" y permanecerán activas:

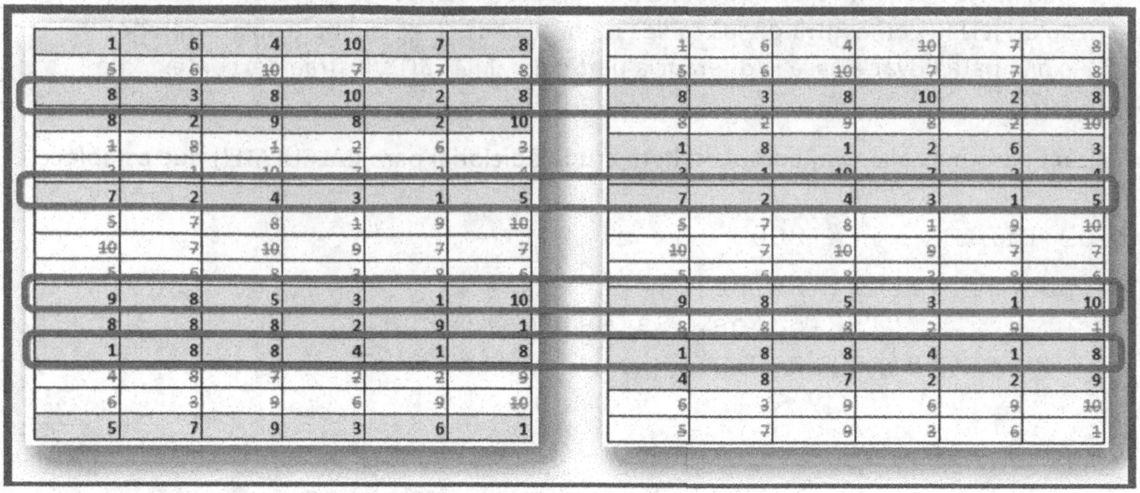

Resultados del Contexto de Filtro Original y todos los otros argumentos de CALCULATE()

Resultados de FILTER()

Figura 290 Sólo las cuatro filas circulados estaban activos en el contexto de filtro original y en el conjunto de resultados de FILTER(), por lo que sólo los cuatro se mantendrán activos "cuando pase la tormenta"

Así que este es el contexto final del filtro:

~~1~~	~~6~~	~~4~~	~~10~~	~~7~~	~~8~~
~~5~~	~~6~~	~~10~~	~~7~~	~~7~~	~~8~~
8	3	8	10	2	8
~~8~~	~~2~~	~~9~~	~~8~~	~~2~~	~~10~~
~~1~~	~~8~~	~~1~~	~~2~~	~~6~~	~~3~~
~~3~~	~~1~~	~~10~~	~~7~~	~~2~~	~~4~~
7	2	4	3	1	5
~~5~~	~~7~~	~~8~~	~~1~~	~~9~~	~~10~~
~~10~~	~~7~~	~~10~~	~~9~~	~~7~~	~~7~~
~~5~~	~~6~~	~~8~~	~~3~~	~~8~~	~~6~~
9	8	5	3	1	10
~~8~~	~~8~~	~~8~~	~~2~~	~~9~~	~~1~~
1	8	8	4	1	8
~~4~~	~~8~~	~~7~~	~~2~~	~~2~~	~~9~~
~~6~~	~~3~~	~~9~~	~~6~~	~~9~~	~~10~~
~~5~~	~~7~~	~~9~~	~~3~~	~~6~~	~~1~~

Contexto de Filtro Final

Figura 291 Limpia vista del contexto final del filtro en el ejemplo anterior

Esto explica por qué necesitamos de ALL() *fuera* del FILTER() en LFMIEEM

OK, así FILTER() siempre substrae del contexto de filtro. Otra forma de decir es que "FILTER() NUNCA puede agregar de nuevo al contexto de filtro algo que fue removido por otra cosa."

Así que esto explica por qué LFMIEEM comienza con la fase de "Borrar filtros" - si comenzamos con un contexto de filtro de "período 1 de 2003" y vamos hacia atrás para "Período 12 de 2002" en nuestro FILTER(), hemos de terminar con nada en nuestro contexto de filtro resultante.

```
CALCULATE(ALL(<tabla de períodos personalizada>),…)
```

Así que el primer ALL() en LFMIEEM comienza con un borrón y cuenta nueva, por lo que todo lo que nuestro FILTER() dice puede llegar a ser "la última palabra" en el contexto de filtro.

Segunda característica clave de FILTER(): Su argumento <table> respeta el contexto filtro existente de la tabla dinámica

¡FILTER() no se inicia con una tabla sin filtro! En su lugar, comienza con lo que el *pivote* dice en términos de contexto de filtro, al menos por omisión, e ignora todos los demás argumentos para CALCULATE().

Volvamos a la definición de la función:

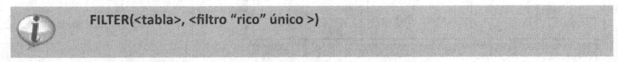

FILTER(<tabla>, <filtro "rico" único >)

Si proporcionas un nombre de tabla para el primer argumento, FILTER() comenzará con cualquier contexto de filtro especificado por el pivote - nada más y nada menos!

Demos un paso a través de un ejemplo para ver lo que quiero decir. Imagina por un momento que se hubiera utilizado la fórmula siguiente en su lugar:

```
CALCULATE([Sales per Day in Period],
          ALL(Periods),
          FILTER(Periods,
                 Periods[PeriodID]=
                  VALUES(Periods[PeriodID])-1
                 )
          )
```

La única diferencia con respecto a la fórmula original es que me quita el ALL() alrededor de los períodos en el primer argumento de i FILTER().

Ahora, con esa fórmula en mente, considera la siguiente tabla dinámica y el contexto de filtro de la celda de medida resaltada:

PeriodYear ▼	Sales per Day in Period	Prior Period Sales per Day
2001-P7	$15,224	#NUM!
2001-P8	$16,034	$15,224
2001-P9	$15,500	$16,034
2001-P10	$17,196	$15,500
2001-P11	$18,448	$17,196
2001-P12	$22,970	$18,448
2002-P1	$19,746	$22,970

Figura 292 Vamos a centrarnos en la celda de medida resaltada y pasemos a través de un ejemplo

En esa celda, el pivote está diciendo PeriodYear = "2002-P1." Así que esto es lo que la tabla Periodos parece de acuerdo con el pivote:

PeriodID	Year	PeriodOfYear	YearPeriod
~~1~~	~~2001~~	~~7~~	~~2001-P7~~
~~2~~	~~2001~~	~~8~~	~~2001-P8~~
~~3~~	~~2001~~	~~9~~	~~2001-P9~~
~~4~~	~~2001~~	~~10~~	~~2001-P10~~
~~5~~	~~2001~~	~~11~~	~~2001-P11~~
~~6~~	~~2001~~	~~12~~	~~2001-P12~~
7	2002	1	2002-P1
~~8~~	~~2002~~	~~2~~	~~2002-P2~~
~~9~~	~~2002~~	~~3~~	~~2002-P3~~
~~10~~	~~2002~~	~~4~~	~~2002-P4~~
~~11~~	~~2002~~	~~5~~	~~2002-P5~~
~~12~~	~~2002~~	~~6~~	~~2002-P6~~

Figura 293 Esta es la "opinión" de la tabla dinámica del contexto de filtro de tabla Períodos

Si tenemos un ALL (períodos) para el primer argumento para CALCULATE(), esto significa que este es el contexto "combinado" de filtro del pivote más los argumentos de no-FILTER() para CALCULATE():

PeriodID	Year	PeriodOfYear	YearPeriod
1	2001	7	2001-P7
2	2001	8	2001-P8
3	2001	9	2001-P9
4	2001	10	2001-P10
5	2001	11	2001-P11
6	2001	12	2001-P12
7	2002	1	2002-P1
8	2002	2	2002-P2
9	2002	3	2002-P3
10	2002	4	2002-P4
11	2002	5	2002-P5
12	2002	6	2002-P6

Figura 294 Contexto de filtro de una tabla pivote más el argumento de ALL (períodos) Establece todas las filas activas

PERO si utilizamos FILTER (Períodos, ...) como nuestro FILTER(), FILTER() comenzará con el contexto de filtro de la tabla original de pivote - ¡Que ignora todos los demás argumentos <filter> para CALCULATE()!

PeriodID	Year	PeriodOfYear	YearPeriod
1	2001	7	2001-P7
2	2001	8	2001-P8
3	2001	9	2001-P9
4	2001	10	2001-P10
5	2001	11	2001-P11
6	2001	12	2001-P12
7	2002	1	2002-P1
8	2002	2	2002-P2
9	2002	3	2002-P3
10	2002	4	2002-P4
11	2002	5	2002-P5
12	2002	6	2002-P6

Figura 295 ¡FILTER() ignora todos los otros argumentos <filter> para CALCULATE() y comienza a partir de la "opinión" original de la tabla dinámica del contexto de filtro!

Ahora bien, de las filas activas (sólo una fila), cuáles cumplen con los requisitos de [PeriodID] = 6, ¿Qué es lo que la prueba aritmética se reduce a? ¡Ninguno de ellos lo hace! Así que este es el resultado del FILTER():

PeriodID	Year	PeriodOfYear	YearPeriod
1	2001	7	2001-P7
2	2001	8	2001-P8
3	2001	9	2001-P9
4	2001	10	2001-P10
5	2001	11	2001-P11
6	2001	12	2001-P12
7	2002	1	2002-P1
8	2002	2	2002-P2
9	2002	3	2002-P3
10	2002	4	2002-P4
11	2002	5	2002-P5
12	2002	6	2002-P6

Figura 296 Resultados del FILTER() - No hay filas activas

OK, así que eso significa que tenemos el contexto original del pivote más el ALL() param <filter> que resulta en todas las filas activas, y el FILTER() resulta en ninguna fila activa:

PeriodID	Year	PeriodOfYear	YearPeriod
1	2001	7	2001-P7
2	2001	8	2001-P8
3	2001	9	2001-P9
4	2001	10	2001-P10
5	2001	11	2001-P11
6	2001	12	2001-P12
7	2002	1	2002-P1
8	2002	2	2002-P2
9	2002	3	2002-P3
10	2002	4	2002-P4
11	2002	5	2002-P5
12	2002	6	2002-P6

PeriodID	Year	PeriodOfYear	YearPeriod
1	2001	7	2001-P7
2	2001	8	2001-P8
3	2001	9	2001-P9
4	2001	10	2001-P10
5	2001	11	2001-P11
6	2001	12	2001-P12
7	2002	1	2002-P1
8	2002	2	2002-P2
9	2002	3	2002-P3
10	2002	4	2002-P4
11	2002	5	2002-P5
12	2002	6	2002-P6

Pivote más el parámetro ALL() como filtro

Resultados de la Función FILTER()

Figura 297 Cuando estas dos "opiniones" de contexto de filtro quedan fusionadas...

PeriodID	Year	PeriodOfYear	YearPeriod
1	2001	7	2001-P7
2	2001	8	2001-P8
3	2001	9	2001-P9
4	2001	10	2001-P10
5	2001	11	2001-P11
6	2001	12	2001-P12
7	2002	1	2002-P1
8	2002	2	2002-P2
9	2002	3	2002-P3
10	2002	4	2002-P4
11	2002	5	2002-P5
12	2002	6	2002-P6

Contexto de Filtro Final

Figura 298 El contexto de filtro resultante es NO hay filas activas, que no es lo que nos proponemos con LFMIEEM

Eso explica por qué necesitamos el ALL() *dentro* del FILTER()

Volviendo al modelo LFMIEEM, aplicamos un ALL() a la tabla de períodos fuera de la función FILTER() y dentro de la función FILTER():

```
CALCULATE(<medida                                                    base>,
          ALL(<tabla personalizada de periodos>),
     FILTER(ALL(<tabla personalizada de periodos>),
          <prueba de fila con navegación aritmética>
                                                     )
          )
```

Ya vimos que el ALL() de "afuera", el proporcionado como argumento <filter> primario, está allí debido a la primera característica clave de FILTER(), que es que siempre sustrae contexto de filtro.

Pero ahora también podemos entender por qué hay un ALL() dentro de FILTER() también - ¡Queremos FILTER() en sí para empezar desde cero!

OK, vamos a repasar de nuevo, esta vez con ambos ALL() en su lugar:

1. **El contexto de filtro pivote inicial:**

PeriodID	Year	PeriodOfYear	YearPeriod
1	2001	7	2001-P7
2	2001	8	2001-P8
3	2001	9	2001-P9
4	2001	10	2001-P10
5	2001	11	2001-P11
6	2001	12	2001-P12
7	2002	1	2002-P1
8	2002	2	2002-P2
9	2002	3	2002-P3
10	2002	4	2002-P4
11	2002	5	2002-P5
12	2002	6	2002-P6

Figura 299 Contexto de filtro original del pivote

2. **El punto de inicio para FILTER(), después de que el ALL de "adentro" es aplicado:**

PeriodID	Year	PeriodOfYear	YearPeriod
1	2001	7	2001-P7
2	2001	8	2001-P8
3	2001	9	2001-P9
4	2001	10	2001-P10
5	2001	11	2001-P11
6	2001	12	2001-P12
7	2002	1	2002-P1
8	2002	2	2002-P2
9	2002	3	2002-P3
10	2002	4	2002-P4
11	2002	5	2002-P5
12	2002	6	2002-P6

Figura 300 FILTRO (ALL (Periodos) ...) el punto de partida - después que en su interior ALL() se aplica al contexto del filtro de acuerdo al pivote inicial

3. **El resultado de FILTER(), luego de hacer la parte aritmética tenemos PeriodID=6:**

PeriodID	Year	PeriodOfYear	YearPeriod
1	2001	7	2001-P7
2	2001	8	2001-P8
3	2001	9	2001-P9
4	2001	10	2001-P10
5	2001	11	2001-P11
6	2001	12	2001-P12
7	2002	1	2002-P1
8	2002	2	2002-P2
9	2002	3	2002-P3
10	2002	4	2002-P4
11	2002	5	2002-P5
12	2002	6	2002-P6

Figura 301 Resultados de la función FILTER() – una fila activa

4. **Ahora vamos a ver lo que el resto de los argumentos CALCULATE() \<filter\> producen:**

PeriodID	Year	PeriodOfYear	YearPeriod
1	2001	7	2001-P7
2	2001	8	2001-P8
3	2001	9	2001-P9
4	2001	10	2001-P10
5	2001	11	2001-P11
6	2001	12	2001-P12
7	2002	1	2002-P1
8	2002	2	2002-P2
9	2002	3	2002-P3
10	2002	4	2002-P4
11	2002	5	2002-P5
12	2002	6	2002-P6

Figura 302 Una vez aplicada el ALL "afuera" , todas las filas están activas

5. Por último, vemos cuales filas se quedan activas después de que la "opinión" de FILTER() ' se combina con el resto de los argumentos \<filter\>:

PeriodID	Year	PeriodOfYear	YearPeriod
1	2001	7	2001-P7
2	2001	8	2001-P8
3	2001	9	2001-P9
4	2001	10	2001-P10
5	2001	11	2001-P11
6	**2001**	**12**	**2001-P12**
7	2002	1	2002-P1
8	2002	2	2002-P2
9	2002	3	2002-P3
10	2002	4	2002-P4
11	2002	5	2002-P5
12	2002	6	2002-P6

Figura 303 La única fila que "sobrevivió" el contexto pivote del filtro más los otros argumentos \<filter\> (fuera ALL) y el FILTER() , era ésta. Que es lo que queremos.

 Nótese que el orden de los argumentos para CALCULATE() no importa en absoluto. Si tuviéramos FILTER() como el primer \<filter\>, y el ALL() de "afuera" como el segundo, los resultados serían los mismos.

Resumiendo: Características de FILTER() son la razón por las que necesitamos dos ALL() en LFMIEEM

- **FILTER() da como resultado un conjunto de filas "activas", y una fila sólo se mantendrá activa "cuando pase la tormenta"** si era activo según FILTER() y activo de acuerdo con el contexto del filtro pivote (después que los otros argumentos \<filter\> se apliquen a la misma)

- **Se necesita el ALL() "afuera" porque FILTER()** sólo puede sustraer del contexto del filtro.

- **Argumento <table> de FILTER() comienza solamente a prestar atención al contexto del filtro del pivote,** e ignora todos los demás argumentos <filter> para CALCULATE, por lo que el ALL() de "afuera" no tiene ninguna repercusión en el FILTER() en sí

- **Esto último es por lo que también se requiere el ALL() "interior",** para que FILTER() pueda comenzar desde cero realmente limpio.

La Navegación Aritmética

Con todo esto entendido, las operaciones aritméticas de navegación realmente es la parte sencilla.

Echemos un vistazo a todo el FILTER() que he usado en mi medida LFMIEEM [Prior Period Sales per Day]:

```
FILTER(ALL(Periods),
       Periods[PeriodID]=
       VALUES(Periods[PeriodID])-1
     )
```

La parte del patrón LFMIEEM que yo llamo "Navegación Aritmética" es el segundo argumento:

```
Periods[PeriodID]=VALUES(Periods[PeriodID])-1
```

¿Cómo funciona eso?

Al principio, parece un poco extraño: ¿cómo puede haber una fila en la que es igual a en sí PeriodID menos uno? La respuesta se encuentra en otro detalle importante de la función FILTER().

El segundo argumento de FILTER() respeta el contexto de filtro *original* de la tabla dinámica o pivote

Así es - a pesar de ese ALL() "interior" fuerza al FILTER() para ver todas las filas de Periodos, cuando está inspeccionando una fila a través de la prueba de filtro en el segundo argumento, el contexto filtro original del pivote sigue siendo válido. No se preocupa por los demás argumentos <filter> para CALCULATE(), y no se preocupa por el primer argumento de FILTER() tampoco. Así VALUES() funciona, pero también lo podría MIN() y MAX().

Y puesto que, en la fórmula de la medida completa, la "guardia" de LFMIEEM estaba "protegida" por una prueba HASONEVALUE(), VALUES(Periodos [PeriodID]) en esta fórmula *siempre* devuelve un valor único para PeriodID. (Si no, restando 1 de ella produciría un error).

Bastante ingenioso.

 Restando 1 del PeriodID en este caso, produce el período anterior, porque mis Periodos tienen valores PeriodID consecutivos.

En la tabla de Periodos, siempre necesitas una columna PeriodID numérica o equivalente

Dado nuestra navegación siempre se reduce a una cierta clase de matemáticas, es absolutamente necesario una columna PeriodID - una que:

- Contiene un número único para cada fila

- Aumenta en la medida que pasa el tiempo

- Tiene números consecutivos para períodos que son consecutivos en el tiempo

Bastante simple - si no tienes una columna donde puedas realizar operaciones aritméticas sensibles, no vas a poder navegar.

Más medidas LFMIEEM– YOY, YTD, y "Multi-granularidad"

Vamos a hacer algunas medidas de calendario más personalizadas.

YOY (Year over Year) Medida de Calendario Personalizado

Éste se parece mucho al primer ejemplo LFMIEEM, y sólo se diferencia en términos de las operaciones aritméticas de navegación.

```
[YOY Period Sales] =

IF(HASONEVALUE(Periods[PeriodID]),
    CALCULATE([Sales in Period],
            ALL(Periods),
            FILTER(ALL(Periods),
                    Periods[PeriodID]=
                    VALUES(Periods[PeriodID])-12
                    )
            ),
    BLANK()
    )
```

Realmente lo único que cambió es que estamos restando 12 en lugar de 1.

Veamos los resultados:

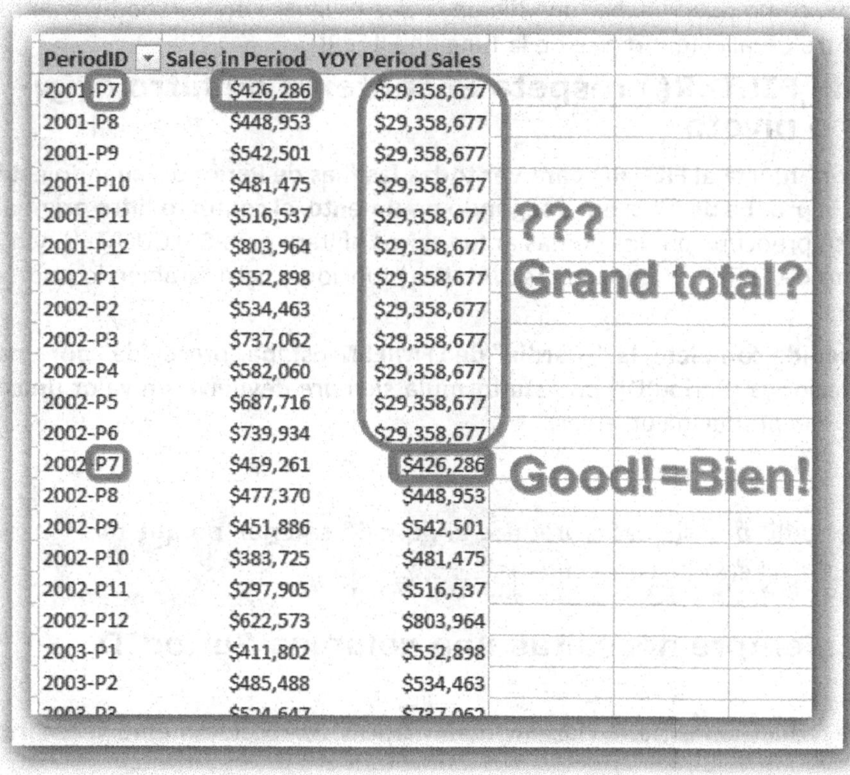

Figura 304 [YOY Period Sales] – el $426,286 es genial, pero definitivamente no esperaba que el total sea devuelto durante los primeros 11 períodos - Esperaba que esta información estuviera en blanco.

Corrigiendo ese extraño problema con el gran total para las celdas que "deberían ser blank o vacías"

¿Por qué sucede esto? No, en serio, ¿Por qué diablos está pasando esto?, por favor dime :-)

Estoy bromeando - Yo sé por qué. Pero no me gusta. Amigos, yo personalmente creo que es un error de diseño en el motor de DAX. No es un error tipo "alerta roja", porque se puede corregir fácilmente con un cambio de fórmula, pero es uno que me gustaría que no tengamos que solucionar. Nótese que otros profesionales en DAX están divididos sobre este tema controversial.

Aquí está el punto crucial del problema: DATESBETWEEN (Calendar [Fecha], BLANK() , BLANK()) devuelve todas las fechas del tabla calendario, ¡en lugar de sin fechas!

En el contexto de filtro para las celdas de medida que regresan el número $ 29M, terminamos sin filas activas en nuestra tabla de Periodos. ¿Por qué? Echa un vistazo a lo que los valores (Periodos [PeriodID]) -12 regresa como una medida:

PeriodID	Sales in Period	YOY Period Sales	VALUES - 12
2001-P7	$426,286	$29,358,677	-11
2001-P8	$448,953	$29,358,677	-10
2001-P9	$542,501	$29,358,677	-9
2001-P10	$481,475	$29,358,677	-8
2001-P11	$516,537	$29,358,677	-7
2001-P12	$803,964	$29,358,677	-6
2002-P1	$552,898	$29,358,677	-5
2002-P2	$534,463	$29,358,677	-4
2002-P3	$737,062	$29,358,677	-3
2002-P4	$582,060	$29,358,677	-2
2002-P5	$687,716	$29,358,677	-1
2002-P6	$739,934	$29,358,677	0
2002-P7	$459,261	$426,286	1
2002-P8	$477,370	$448,953	2
2002-P9	$451,886	$542,501	3
2002-P10	$383,725	$481,475	4

Figura 305 NO hay filas en la tabla Periodos con PeriodID =0. O -1, -2, etc. Por lo que las celdas $29M NO tienen filas activas en la Tabla Periodos.

Y cuando no hay filas de Periodos "activas" en nuestro contexto de filtro, nuestras medidas de [PeriodStartDate] y [PeriodEndDate] devuelven espacios en blanco, porque estas son solamente medidas FIRST-Date() / LASTDATE() contra la tabla de Periodo

Y es por eso estamos viendo el gran total (el número 29 millones de dólares para [YOYSalesinPeriod] - porque el FILTER() en nuestro LFMIEEM no devuelve ninguna fila en la tabla Periodos para esas celdas, que conducen a espacios en blanco para las medidas de inicio / fin, y luego DATESBETWEEN() interpreta eso como "seleccionar todo".

La solución es volver a nuestro medida original [Sales in Period] y sustituir FILTER() por DATESBETWEEN() .

Medida Original:

```
[Sales in Period] =

CALCULATE([Total Sales],

                DATESBETWEEN(Calendar[Date],
                             [PeriodStartDate],
                             [PeriodEndDate]
                             )

                )
```

Nueva versión que utiliza FILTER():

```
[Sales in Period] =

CALCULATE([Total Sales],

                FILTER(Calendar,
                        Calendar[Date]>=[PeriodStartDate]
      &&
                        Calendar[Date]<=[PeriodSEndDate]
                        )

                )
```

Y todo está correcto en el mundo:

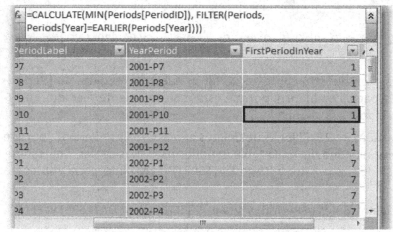

PeriodID	Sales in Period	YOY Period Sales
2001-P7	$426,286	
2001-P8	$448,953	
2001-P9	$542,501	
2001-P10	$481,475	
2001-P11	$516,537	
2001-P12	$803,964	
2002-P1	$552,898	
2002-P2	$534,463	
2002-P3	$737,062	
2002-P4	$582,060	
2002-P5	$687,716	
2002-P6	$739,934	
2002-P7	$459,261	$426,286
2002-P8	$477,370	$448,953
2002-P9	$451,886	$542,501
2002-P10	$383,725	$481,475
2002-P11	$297,905	$516,537
2002-P12	$622,573	$803,964
2003-P1	$411,802	$552,898

Figura 306 Ah, mucho mejor.

Medida de Year to Date (YTD) con Calendario Personalizado

Vayamos directo a ello. En primer lugar, puedo agregar una nueva columna a tabla de Periodos:

```
fx =CALCULATE(MIN(Periods[PeriodID]), FILTER(Periods,
   Periods[Year]=EARLIER(Periods[Year])))
```

PeriodLabel	YearPeriod	FirstPeriodInYear
P7	2001-P7	1
P8	2001-P8	1
P9	2001-P9	1
P10	2001-P10	1
P11	2001-P11	1
P12	2001-P12	1
P1	2002-P1	7
P2	2002-P2	7
P3	2002-P3	7
P4	2002-P4	7

Figura 307 Voy a explicar esta fórmula de la columna calculada en el capítulo sobre las columnas calculadas avanzadas. Por ahora, sólo enfocamos en la forma en que se utiliza en la medida.

 Una vez más, si tienes una base de datos como origen de datos, y la habilidad (o ayuda) para manipularlo, este es el tipo de columna que recomiendo ser implementada en la base de datos en lugar de en una columna DAX.

Y ahora, la medida:

```
[YTD Period Sales] =
CALCULATE([Sales in Period],
        ALL(Periods),
        FILTER(ALL(Periods),
            Periods[PeriodID]<=MAX(Periods[PeriodID])
&&
            Periods[PeriodID]>=MAX(Periods[FirstPeri-
    odInYear])
            )
        )
```

Y los resultados:

PeriodID	Sales in Period	YOY Period Sales	YTD Period Sales
⊟ 2001	$3,219,717		$3,219,717
2001-P7	$426,286		$426,286
2001-P8	$448,953		$875,239
2001-P9	$542,501		$1,417,740
2001-P10	$481,475		$1,899,215
2001-P11	$516,537		$2,415,752
2001-P12	$803,964		$3,219,717
⊟ 2002	$6,526,854		$6,526,854
2002-P1	$552,898		$552,898
2002-P2	$534,463		$1,087,361
2002-P3	$737,062		$1,824,424
2002-P4	$582,060		$2,406,483
2002-P5	$687,716		$3,094,199
2002-P6	$739,934		$3,834,133
2002-P7	$459,261	$426,286	$4,293,395
2002-P8	$477,370	$448,953	$4,770,765
2002-P9	$451,886	$542,501	$5,222,651
2002-P10	$383,725	$481,475	$5,606,376
2002-P11	$297,905	$516,537	$5,904,281
2002-P12	$622,573	$803,964	$6,526,854
⊟ 2003	$9,614,218		$9,614,218
2003-P1	$411,802	$552,898	$411,802

Figura 308 La medida YTD Period Sales con calendario personalizado – Buena cosa.

Arreglando YOY para también Trabajar al Nivel de Totales

Tenemos tres medidas sobre el pivote ahora. Observa que dos de ellos trabajan en el nivel de totales, y el otro no:

PeriodID	Sales in Period	YOY Period Sales	YTD Period Sales
⊟ 2001	$3,219,717		$3,219,717
2001-P7	$426,286		$426,286
2001-P8	$448,953		$875,239
2001-P9	$542,501	???	$1,417,740
2001-P10	$481,475		$1,899,215
2001-P11	$516,537	↓	$2,415,752
2001-P12	$803,964		$3,219,717
⊟ 2002	$6,526,854		$6,526,854
2002-P1	$552,898		$552,898
2002-P2	$534,463		$1,087,361
2002-P3	$737,062		$1,824,424

Figura 309 ¿Podemos hacer [YOY Period Sales] trabajar a nivel de los totales?

Hay dos razones por las que [Period YOY Sales] no funciona en el nivel de los totales.

1. **En primer lugar, por supuesto, es que tenemos un IF (HASONEVALUE()) de prueba en la medida,** y devolver BLANK() para los totales.

2. **Más importante, sin embargo, tenemos un VALUES (Períodos [PeriodID]) -12 en la fórmula,** que francamente falla en el contexto de una celda total.

Así que con el fin de eliminar la "guardia" de HASONEVALUE(), tenemos que arreglar esa parte de VALUES() -12.

La mejor manera de hacerlo es restar 12 desde el comienzo del período de tiempo actual y 12 desde el final de la misma. Entonces restamos 12 del MIN() y 12 del MAX() del PeriodID, y seleccionamos sólo períodos comprendidos entre ese rango.

En el caso de un solo periodo, el principio y el final son el mismo PeriodID, por lo que nada cambia realmente allí. Sólo cuando se seleccionan varios períodos, como es el caso en un total de celdas, tiene este cambio en la fórmula alguna diferencia.

```
[YOY Period Sales] =
  CALCULATE([Sales in Period],
            ALL(Periods),
            FILTER(ALL(Periods),
                   Periods[PeriodID]>=MIN(Periods[Perio-
dID])-12 &&
                   Periods[PeriodID]<=MAX(Periods[Perio-
dID])-12
                  )
           )
```

Esto también nos permite eliminar la guardia de HASONEVALUE().

Resultados:

Year - Qtr - Period	Sales in Period	YOY Period Sales	YTD Period Sales
⊟ 2001	$3,219,717		$3,219,717
⊟ Q3	$1,417,740		$1,417,740
2001-P7	$426,286		$426,286
2001-P8	$448,953		$875,239
2001-P9	$542,501		$1,417,740
⊟ Q4	$1,801,977		$3,219,717
2001-P10	$481,475		$1,899,215
2001-P11	$516,537		$2,415,752
2001-P12	$803,964		$3,219,717
⊟ 2002	$6,526,854	$3,219,717	$6,526,854
⊞ Q1	$1,824,424		$1,824,424
⊞ Q2	$2,009,710		$3,834,133
⊟ Q3	$1,388,518	$1,417,740	$5,222,651
2002-P7	$459,261	$426,286	$4,293,395
2002-P8	$477,370	$448,953	$4,770,765
2002-P9	$451,886	$542,501	$5,222,651
⊟ Q4	$1,304,203	$1,801,977	$6,526,854
2002-P10	$383,725	$481,475	$5,606,376

Figura 310 ¡Interanual ahora trabaja en los totales, también - Año y Trimestre!

Puedo ahora también copiar / pegar la fórmula anterior y cambiar la medida de base para crear una versión interanual de [Ventas por día en el periodo]:

Year - Qtr - Period	Sales per Day in Period	YOY Period Sales per Day
2001	$17,691	
Q3	$15,580	
2001-P7	$15,224	
2001-P8	$16,034	
2001-P9	$15,500	
Q4	$19,802	
2001-P10	$17,196	
2001-P11	$18,448	
2001-P12	$22,970	
2002	$17,931	$17,691
Q1	$20,049	
Q2	$22,085	
Q3	$15,258	$15,580
2002-P7	$16,402	$15,224
2002-P8	$17,049	$16,034
2002-P9	$12,911	$15,500
Q4	$14,332	$19,802
2002-P10	$13,704	$17,196

Figura 311 Las ventas por día, versión de la medida interanual, más útil para comparaciones tipo "manzanas con manzanas"

Arreglando Periodos anteriores para trabajar en Totales también

Esto es más complicado que año con año - si la celda actual total es un Trimestre, tenemos que cambiar de nuevo 3 períodos. Pero si la celda actual total es de un año, tenemos que cambiar de nuevo 12.

```
[Prior Period Sales per Day] =

CALCULATE([Sales per Day in Period],
        ALL(Periods),
        FILTER(ALL(Periods),
                Periods[PeriodID]>=MIN(Periods[PeriodID])
                        - COUNTROWS(Periods)
                &&
                Periods[PeriodID]<=MAX(Periods[PeriodID])
                        - COUNTROWS(Periods)
                )
        )
```

Así que en lugar de sustraer un número fijo como en el año con año, restamos COUNTROWS (de Periodos), que es el número de períodos seleccionados - el "tamaño" de la selección de tiempo actual, en otras palabras.

Resultados:

Year - Qtr - Period ▾	Sales per Day in Period	Prior Period Sales per Day
⊟ 2001	$17,691	
⊟ Q3	$15,580	
2001-P7	$15,224	
2001-P8	$16,034	$15,224
2001-P9	$15,500	$16,034
⊟ Q4	$19,802	$15,580
2001-P10	$17,196	$15,500
2001-P11	$18,448	$17,196
2001-P12	$22,970	$18,448
⊟ 2002	$17,931	$17,691
⊞ Q1	$20,049	$19,802
⊞ Q2	$22,085	$20,049
⊟ Q3	$15,258	$22,085

Figura 312 Período Antes: Ahora partidos en período, Trimestre, y los niveles del año. No más totales en blanco.

Las fórmulas habituales de "crecimiento porcentual"

Ahora puedes hacerlo lo de siempre "nuevo menos antiguo, dividido por el viejo" truco para conseguir el crecimiento pct.

Por ejemplo,

```
[Sales per Day Growth vs Same Period Last Year] =

IF([YOY Period Sales per Day] = 0, BLANK(),
    ([Sales per Day in Period] - [YOY Period Sales per
Day])
        / [YOY Period Sales per Day]
    )
```

Y resultados:

Year - Qtr - Period ▾	YOY Period Sales per Day	Sales per Day in Period	Sales per Day Growth vs Same Period Last Year
⊟ 2001		$17,691	
⊟ Q3		$15,580	
2001-P7		$15,224	
2001-P8		$16,034	
2001-P9		$15,500	
⊟ Q4		$19,802	
2001-P10		$17,196	
2001-P11		$18,448	
2001-P12		$22,970	
⊟ 2002	$17,691	$17,931	1.4 %
⊞ Q1		$20,049	
⊞ Q2		$22,085	
⊟ Q3	$15,580	$15,258	-2.1 %
2002-P7	$15,224	$16,402	7.7 %
2002-P8	$16,034	$17,049	6.3 %
2002-P9	$15,500	$12,911	-16.7 %
⊟ Q4	$19,802	$14,332	-27.6 %
2002-P10	$17,196	$13,704	-20.3 %

Figura 313 Porcentaje de crecimiento es un cálculo simple como siempre ha sido, aunque sus medidas de componentes son bastante sofisticadas

19- Rendimiento: Cómo mantener las cosas funcionando rápidamente

¿Qué tan importante es la velocidad?

Ahora es de tres segundos de duración

Vamos a comenzar aquí. La investigación sugiere que los seres humanos perciben el momento del "ahora" para ser de tres segundos de duración. ¡Los abrazos son incluso típicamente tres segundos! Piensa en ello como la unidad fundamental del tiempo humano - algo que toma tres segundos o menos está sucediendo «ahora», y algo que dura más de lo que requiere...espera.

¿Suena blando o sentimental para ti? Bueno, es relevante para devoradores de datos también, en una gran forma.

A principios de este año, alguien en Microsoft me envió un correo electrónico y me hizo la siguiente pregunta: "Para los grandes libros de Power Pivot, ¿cuánto tiempo crees que los usuarios esperarán para cuando hacen clic en una máquina de cortar?"

Mi respuesta: "Debe ser rápido, y punto. No les importa que hay una gran cantidad de datos detrás de ella. Si no es rápido, no encaja. Los límites de la paciencia humana no son en lo más mínimo simpáticos por nuestro volumen de datos o problemas de complejidad."

Cuando producimos informes interactivos o cuadros de mando para el consumo en el resto de nuestro grupo de trabajo, hay que tener en cuenta que la velocidad de la interacción es fundamental. Algo más de tres segundos, y corremos el riesgo de perder por completo al consumidor.

 Si deseas leer un interesante artículo sobre este tema de "3 segundos", ve **http:// ppvt.pro/3srule**

¿Qué sucede cuando algo tarda más de tres segundos?

Si una máquina de cortar clic o interacción relacionada toma demasiado tiempo, tres cosas suceden:

1. **El tren de pensamientos del usuario se rompe mientras espera que el clic se complete.** Su mente vaga fuera de tema y muchas veces da la vuelta hacia atrás al correo electrónico mientras esperan. A veces se olvidan de volver.

No se "comprometen" a la experiencia, no son absorbidos, y por lo general deciden permanecer "superficiales" en sus pensamientos hacia ella.

2. **Si crecen a esperar los tiempos de espera "largos", ellos en última instancia, decidirán no hacer clic en lo absoluto.** Si ellos saben que la realización de un clic de exploración de máquina de cortar de los datos va a tomar 15 segundos por click, y puede que tengan que ejecutar 10 clicks en el transcurso de su exploración, simplemente deciden no hacerlo en absoluto.

Sí, si hubieran invertido los 2,5 minutos, pudieron haber descubierto algo increíble y revolucionario en los datos. Duro. Los seres humanos no están hechos para eso. Ellos quieren sus tres segundos.

3. **En última instancia, y lo más importante, tu impacto como un profesional está gravemente disminuido.** La elaboración de algo increíble que nadie usa es el mismo que no hacer nada en absoluto. Tu trabajo (y tú) será infravalorado y considerado como prescindible.

Por eso es importante pensar en la velocidad como un igual del contenido que se está entregando. No basta con decirse a sí mismo: "Yo estoy entregando un montón de buena información, vale la pena la espera para las personas que le hagan clic en la máquina de cortar." La velocidad es tan importante como tener los números correctos.

Para subrayar ese punto: es mejor producir algo que ofrece, por ejemplo, 10 "puntos" de información que *todos* están utilizando a entregar 50 "puntos" de información que sólo el 10% de la gente usa. Eso no es sólo un punto de la velocidad, por supuesto - hacer el reporte visualmente limpio y comprensible también es importante. Y aunque tengo muchas opiniones acerca de esas cosas, no tienen espacio para ello en este libro. Así que me quedo con el rendimiento.

Segmentaciones (Slicers): el mayor culpable

Puede que te sorprenda saber que esas inocuas amigables y pequeñas máquinas de cortar en tu reporte son por lo general y por muy lejos las partes más costosas de tu reporte.

Tiempo de volver a esos tres términos que introduje en el capítulo FILTER():

Rendimiento: la práctica de mantener sus reportes rápidos para los usuarios. Por ejemplo, si alguien hace clic en una máquina de cortar y tarda 30 segundos para que el pivote se actualice, me remito a eso como "mal desempeño". Si responde al instante, yo podría llamar a eso "excelente rendimiento", o podría decir que el pivote "funciona bien".

Tiempo de respuesta: la cantidad de tiempo que tarda un reporte para responder a una acción del usuario y mostrar los resultados actualizados. En el ejemplo anterior, describí un "tiempo de respuesta" de 30 segundos como pobre. Generalmente tratamos de mantener los tiempos de respuesta de 3 segundos o menos.

Cotosa: una operación se dice que es "costosa" si consume una gran cantidad de tiempo y por lo tanto afecta el tiempo de rendimiento / respuesta. Por ejemplo, arriba podría haber descrito <columna> = <valor estático> como "no costosa" para el motor de DAX, y las comparaciones más ricas como <columna> = <medida> como "potencialmente costosa."

Comportamiento de "Filtros-Cruzados"

Probablemente hayas visto filtros cruzados en acción, pero no le das mucha importancia. He aquí un ejemplo de los datos de la NFL (fútbol americano) que uso de vez en cuando en el blog:

Grouping					
179 lbs and below	180...189 lbs	190...199 lbs	200...209 lbs	210...219 lbs	220...229 lbs
230...239 lbs	240...249 lbs	250...259 lbs	260...269 lbs	270...279 lbs	280...289 lbs
290...299 lbs	300...309 lbs	310...319 lbs	320...329 lbs	340...349 lbs	
330...339 lbs	350 lbs and high...				

CollegeAttendedN...		PlayerName	TD Catches
		Aaron Shea	7
		Aaron Stecker	2
Alabama		Aaron Walker	1
Alabama State		Adam Bergen	1
Alcorn State		Ahman Green	13
Appalachian State		Alex Bannister	1
Arizona		Alex Smith	2
Arizona State		Alge Crumpler	23
Arkansas		Alvis Whitted	7
Arkansas-Monticello		Amani Toomer	42
Arkansas-Pine Bluff		Amos Zereoue	1
Auburn		Andre' Davis	15
Baylor		Andre Johnson	12
Boise State		Anquan Boldin	16
Boston College		Anthony Becht	18
Bradley		Antonio Bryant	16
		Antonio Chatman	5
		Antonio Freeman	28

Figura 314 No hay selecciones hechas en máquinas de cortar, pero no hay ningún jugador más pesado que 330 libras que haya atrapado nunca un pase de Touchdown (TD) (al menos no en este conjunto de datos)

Ahora selecciono dos "baldosas" de la máquina de cortar superior - aquellos en 320 y 340 libras:

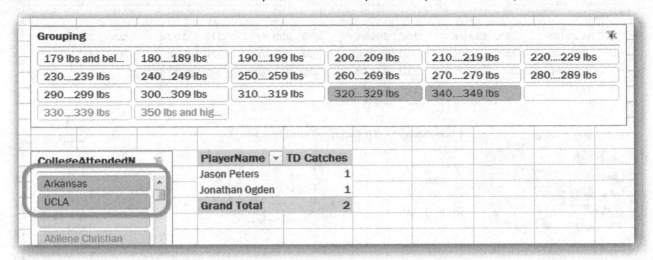

Figura 315 Tenga en cuenta que la máquina de cortar "CollegeAttended" ahora tiene sólo dos valores seleccionables - todos los demás están deshabilitados

¿Por qué la máquina de cortar CollegeAttended se ha «filtrado a sí misma» si no he hecho ninguna selección en ella?

Bueno, sólo hay dos jugadores en este conjunto de datos con peso de 320 libras o más que tienen una captura TD - Jason Peters y Jonathan Ogden, y asistieron a Arkansas y UCLA. La segmentadora de datos está siendo útil y muestra que hacer clic en cualquier otro CollegeAttended se dará un pivote completamente en blanco.

 Si cliqueando en un "azulejo" dentro de una máquina de cortar daría un pivote completamente en blanco (todas las medidas de retorno en blanco), entonces ese azulejo será deshabilitado. Eso es lo que yo llamo "filtro cruzado", y es un comportamiento de una máquina de cortar que está habilitado por defecto para todas las máquinas de cortar.

Filtrado-Cruzado puede ser, y usualmente es, una característica muy útil.

Filtro-Cruzado es Costoso en Términos de Rendimiento

Pero también es un montón de trabajo para el motor de Power Pivot. En este caso, añado otra medida para el pivote anterior, sin necesidad de cambiar mis selecciones en la rebanadora en absoluto:

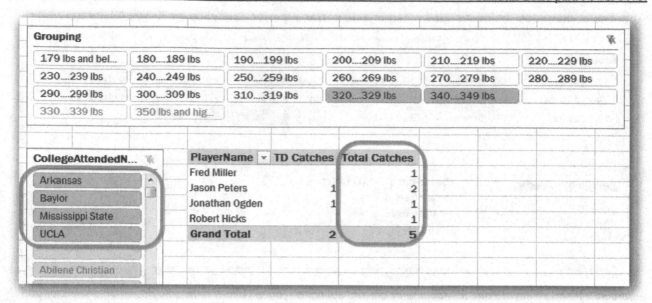

Figura 316 Agregó una medida, [Total Catches], y ahora dos Colleges mas están habilitadas para clicar

¿Ves eso? Así que las máquinas de cortar no sólo son sensibles mutuamente, sino que también son sensibles a las medidas sobre el pivote. Eso significa que las medidas tienen que ser evaluadas para cada uno de las Colleges en la máquina de cortar (aunque he hecho clic en ninguna) ¡para ver si alguna medida devolverá un valor para *cada* azulejo!

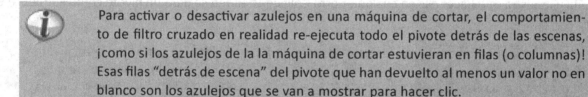 Para activar o desactivar azulejos en una máquina de cortar, el comportamiento de filtro cruzado en realidad re-ejecuta todo el pivote detrás de las escenas, ¡como si los azulejos de la la máquina de cortar estuvieran en filas (o columnas)! Esas filas "detrás de escena" del pivote que han devuelto al menos un valor no en blanco son los azulejos que se van a mostrar para hacer clic.

Ese proceso de "detrás de las escenas" se repite para cada máquina de cortar conectado al pivote, *cada vez* que el reporte del consumidor hace clic en algo.

Así que la versión corta es la siguiente: cada máquina de cortar agregada es tan caro como la adición de una nueva tabla pivote completa. Un pivote único con cinco máquinas de cortar, en otras palabras, será casi tan lento como seis pivotes. Deja un tiempo para aceptarlo.

La mitigación de los efectos del filtro-cruzado

Así que, ¿qué hacemos al respecto? Algunas posibilidades:

1. **No hacer nada.** Si todavía estás por debajo de 3 segundos, es posible que no tengas que preocuparte.

2. **Utiliza menos rebanadoras.** Siempre vale la pena considerar, ya que consumen mucho espacio en la pantalla de todos modos. Si es poco probable que se use la mayor parte del tiempo, y está ahí "sólo en caso de que el consumidor lo necesite", podrías considerar la creación de un informe totalmente independiente para hacer frente a ese caso de uso.

3. **Apagar filtro-cruzado para algunas rebanadoras**. Esto es fácil de hacer, la pregunta es más acerca de cuándo hacerlo – ¿Para cuales rebanadoras? Vamos a cubrir el «cómo» primero.

Como apagar el filtro cruzado

1. **Selecciona una rebanadora.** Hago esto haciendo clic en alguna parte en el área de la etiqueta de la máquina de cortar, por lo general. La clave es conseguir que la ficha Opciones máquina de cortar aparezca en la cinta:

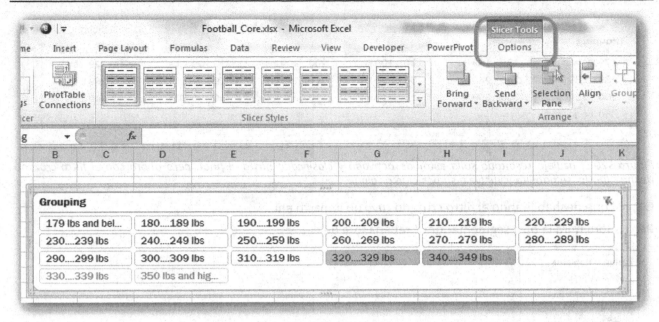

Figura 317 Seleccione una máquina de cortar la hoja en sí (no la lista de campos), y aparecerá esta ficha de la cinta

2. **Haga clic en el botón Configuración de máquina de cortar** en esa ficha de la cinta:

Figura 318 Haga clic en este botón

3. **En el cuadro de diálogo resultante, desactive** esta casilla:

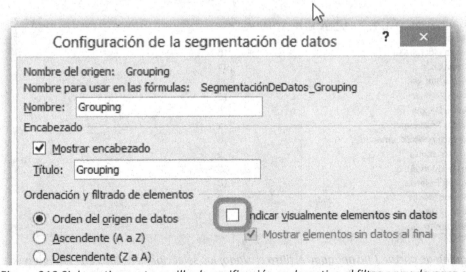

Figura 319 Si desactivas esta casilla de verificación se desactiva el filtro cruzado para esta máquina de cortar

Apagar el filtro cruzado sólo impacta ésa máquina de cortar

Para ver lo que quiero decir con esto, echa un vistazo a la máquina de cortar después de que el filtro cruzado se ha apagado:

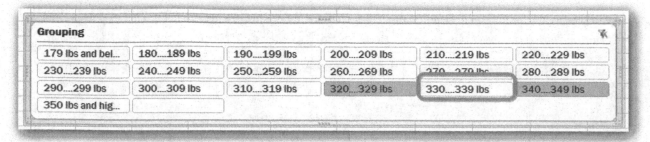

Figura 320 El azulejo resaltado solía estar desactivado y clasificado hasta el final, pero ahora con el filtro-cruzado deshabilitado, se habilita y vuelve a su posición original

OK, así que deshabilitando el filtro cruzado *tuvo* un impacto ahí.

Pero ahora mira la *otra* segmentadora / rebanadora de datos:

Figura 321 La otra segmentadora TODAVÍA solamente muestra cuatro azulejos habilitados

Por lo tanto esto significa que esta máquina de cortar todavía está afectada por la otra. Por ejemplo, vamos a aclarar la selección de la primera máquina de cortar a ver qué pasa:

Grouping					
179 lbs and below	180...189 lbs	190...199 lbs	200...209 lbs	210...219 lbs	220...229 lbs
230...239 lbs	240...249 lbs	250...259 lbs	260...269 lbs	270...279 lbs	280...289 lbs
290...299 lbs	300...309 lbs	310...319 lbs	320...329 lbs	330...339 lbs	340...349 lbs
350 lbs and higher					

CollegeAttendedN...	PlayerName	TD Catches	Total Catches
	Aaron Brooks		1
Alabama	Aaron Moorehead		15
Alabama State	Aaron Shea	7	97
Alcorn State	Aaron Stecker	2	98
Appalachian State	Aaron Walker	1	18
Arizona	Adam Bergen	1	28
Arizona State	Adam Timmerman		1
Arkansas	Adimchinobe Echemandu		3
Arkansas-Monticello	Adrian Madise		2
Arkansas-Pine Bluff	Adrian Murrell		69
Auburn	Adrian Peterson		14
Ball State	Ahmad Merritt		19
	Ahman Green	13	322
	Akili Smith		1

Figura 322 A pesar de que la máquina de cortar 1 ha apagado el filtro cruzado, las selecciones hechas en la máquina de cortar 1 TODAVÍA impactan en la máquina de cortar 2

Una máquina de cortar con filtro cruzado apagado TODAVÍA impacta a otras máquinas de cortar. Deshabilitar el filtro-cruzado solamente impacta si esa máquina de cortar se ve afectada por otras máquinas de cortar. Piense en esto como apagar "entradas" de filtrado para esa máquina de cortar, en lugar de filtrado de "salida".

Segmentadores de Datos para los Cuales Deberias de Apagar el Filtro-Cruzado

En un nivel superior, hay tres tipos de máquinas de cortar para las que me siento muy bien acerca de cómo deshabilitar el filtrado cruzado:

1. **Segmentadora de datoss para las que todas las piezas casi siempre tienen datos.** Si todos o la mayoría de los azulejos siempre van a estar activos todos modos, ¿por qué tener filtro cruzado masticando el tiempo de respuesta? Un ejemplo común de esto son las segmentadora de datoss relacionadas a Calendario / Hora. Por lo general tienes los datos para cada mes, por ejemplo (Si no es así, es posible que desee considerar el recorte de su tabla Calendario).

2. **Segmentaciones con muy pocos azulejos.** La característica de filtro-cruzado es la más útil para mantener a los consumidores de tener que desplazar la máquina de cortar, en busca de la pieza que se desea seleccionar. Así que si hay sólo cuatro azulejos, y no hay una barra de desplazamiento que preocuparse, esa máquina de cortar salta a mí como candidata.

3. **Segmentaciones que forman el "tope" de una jerarquía.** Si tiene tres máquinas de cortar - una para País, una para el estado, y otra para la ciudad, el consumidor tiende a tomar una decisión sobre Country, luego de Estado, y luego City (suponiendo que necesitan para filtrar tan profundo). Es muy importante que rebanadoras estatales y municipales conserven el filtro cruzado (por la razón de desplazamiento de largo), pero desactivarlo para el país no lo compromete. Además, la máquina de cortar de nivel superior en una jerarquía tiende a tener menor cantidad de azulejos también.

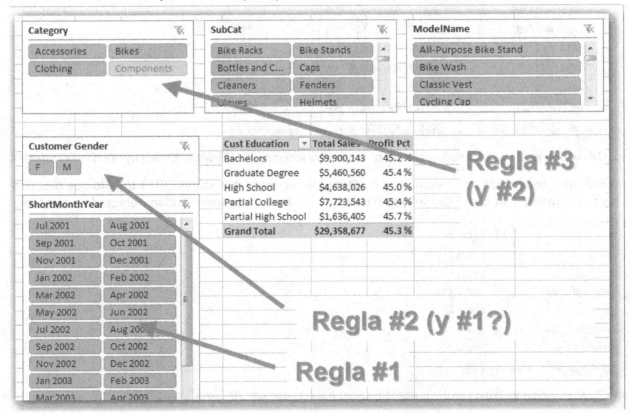

Figura 323 Un ejemplo de los tres tipos de candidatas "filtro cruzado para apagar"

OK, esa es la cosa más fácil / más obvio para mirar si / cuando un informe es lento. Vamos a pasar a la forma de datos.

La forma de las tablas de origen también es importante

La forma (y características) de las tablas de origen también pueden tener un tremendo impacto en el rendimiento. En esta sección voy a enumerar algunos de mis consejos más impactantes. Algunos de estos cambios son fáciles de hacer, y otras requieren más planificación por adelantado.

Tablas más estrechas son mejores

- **No importar columnas que no se van a utilizar.** Dejarlas fuera. Y sí, es mejor nunca importarlos (o editarlos a través de Propiedades de la tabla, desencadenar una re-importación) de lo que es importar y luego simplemente eliminar las columnas.

- **Mueva tantas columnas como puedas a partir de tablas de datos a las tablas de búsqueda.** La regla "estrecho es mejor" se aplica con más fuerza a las tablas que tienen recuentos de filas más altas. Así que si puedes mover una fila de una tabla de datos a una tabla de búsqueda, incluso si esto significa la creación de una nueva tabla de búsqueda, muy a menudo vale la pena hacerlo.

Aquí está un ejemplo rápido:

StoreID	Date	TotalSales	City	State	ZIP
174	4/1/201...	33376	Duvall	WA	98019
187	4/1/201...	89909	Kirkland	WA	98033
205	4/1/201...	44317	Kirkland	WA	98033
276	4/1/201...	74610	Bellevue	WA	98005
302	4/1/201...	53480	Redmo...	WA	98052
309	4/1/201...	29123	Redmo...	WA	98052
323	4/1/201...	91802	Redmo...	WA	98052
325	4/1/201...	52957	Kirkland	WA	98034
377	4/1/201...	70203	Kirkland	WA	98033
400	4/1/201...	34442	Bellevue	WA	98004
407	4/1/201...	10768	Bellevue	WA	98004
467	4/1/201...	59412	Redmo...	WA	98053
542	4/1/201	69295	Redmo	WA	98053

Figura 324 Un fragmento de la tabla Sales. Nota como siempre tenemos 98033 para ZIPCode, City=Kirkland y State=WA

No necesitamos todas esas tres columnas (City/State/ZIP) en esta tabla Sales– ZIP es todo lo que necesitamos para justamente "precisar" Ciudad y el Estado. Así que podemos mover Ciudad y el Estado a otra tabla:

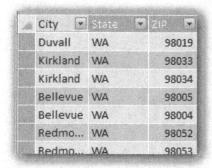

City	State	ZIP
Duvall	WA	98019
Kirkland	WA	98033
Kirkland	WA	98034
Bellevue	WA	98005
Bellevue	WA	98004
Redmo...	WA	98052
Redmo...	WA	98053

Figura 325 Nuestra nueva tabla Locations (también pudo haberse llamado ZIPCodes)

Y remover las columnas de City y State de Sales:

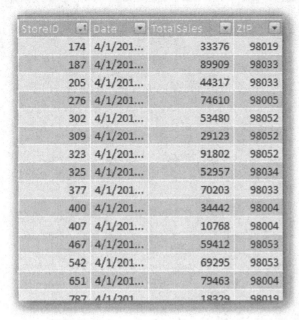

Figura 326 Columnas City y State removidas de la tabla Sales

Luego relacionamos Sales a Locations:

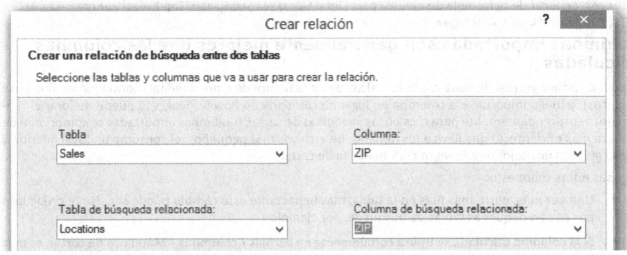

Figura 327 Relaciónalos, y hemos hecho ahora lo correcto

- **A veces incluso vale la pena "pivotear" los datos de origen antes de la importación.** Hay transformaciones, como el comando SQL UNPIVOT, que pueden convertir una tabla ancha y corta en una tabla alta y estrecha. Esto a veces puede hacer una gran diferencia, y otras veces no tendrá ningún impacto, por lo que requiere un poco de experimentación.

He aquí un ejemplo de una tabla de ventas "amplia":

StoreID	Date	TotalSales	NormalSales	PremSales	Returns	Rebates	Margin	Discounts
174	4/1/201...	33376	43204	24086	37931	34375	28185	26023
187	4/1/201...	89909	42600	21669	22323	44419	23394	26730
205	4/1/201...	44317	22952	35902	40079	28999	34696	24511
377	4/1/201...	70203	28269	25455	43945	25594	25531	20542
400	4/1/201...	34442	28631	20924	21041	44641	34339	39198
407	4/1/201...	10768	49734	44222	46381	25651	48936	28179
467	4/1/201...	59412	28251	33842	44064	40492	45455	32095
542	4/1/201...	69295	36118	48611	40257	37022	42440	29791
651	4/1/201...	79463	48946	30708	39129	37969	38506	37569
787	4/1/201...	18329	37520	46662	47981	44396	40200	25984
893	4/1/201	37108	48482	40788	26351	36136	40478	27313

Figura 328 Muchas columnas numéricas: una tabla "ancha" (9 columnas, 1M filas)

Aquí está esa misma tabla "pivoteada" para ser alta y estrecha:

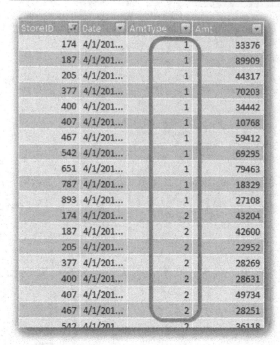

Figura 329 Tabla se ha reducido a 4 columnas, pero ahora 7M de filas

Entonces, en lugar de tu formula de medida para [Total Sales] sea SUM(Sales[TotalSales]), ahora será CALCU-LATE(SUM(Sales[Amt]), AmtType=1).

Columnas importadas son generalmente mejores que las columnas calculadas

Si puedes poner en práctica una columna calculada en la fuente de datos original (normalmente una base de datos), y luego importar esa columna en lugar de calcularla en Power Pivot, eso puede mejorar el rendimiento sorprendentemente para clics en las máquinas de cortar. (Columnas importadas se comprimen de manera más eficiente, lo que lleva a los tamaños de archivos más pequeños, el consumo de RAM inferior, y por lo general un mejor rendimiento click máquina de cortar).

Algunas notas sobre esto:

- **Una vez más, entre más filas en la tabla, más impactante este cambio puede ser.** No te preocupes por eso en pequeñas tablas de búsqueda, por ejemplo.

- **Si la columna calculada se utiliza comúnmente en las filas / columnas / Máquinas de cortar, es más impactante que una columna numérica.** Conversión de una columna como "Categoría" de calculada a importada dará lugar a una mejora del rendimiento más grande, por ejemplo, que "QuantityS-old", que normalmente sólo se utiliza como la base para una medida SUM(). (Pero si se han movido todos tus campos de fila / columna / máquina de cortar / Filtro a tablas de búsqueda más pequeñas, según lo recomendado anteriormente en el libro, este tipo de cambio estaría sucediendo en una tabla más pequeña de todos modos y no puede ser de mucha ayuda.)

- **Si la columna calculada es la base para una relación, eso es más impactante.** Esto es básicamente una extensión del punto anterior, ya que una columna de relación se utiliza para vincular una tabla de búsqueda a su tabla de datos y las columnas de la tabla de búsqueda se utilizan en filas / colum-nas / Máquinas de cortar / Filtros. Así que si casi cada columna de datos y tablas de búsqueda se importa, pero crearon una columna calculada en la tabla de datos para que pudieran vincularlo a la tabla de búsqueda, es muy probable que pagues la mayor parte de la pena de columna calculada a pesar de sus esfuerzos en otra parte.

"Esquema Estrella" es generalmente mejor que el "Esquema de Copo de Nieve"

Personas con experiencia en bases de datos ya saben de lo que estoy hablando. Todos los demás no tienen ni idea, por lo que la siguiente explicación es para ustedes :-)

Esquema de Copo de Nieve = múltiples niveles de tablas de búsqueda.

Esquema Estrella = un nivel de tablas de búsqueda.

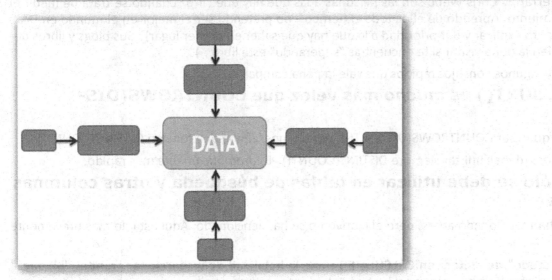

Figura 330 Esquema de Copo de Nieve: múltiples niveles de tablas de búsqueda

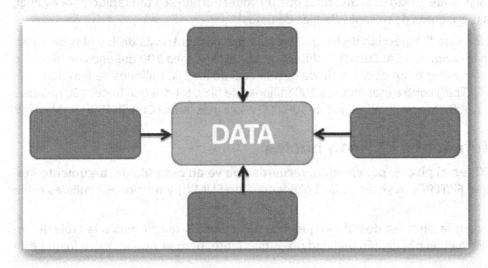

Figura 331 Esquema Estrella: Si puedes "aplastar" tablas de búsqueda encadenadas, en tablas más grandes individuales, a menudo pueden mejorar el rendimiento (sí, incluso a pesar de que hace que las tablas sean más amplias - la tabla más importante a tener estrecha es la tabla de datos)

Nota: en el capítulo sobre tablas de datos múltiples (tales como presupuesto frente ventas), se explicó que a veces no se puede evitar arreglos tabla de búsqueda multi-salto. Eso está bien. Eso sí, no volverse loco y crear un montón de tablas de búsqueda encadenadas porque se puede - hacer solamente cuando es necesario. Y si sus informes presentan buenos tiempos de respuesta ya, puede ignorar esta directriz totalmente :-)

Rendimiento de Medida

Podría escribir muchos capítulos en esto, y aun así no sería suficiente. De hecho, otros, tales como Marco Russo, Alberto Ferrari, y Chris Webb son las personas a las que hay que "ir a" cuando se trata de medir el ajuste y el rendimiento. Aprendo de ellos todo el tiempo - no pretendo ser el mejor en el mundo en DAX. (Mi don es más para explicar y dar prioridad a lo que hay que saber en primer lugar). Sus blogs y libros definitivamente valen la pena visitar si te encuentras "superando" este libro :-)

Sin embargo, hay algunos consejos rápidos que vale la pena compartir.

DISTINCTCOUNT() es *mucho* más veloz que COUNTROWS(DISTINCT())

En v1, teníamos que usar COUNTROWS(DISTINCT()), porque nos faltaba una función DISTINCTCOUNT().

Ahora, sin embargo, debes utilizar siempre DISTINCTCOUNT(). Es *dramáticamente* más rápido.

FILTER() sólo se debe utilizar en tablas de búsqueda y otras columnas «pequeñas»

Este consejo se ha mencionado antes, pero el motivo no se ha mencionado. Aquí está, lo más brevemente posible.

Un argumento "crudo" de <filter> en CALCULATE() tiene la habilidad de inspeccionar grandes "bloques" de filas todas al mismo tiempo para ver si las filas deben estar activas de acuerdo a un contexto filtro especificado como Products[Color]="Blue". Esto es lo que hace que un <filter> crudo sea tan rápido para evaluar, ¡Incluso en contra de decenas o cientos de millones de filas de datos!

FILTER() carece de la capacidad de "inspección de bloque", y *siempre* pasa a través de las filas de su argumento de <tabla> de *una en una*. Un CALCULATE() <filter> crudo que escanea 100 millones de filas sólo podría tener que ver 1,000 diferentes bloques con el fin de decidir cuál de los 100 millones de filas deberían estar activas. Pero si utilizas FILTER() contra esas mismas 100 millones de filas, tendrá que hacer 100 millones de inspecciones en lugar de 1,000, ¡lo que significa que es 100,000 veces más lento! Con FILTER(), tablas más pequeñas son tus amigas.

Recuerda que las funciones "X" son bucles

Si tienes una medida SUMX() en el pivote, por ejemplo, recuerda que ve en cada fila del argumento <table> una a la vez, al igual que FILTER(). A veces es fácil olvidar cuánto SUMX() y funciones similares están haciendo detrás de las escenas.

Es especialmente fácil de olvidar la cantidad de trabajo que está sucediendo si la columna o la tabla del argumento <table> no se muestra en el pivote. (En realidad no es más lento, pero es que no se ve lo que está recorriendo.)

En mi experiencia, una sola función X no suele ser un problema. Pero cuando empiezas bucles "anidados" dentro de otros bucles, las cosas pueden volverse locas a toda prisa.

Por ejemplo, una vez escribí una medida que era esencialmente un SUMX() de un MAXX() – mi fórmula era algo así como:

```
SUMX(<tabla con 1k de filas>, [Otra Medida])
```

Pero la formula para [Otra Medida] era:

```
MAXX(<tabla con 1k de filas >, <medida simple de SUM>)
```

Ves a dónde va esto. ¡Tuve un bucle de 1,000 filas dentro de otro bucle de 1,000 filas, por lo que mi medida estaba haciendo 1 millón de bucles para cada celda única de medida en el pivote! ...eso no fue rápido.

Del mismo modo, si tienes una medida de función X como parte del argumento <filtro rico> dentro de una función FILTER(), se puede entrar una vez más en bucles anidados como ésta – el FILTER() podría pasar a través de 1,000 filas, evaluando un SUMX() con un bucle de 1,000 en cada paso, resultando en 1 millón de bucles para cada medida en un pivote.

20- Columnas Calculadas Avanzadas

Perspectiva: ¡columnas calculadas no son la fuerza de DAX!

Quiero ser claro: no estoy diciendo que DAX es *malo* con columnas calculadas. Solo estoy diciendo que las *medidas* son la magia en DAX, por lo que he pasado la mayor parte del libro sobre las medidas. Quiero decir, siempre hemos tenido columnas calculadas en Excel ¿verdad?

OK, Columnas Calc en Power Pivot *son* una fuerza en algunas formas.

Bueno, aún tengo que parar por un momento y decir: ¿Nunca hemos tenido la posibilidad de escribir una columna calculada en una tabla con 141 millones de filas, cierto?

[141M Row Calc F ▾]			f_x =[PerLengthKey]*[Curr Per]					141M Row Calc Heck YEAH	▾
Store N...	Perio...	Parte...	Curr...	Prior Per...	Y...				
289612	345	11/13/2010 1...	52	0.014584...				0.758371837437153	
289232	345	11/13/2010 1...	52	0.014584...				0.758371837437153	
289231	345	11/13/2010 1...	52	0.014584...				0.758371837437153	
289225	345	11/13/2010 1...	52	0.014584...				0.758371837437153	
289224	345	11/13/2010 1...	52	0.014584...				0.758371837437153	
289004	345	11/13/2010 1...	52	0.014584...				0.758371837437153	
289000	345	11/13/2010 1...	52	0.014584...				0.758371837437153	
288996	345	11/13/2010 1...	52	0.014584...				0.758371837437153	
288995	345	11/13/2010 1...	52	0.014584...				0.758371837437153	
288994	345	11/13/2010 1...	52	0.014584...				0.758371837437153	
288993	345	11/13/2010 1...	52	0.014584...				0.758371837437153	
288987	345	11/13/2010 1...	52	0.014584...				0.758371837437153	

Calendar | StoreMaster | Sales | MACV | CurrPeriodEnd | ACV | PeriodLengthWks | ItemMaster_MIF | vwTransactionType_SalesRef

Record: 1 of 140,935,245

Figura 332 ¡Columna calculada escrita en una tabla con 141 millones de filas en ella! (Y esto no era una bestia de ordenador - Lo hice en mi ordenador de peso pluma, 4 GB RAM Ultrabook que costó ¡$899 al por menor en enero de 2012! Requiere de 64 bits, por supuesto.)

Bien, así que voy a refinar mi punto: además de los beneficios proporcionados por la capacidad masiva de datos, actualización sin problemas, llamado de referencia, y las relaciones, las columnas calculadas de Power Pivot no son nada nuevo para nosotros :-)

Pero más difícil en algunos casos

En realidad, para ser totalmente honesto, las columnas calculadas de Power Pivot son en realidad un poco más difícil que las columnas de Excel normal, al menos en algunas circunstancias, porque Power Pivot carece de la referencia del estilo "A1".

En los cálculos completamente "por filas ", como [Columna1] * [Columna2], Power Pivot no es más difícil que Excel normal. Pero cuando se quiere hacer algo como "sumar todas las filas en la tabla donde el [ProductID] es la misma que la fila actual," se pone un poco más complicado.

> No estoy criticando a Power Pivot por su carencia de estilo de referencia A1. No, era absolutamente la decisión correcta. Sólo quiero establecer tus expectativas - a veces tendrás que trabajar un poco más en una columna calculada de Power Pivot que lo que harías en una columna de Excel, pero incluso entonces, sólo cuando el cálculo va más allá de una sola fila.

De todos modos, vamos a llegar a eso. Pero primero, un poco de materia simple que no encajaba en ningún otro lugar.

Comienza con "no tan avanzado"

Bueno, hay un par de temas rápidos de columnas calculadas que me gustaría cubrir que realmente no merecen la etiqueta de "avanzado" - son "las cosas más útiles que no cubrí antes porque me moría de ganas de llegar a medidas."

Agrupando Columnas

Mi ejemplo favorito de ello son las ventas por la temperatura, también conocido como " Mashup de Temperatura" demo. En ese demo, puedo importar una tabla de datos de temperatura (clima), relacionarla a la tabla de ventas, y luego informar [ventas por día] desatado por la temperatura:

Temperature	Sales per Day
14	$3,543
15.8	$4,677
19.4	$3,558
25.4	$98
25.8	$4,630
26.6	$2,785
27.5	$5,956
28	$87
29.3	$5,329
30.2	$3,951
31.9	$38
32.3	$7
33.3	$7,640
33.7	$4,486
33.8	$4,303
35.6	$3,228
36.1	$6,559

Figura 333 Las ventas por día con la temperatura en filas, pero la temperatura es muy precisa

OK, obviamente NO me importa ver los rangos de temperatura desatado por una décima de grado. Quiero agruparlos en rangos más útiles.

Se puede hacer esto con una columna calculada. En la demo, aquí está la fórmula que utilicé en la tabla de temperatura:

```
IF([Avg Temp]<40,"Cold",
    IF([Avg Temp]<55,"Cool",
        IF([Avg Temp]<70,"Warm",
            "Hot"
            )
        )
    )
```

Esto es lo que se ve en la tabla de temperatura como una columna calculada:

fx =IF([Avg Temp]<40,"Cold",IF([Avg Temp]<55,"Cool",IF([Avg Temp]<70,"Warm","Hot")))

nth	MonthNumber	Avg Temp	TempKey	TempRange
	1	26.3	Northeast1	Cold
)	2	25.4	Northeast2	Cold
r	3	31.4	Northeast3	Cold
r	4	48.1	Northeast4	Cool
y	5	52.8	Northeast5	Cool
le	6	66.8	Northeast6	Warm
	7	70.4	Northeast7	Hot
g	8	66	Northeast8	Warm
)	9	61.2	Northeast9	Warm
:	10	47.2	Northeast10	Cool
v	11	38.1	Northeast11	Cold
c	12	28	Northeast12	Cold
	1	30.5	Central1	Cold
)	2	31.9	Central2	Cold
r	3	41.9	Central3	Cool

Figura 334 Columna de agrupación en la tabla de temperatura

Y esto es lo se ve como utilizado en filas en lugar de la columna "Avg Temp":

Temperature	Sales per Day
Cold	$13,527
Cool	$9,485
Hot	$6,662
Warm	$14,739
Grand Total	$26,120

Figura 335 TempRange en Filas – MUCHO mejor

 He usado muchos tipos de fórmulas en este sentido - ROUND() ha sido una función muy popular para mí en este sentido, por ejemplo.

Para ver el "Mashup de temperatura" y toda demostración de principio a fin que debutó por primera vez en 2009 (!), Visite http://ppvt.pro/TempMash

Columnas únicas para ordenar

¿Te diste cuenta de que el orden está «apagado» en el informe de temperatura? Aquí está de nuevo:

Temperature	Sales per Day
Cold	$13,527
Cool	$9,485
Hot	$6,662
Warm	$14,739
Grand Total	$26,120

Figura 336 Yo prefiero que el orden sea Cold, Cool, Warm, Hot

OK, así que vamos a utilizar la característica de Ordenar por columna, y usar AvgTemp para ordenar la columna TempRange:

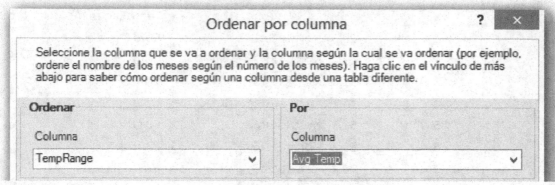

Figura 337 Intentando usar AvgTemp como la columna para Ordenar por para TempRange

Esto produce un error:

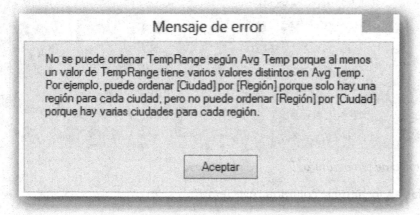

Figura 338 No le gustan los huevos verdes con jamón – no en una caja, no con un zorro. OK y además no le gusta Avg-Temp como Ordenar por Columna.

Supongo que *podría* haber utilizado AvgTemp, dado que ningun AvgTemp corresponde a dos diferentes valores de TempRange (48.1, por ejemplo, *siempre* será mapeado a "Cool"), pero Power Pivot no me quiere creer. Quiere que cada valor de TempRange tenga un valor único en el Ordenar por Columna, y como un ex ingeniero de software (y a veces actual), puedo entender por qué no quiere confiar en mí :-)

Así que en este caso, un SWITCH() hace el truco – dándome una columna con valores de 1-4:

```
SWITCH([TempRange], "Cold", 1, "Cool", 2, "Warm", 3, "Hot",
4)
```

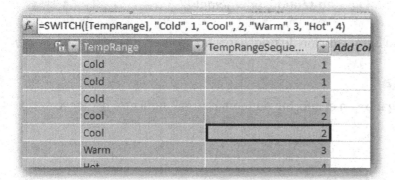

Figura 339 Un candidato válido para una columna de clasificación - esta funciona

Otro Ejemplo de Ordenado por Columna

Para un problema un poco más sofisticado, considera la columna "QtrYearLabel" en mi tabla de Períodos:

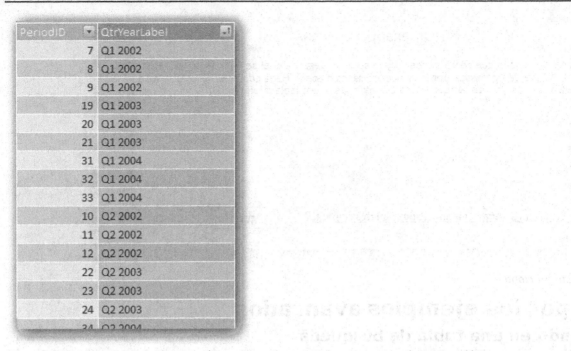

Figura 340 QtrYearLabel – Observa cómo cada valor coincide con varios valores PeriodID

Deliberadamente coloqué al lado de la columna PeriodID para que vieras que tengo los mismos problemas de "partidos múltiples" aquí como lo que tenía en el ejemplo de temperatura.

Pero un SWITCH() no me va a ahorrar tiempo. Tengo que hacer algunos cálculos. Aquí hay un patrón que yo uso una y otra vez.

```
([Year] * 4) + [Qtr]
```

 OK, en forma de patrón es:

(<Columna Year> * <número de periodos por año>) + <Columna de periodo>

Donde "periodo" puede ser trimestre (de los cuales hay 4 por año), mes (12), semana (52), semestre (2), lo que sea.

Eso me da:

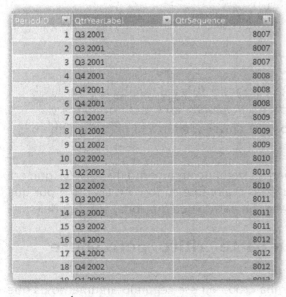

Figura 341 Única Identificación del tipo columna de secuencia para mi columna QtrYearLabel

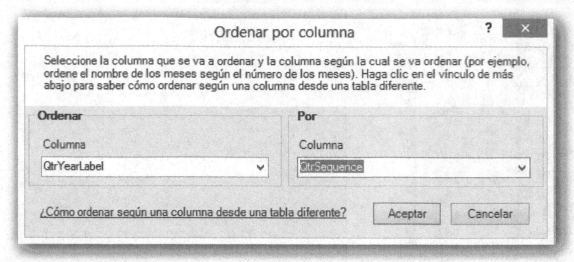

Figura 342 Y esta funciona

Ahora por los ejemplos avanzados

Resumiendo en una tabla de búsqueda

Supongamos que deseas crear una columna total de ventas en la tabla de productos, lo que refleja las ventas de cada producto.

En primer lugar, Rob le regañará. ¡Para eso están las medidas! ¿Por qué resumir un valor en la tabla de búsqueda? Pero entonces me calmaré y reconoceré que definitivamente hay casos en que es posible que *de vez en cuando* se necesite hacer esto:-)

Resulta ser que SUMX() puede ser usado aquí, combinado con la función RELATEDTABLE():

```
SUMX(RELATEDTABLE(Sales), Sales[SalesAmt])
```

	SubCategory	Category	SalesPerProduct
)0 Bl...	Mountain Bikes	Bikes	$165,374.51
)0 Bl...	Mountain Bikes	Bikes	$151,874.55
)0 Bl...	Mountain Bikes	Bikes	$202,499.40
)0 Bl...	Mountain Bikes	Bikes	$192,374.43

Figura 343 SUMX() – ¡no sólo para las medidas!

 RELATEDTABLE() – se puede pensar en esto como una función que busca "hacia atrás" a través de una relación, de la tabla de búsqueda a la tabla de datos y devuelve todas las filas de la tabla de datos que corresponden a la fila actual en la tabla de búsqueda.

Ten en cuenta el uso de una referencia de columna regular para el segundo argumento de SUMX(), que era algo que introduje atrás en el capítulo de las funciones X. Si estás realmente curioso en cuanto a por qué funciona todo esto, lee la siguiente sección. Si estás feliz de tener un patrón que funciona, sólo bríndele una ojeada.

Contexto de Fila – Un concepto que es en parte crítico, pero sobre todo Ignorable :-)

La razón por la cual SUMX() permite una referencia de columna cruda en ese segundo argumento es que SUMX(), al igual que FILTER(), opera sobre una base de "una fila a la vez" al trabajar su camino a través de las filas de su primer argumento (el argumento <table>). Hemos estado hablando mucho sobre el contexto de filtro a través del libro, pero técnicamente también hay otro concepto conocido como "contexto de la fila."

En un nivel simple, podemos entender que una columna Calc calcula implícitamente una fila a la vez. Si escribo una fórmula de columna calc como [PeriodId] + 1, el valor de [PeriodId] de la fila actual se utiliza para calcular cada fila de la nueva columna. Quiero decir, así es como trabajan las columnas calculadas. Y ese es el ejemplo más simple de contexto de la fila.

Estoy bastante seguro de que cuando comiences a escribir las medidas más complejas de las indicadas en este libro, la comprensión de contexto de la fila tan claramente como comprender el contexto de filtro se vuelve importante. Pero yo he hecho un largo camino sin poder exponer en profundidad las complejidades del contexto de la fila en las medidas. En vez digo cosas como "FILTER() trabaja una fila a la vez." Y contexto de la fila sólo parece tener sentido intuitivo, la mayoría de las veces, en las columnas calc.

Así que este pequeño desvío acerca de contexto de filas es realmente una disculpa: cuando / si descubres que realmente necesitas entender el contexto de filas en ese "siguiente nivel," Yo simplemente no soy el tipo para explicarlo. O por lo menos no todavía. Puedes ignorarlo por ahora - Tengo tres años y yo no soy peor para ello, pero gente como Marco Russo, Alberto Ferrari, y Chris Webb pueden hacer las cosas de DAX que sólo puedo copiar. Ve a buscar uno de sus libros si tú creces más de lo que tengo que enseñar aquí, y Buen viaje - considérame un cohete de fase de refuerzo :-)

Uso Simple de la Función EARLIER()

Ah, la función EARLIER(). Pasaron dos años antes de que entendiera cómo / cuándo usarla, e inclusive hoy, admito que esta función y yo sólo tenemos una paz difícil. Me he sorprendido a mí mismo un par de veces con ella cuando yo en realidad no tengo que, por lo que el dominio es todavía difícil de alcanzar.

Dicho esto, estoy bastante seguro de ciertos patrones de su uso, y eso es realmente todo lo que vas a necesitar, por lo menos por un largo tiempo.

Vamos a ampliar el ejemplo anterior de la tabla productos, y esta vez calcular una columna que representa el total de ventas de todos los productos con una categoría correspondiente.

En otras palabras, usted quiere algo como esto:

ProductName	Category	SalesPerProduct	TotalCategorySales
Patch Kit/8 Patches	Accessories	$7,307.39	$700,759.96
Road Tire Tube	Accessories	$9,480.24	$700,759.96
Water Bottle - 30 oz.	Accessories	$21,177.56	$700,759.96
Mountain Tire Tube	Accessories	$15,444.05	$700,759.96
Touring Tire Tube	Accessories	$7,425.12	$700,759.96
Bike Wash - Dissolver	Accessories	$7,218.60	$700,759.96
Road Bottle Cage	Accessories	$15,390.88	$700,759.96
Mountain Bottle Cage	Accessories	$20,229.75	$700,759.96
Taillights - Battery-Po..	Accessories		$700,759.96
Minipump	Accessories		$700,759.96
LL Road Tire	Accessories	$22,435.56	$700,759.96
Fender Set - Mountain	Accessories	$46,619.58	$700,759.96
Mountain Pump	Accessories		$700,759.96
LL Mountain Tire	Accessories	$21,541.38	$700,759.96
ML Road Tire	Accessories	$23,140.74	$700,759.96
Cable Lock	Accessories		

Figura 344 Cada fila con Categoría = Accesorios resume a la misma cantidad, que es la suma de todas las filas Accesorios (Category = Accesories como se mientras en Inglés en mi base de datos)

ProductName	Category	SalesPerProduct	TotalCategorySales
Mountain-500 Black, 40	Bikes	$25,919.52	$28,318,144.65
Mountain-500 Black, 42	Bikes	$26,459.51	$28,318,144.65
Mountain-500 Black, 44	Bikes	$31,319.42	$28,318,144.65
Mountain-500 Black, 48	Bikes	$30,239.44	$28,318,144.65
Mountain-500 Black, 52	Bikes	$22,139.59	$28,318,144.65
Road-750 Black, 58	Bikes	$180,356.66	$28,318,144.65
Road-750 Black, 44	Bikes	$194,396.40	$28,318,144.65
Road-750 Black, 48	Bikes	$196,016.37	$28,318,144.65
Road-750 Black, 52	Bikes	$208,436.14	$28,318,144.65
Mountain-500 Silver, 40	Bikes	$25,424.55	$28,318,144.65
Mountain-500 Silver, 42	Bikes	$25,424.55	$28,318,144.65
Mountain-500 Silver, 44	Bikes	$22,034.61	$28,318,144.65
Mountain-500 Silver, 48	Bikes	$28,249.50	$28,318,144.65
Mountain-500 Silver, 52	Bikes	$27,119.52	$28,318,144.65
Road-650 Red, 58	Bikes	$13,282.87	$28,318,144.65
Road-650 Red, 60	Bikes	$11,884.67	$28,318,144.65

Figura 345 Filtrada a Bikes

OK, aquí está la fórmula:

```
CALCULATE(SUM(Products[SalesPerProduct]),
        FILTER(ALL(Products),
            Products[Category]=EARLIER(Products[Category])
            )
    )
```

¡Wow! ¡CALCULATE() en una columna calc! Sí, las cosas están locas ahora :-) Tengo que hacer algunas explicaciones. Quiero decir, este modelo se parece mucho a la LFMIEEM, pero diferente. **De hecho, vamos a pensar de esa manera - estamos haciendo un "despejar y luego re-filtrar", al igual que en el LFMIEEM.** Puedo escuchar sus preguntas ahora sin embargo...

- **"¿Por qué no ALL(Products) *fuera* del FILTER()?"** – la última vez que vimos este tipo de patrón, fue en la LFMIEEM y fue en una medida. Y había un ALL() fuera del FILTER() de igual forma. Entonces ¿por qué no aquí? **Pues bien, en una columna Calc, no hay ningún contexto de filtro. En otras palabras, el contexto filtro en una columna calc siempre está ajustado a ALL(), ¡para todo!** Así que no es necesario tener ALL () fuera del FILTER () - su papel en LFMIEEM fue despejar el contexto filtro existente, que ya se ha hecho para nosotros en una columna calc. (Puedes agregar un ALL "afuera" aquí y no va a afectar su resultado).

- **"OK entonces, ¿Por qué el ALL() de *adentro* sigue ahí?"** – ¡siempre haces las preguntas *más inteligentes*! Bueno, dentro de un FILTER(), la noción de un contexto de filtro sí existe. Y utilizamos el ALL() de adentro para deshacernos del contexto de filas para que veamos todas las filas en la tabla. Sin el ALL() de adentro, nuestro resultado para [TotalCategorySales] sería el mismo que [SalesPerProduct], que no es lo que queremos.

- **"Hmm, OK, Creo que entiendo lo suficiente para por lo menos usarlo. Pero ¿qué diablos es EARLIER()?"** – esta función básicamente dice "oye ¿sabes que contexto de la fila estamos utilizando en este momento? Quiero deshacer eso, casi como golpear ctrl-Z, y volver al contexto de la fila anterior que estábamos utilizando antes. "Que es como una explicación de la física cuántica cuando todo lo que realmente quería oír era **"EARLIER() remueve ese ALL() de adentro que acabamos de aplicar para que entonces podamos inspeccionar la fila actual nuevamente."**

La verdad es que creo que todas estas cosas podrían / deberían hacerse más fácil en una futura versión de Power Pivot. Deberían de haber funciones dedicadas para este tipo de escenarios con columnas calculadas avanzadas, con nombres como CALCSIMILARROWS() para este ejemplo en particular. Realmente no necesitamos entender estos conceptos particulares tan profundamente como entendemos las cosas de medidas, sólo necesitamos que funcionen. Y esto de FILTER() / EARLIER() es realmente una exageración – nos obliga a ponernos un poco "más cerca" del motor DAX de lo que necesitamos. No te sientas mal si te duele la cabeza un poco en estos momentos. Basta con usar los patrones de aquí y no preocuparse demasiado - realmente está bien hacerlo. Tengo las credenciales (¿o el coraje?) de decir que soy un Power PivotPro y sin embargo así es como ruedo cuando se trata de columnas calc avanzadas. Tú también puedes hacerlo.

Un Ejemplo Aún Más Avanzado

He tenido que incluir ésta, tanto porque muestra algunos giros en la técnica anterior, y debido a que es uno de los ejemplos más cool, más inspiradores de la posibilidad que ahora todos tenemos como Excel Pros.

I Tengo un vecino que es un neuro-científico. En su campo, es una especie de gran cosa, como Will Ferrell en la película "Anchorman". Su nombre es Dan Wesson, dirige un laboratorio de investigación en la Universidad Case Western Reserve (CWRU), y su laboratorio lo llevo a CNN a principios de este año con algunas novedades interesantes en la investigación del Alzheimer. (¿Ves? La gente lo conoce).

Se trata de un laboratorio bien financiado con todo tipo de equipos costosos. Es un lugar impresionante - que he recorrido. ¡Incluso cuenta con paquetes de software individuales que cuestan $10,000 por un solo asiento!

Y, oh sí, con mi ayuda ha convertido la mayor parte de su análisis de los datos a Power Pivot. Ya sabes, la próxima generación de hoja de cálculo. Esa cosa que cuesta aproximadamente $10,000 dólares menos que su otro software. ¡Así es, Excel Pros - incluso hacemos investigaciones sobre el Alzheimer!

Estas son algunas de mis fotos favoritas de todos los tiempos:

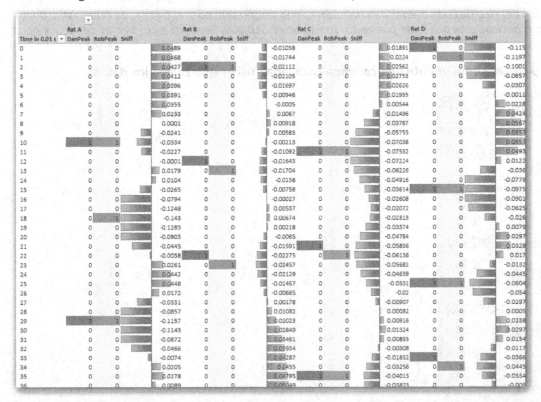

Figura 346 Esta vista de "ADN" son datos del laboratorio de Neurociencia en CWRU. Las "olas" de color rojo y azul son ratas inhalando y la exhalando – rojo es inhalar, exhale azul, y ¡cada fila representa 1/100 de segundo!

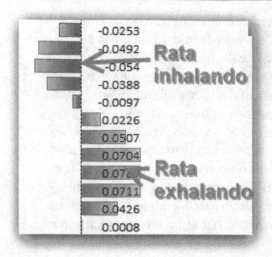

Figura 347 Acercamiento a una de las ondas de inhalación/exhalación.

Ahora aquí está el que me hace más feliz:

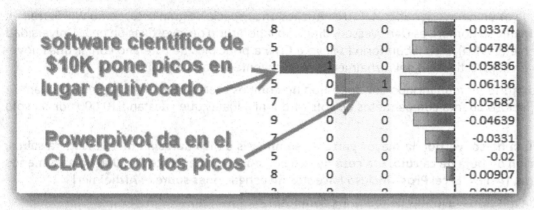

Figura 348 La detección del pico de cada evento de inhalación es muy importante para el trabajo de Dan. ¡Mira donde el software científico especialmente diseñado para esto, con valor de $10,000, pone los picos versus donde los pone Power Pivot!

Esa "detección de pico" es simplemente una columna calculada. Así es que se ven los datos:

Time	Rat	Value
0	E	0.0189
0.01	E	0.02238
0.02	E	0.02561
0.03	E	0.02752
0.04	E	0.02627
0.05	E	0.01959
0.06	E	0.00553
0.07	E	-0.01486
0.08	E	-0.03775
0.09	E	-0.05746
0.1	E	-0.07033
0.11	E	-0.07531

Figura 349 Time (en centésimas de segundo), RatID, y Value – negativo para inhalar, positivo para exhalar. Cuanto mayor es el valor absoluto, más fuerte la inhalación / exhalación.

El componente más crítico de detectar un pico de inhalación es encontrar el valor más negativo en cualquier período de tiempo dado. Piense en ello como como un promedio móvil, ¡excepto que es un mínimo en movimiento!

Y aquí está mi fórmula de columna calc para el mínimo en movimiento:

```
=CALCULATE(MIN(Data[value]),
           FILTER(ALL(Data),
                  Data[Rat]=EARLIER(Data[Rat])
           ),
           FILTER(ALL(Data),
                  Data[TimeID] <= EARLIER(Data[TimeID]) +5
    &&
                  Data[TimeID] >= EARLIER(Data[TimeID]) -5
           )
)
```

Hey, sigue siendo la misma de siempre "LFMIEEM modificada para el uso de columna calc," al igual que el primer ejemplo que te mostré para la función EARLIER(). Pero hay algunas arrugas:

- **Dos funciones FILTER()**–no dejes que esto te asuste. Puedes hacer tantos como deseas y las normas siguen siendo las mismas. Una fila tiene que "sobrevivir" *ambos* FILTER() con el fin de ser finalmente "alimentado" a la función MIN(), que es el primer argumento de CALCULATE ().

- **El Primer FILTER()** - es igual que el ejemplo anterior. Sólo las filas para la rata actual cuentan, de lo contrario estamos ante otra persona que está respirando :-)

- **El Segundo FILTER() es algo emocionante** – que básicamente dice "sólo cuenta las cinco filas hacia arriba que sucedieron consecutivamente antes que yo, y las cinco filas que ocurrieron justo después de mí." Así que terminamos mirando una ventana en el tiempo que es de 11 filas "de largo", que es en realidad 0,11 segundos.

El resultado neto de la fórmula es que nos dice el valor más pequeño de la ventana de 11-filas actuales.

A partir de ahí, otras columnas Calc pueden detectar si la columna Value de la fila actual coincide con la nueva columna de mínimo en movimiento compuesta por 11 filas, en cuyo caso probablemente estamos viendo una inhalación máxima.

Ver http://ppvt.pro/PkSniff para el blog post completo, y ver si puedes encontrar el error que hice en ese entonces que he corregido en la fórmula anterior :-)

Si estás interesado en leer más sobre este proyecto, visita:

http://ppvt.pro/Peak2Freq - donde pasamos a usar nuestras columnas calculadas pico para producir medidas de frecuencia y amplitud.

http://ppvt.pro/FzzyTime - donde correlacionamos los datos inhalar / exhalar con eventos de otra tabla que no puede ser directamente relacionado (mas magia con columnas cal por venir)

Va a haber otra actualización en ese proyecto en algún momento, cuando Dan publique el papel, así que mantén un ojo en la categoría de Médico / Científico también: http://ppvt.pro/MedSciCat

Consumo de Memoria y CPU de Columnas Calculadas Complejas

Creo que es oportuno mencionar que ciertos tipos de columnas calculadas pueden comer una cantidad verdaderamente asombrosa de RAM cuando están en funcionamiento.

Toma mi ejemplo de "mínimo en movimiento" desde el escenario de detección de picos arriba, por ejemplo. Esa fórmula se escribe para que busque sólo en las cinco filas anteriores y las próximos cinco filas, además de la fila actual. **Así que sólo estoy inspeccionando 11 filas a la vez.**

Pero para encontrar las 11 filas para inspeccionar, Power Pivot comienza desde cero y va a buscar a través de *toda* la tabla, una fila a la vez, y decidir si cada fila pertenece en la ventana actual de 11.

En Excel normal, la referencia relativa se encarga de esto - Excel, literalmente, va y ve cinco filas hacia arriba y cinco filas hacia abajo. *No* tiene que escanear toda la hoja, fila por fila, con el fin de encontrar las correctas 11 filas. Cuando se trata de "mirar a las filas cercanas a mí", Power Pivot es fundamentalmente menos inteligente que Excel normal. Eso es una consecuencia de la falta de referencia de estilo A1, lo que he dicho antes es un mal necesario con el fin de conseguir un entorno realmente robusto.

Te dejo con una última observación sobre este tema: si tienes un millón de filas en la tabla, esto significa escanear un millón de filas para calcular una sola fila de la columna. Y puesto que hay un millón de filas a calc, que tiene un millón de ciclos, cada uno de los cuales es de un millón de líneas de bucle en sí mismo. ¡Eso es, literalmente, *mi millones* de comparaciones! No sólo hay que tomar un montón de tiempo y energía del procesador, pero se necesita una gran cantidad de memoria RAM también.

En última instancia, con el proyecto de Dan, tuvimos que abandonar el uso de columnas calculadas de Power Pivot para la detección de picos y aplicar la misma fórmula "mínimo en movimiento" en SQL Server. Esa tabla de inhalación / exhalación de Dan ¡creció hasta convertirse en más de 100 millones de filas! **Pero todavía usamos Power Pivot para todas las medidas y reportes, que después de todo es la fuerza de Power Pivot.**

21- La Transformación Final: Un Clic que Cambiará tu Vida Para Siempre

En el capítulo uno, puse el escenario: el mundo necesita Excel Pros más que nadie se da cuenta, todavía, y nos necesita muchísimo más que nunca (gracias a las fuerzas gemelas de 'Big Data' y la presión económica).

Para satisfacer esa necesidad, y reclamar el reconocimiento apropiado (¡y la compensación!) para hacerlo, dije que necesitábamos una expansión dramática en el poder de nuestro conjunto de herramientas. Específicamente, destaqué cuatro problemas clave con 'tradicional' Excel que nos están frenando:

1. Demasiado esfuerzo manual va en la creación y el mantenimiento de los informes tradicionales de Excel.

2. La integración de múltiples fuentes de datos en una visión unificada es particularmente tedioso.

3. Realmente "Big" Data no se ajusta a causa del límite de 1 millón de filas.

4. Excel tiene un problema de imagen que socava la importancia percibida de su trabajo.

En las páginas entre el primer capítulo y éste, he mostrado cómo Power Pivot aborda los tres primeros problemas:

1. La lógica centralizada, sofisticada, y 'portátil' proporcionada por medidas DAX corta esfuerzo manual a 10% o menos de los niveles tradicionales.

2. La integración de múltiples fuentes de datos ahora requiere sólo tres clics para cada nueva fuente de datos. Esto es gracias a la fuerza de las relaciones, que hasta resuelve el problema de la temida 'granularidad desajustada' como la planteada en 'Presupuesto vs Actuales'.

3. Cientos de millones de filas de datos pueden ser abordadas y analizadas.

En el camino, espero que también se haya visto que Power Pivot hace honor a mi analogía de "biplano actualizado a jet, pero con una cabina familiar."

Sin embargo, todavía no he abordado el cuarto problema: la imagen. En este capítulo, explicaré qué es el problema de la imagen, y cómo Power Pivot puede proporcionar una nueva percepción de la marca de nuestro trabajo.

El ladrón oculto de credibilidad te roba cada día

Excel Pros están en guerra todos los días con un enemigo invisible, que hace más daño a nosotros como profesionales que todos los demás problemas combinados. Más que políticas de la oficina. Más incluso que la fórmula más terrible error. Incluso más que la fórmula de error más terrible

Esta fuerza siniestra opera en nuestras narices, oculto a la vista, todo el día, todos los días. Primero voy a desenmascarar a este villano, y luego explicar cómo lo vamos a desechar para siempre.

Vamos a empezar en un lugar inocuo: había una vez, una hoja de cálculo...

Una práctica común: hacer que las hojas de cálculo se vean menos como... hojas de cálculo

He aquí un relativamente sofisticado libro de Power Pivot que he creado:

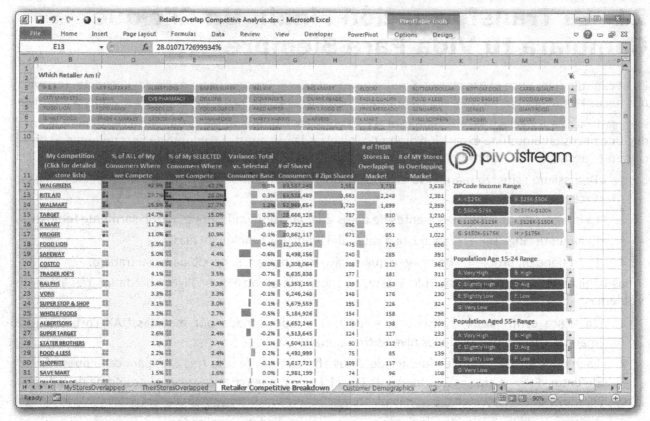

Figura 350 Este libro de Power Pivot le dice a minoristas sus principales competidores en ciertos grupos demográficos.

Es un libro que se ve muy pulido (si lo digo yo), y ofrece una funcionalidad pulida. Pero vamos a hacer que se vea un poco menos como "hojas de cálculo.'

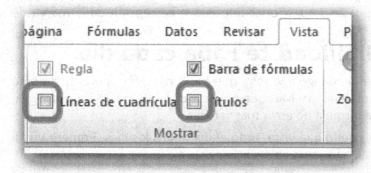

Figura 351 Apague líneas de cuadrícula y Títulos.

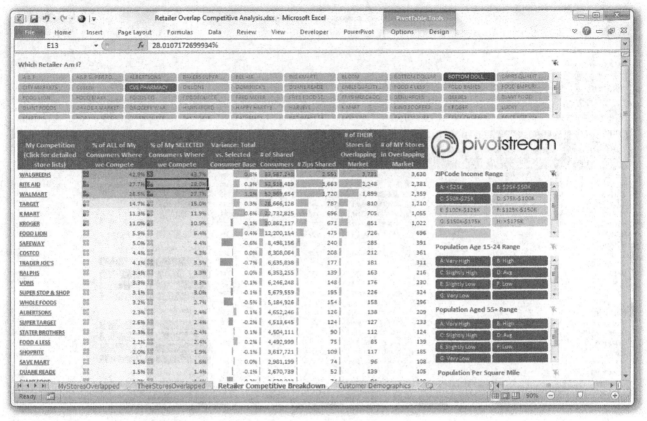

Figura 352 ¡Luciendo menos como una hoja de cálculo!

Incluso voy a aparcar la celda seleccionada detrás de esa máquina de cortar en lo alto, para que no pueda verla:

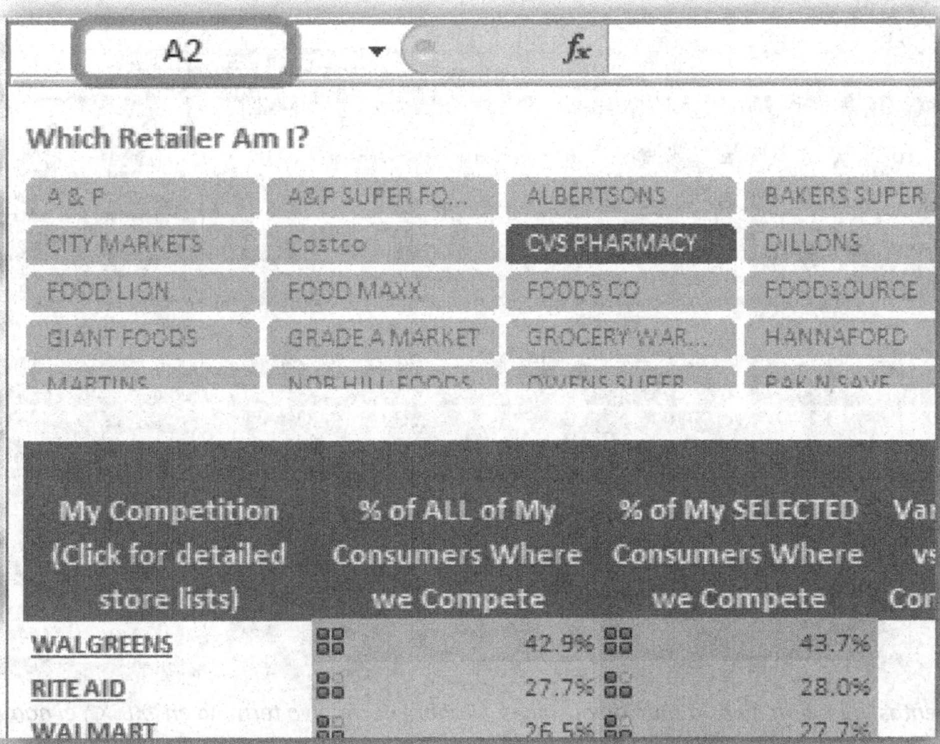

Figura 353 Celda A4 está detrás de la máquina de cortar, por lo que no se ve la celda seleccionada.

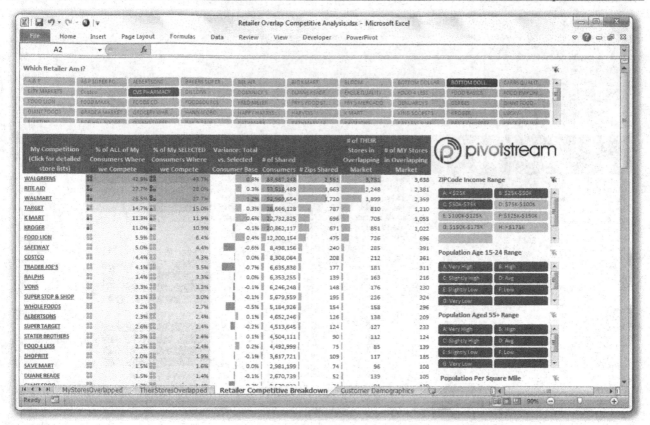

Figura 354 ¡Se ve bien! Pero hay algunos artefactos persistentes en la 'hoja de cálculo'…

¿Lo he conseguido? ¿Ya no parece una hoja de cálculo?

Um, no. He hecho todo lo que puedo y *todavía* no lo he conseguido. Vamos a destacar algunas de las cosas que *no* puedo controlar:

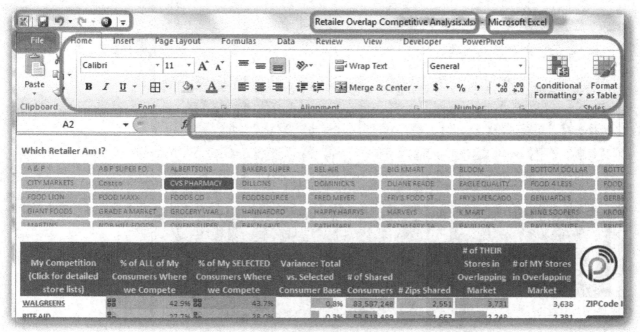

Figura 355 Barra de herramientas, menú Archivo, la cinta de opciones, Nombre de archivo termina en "XLSX", el nombre de Microsoft Excel en sí (un claro indicativo) ¡y una barra de fórmulas!

Esto sigue siendo todavía Excel. Nadie va a perderse eso.

¿Por qué es *importante*?

¿Por qué nos importa que todavía se vea como Excel? ¿Por qué nos molestamos con incluso los pasos estéticos menores que pasé? Por lo demás, hay un post sobre formato en hojas de cálculo (http://ppvt.pro/FormatXL) – uno que no contiene la palabra "Power Pivot" – ¿un post del top 5 de los más vistos de todos los tiempos en Power PivotPro.com?

Pues bien, las hojas de cálculo son lo que hacemos. Ellas son donde nuestro trabajo se encuentra con el mundo. En efecto, esas hojas de cálculo trabajando son casi *sinónimos* de nosotros: muy a menudo, cuando un consumidor está mirando una de ellas, se compara inherentemente la hoja de cálculo con sus contribuciones al equipo. En la cabeza del consumidor, la hoja de cálculo eres **tú**; y ya que todos sabemos que las apariencias importan mucho más de lo debido, ponemos mucho esfuerzo en el formato. A medida que nuestras hojas de cálculo son nuestras representantes en el resto de la organización (tal vez incluso a los clientes y socios), la manera en que nuestra apariencia en las hojas de cálculo se refleja en nosotros.

Ese es un punto importante a tener en cuenta. Sin embargo, vamos a cavar unos pasos más profundos.

Compartir con otros

Bueno, yo tengo la hoja de cálculo creada tan bien como puedo. Ahora es el momento de compartir. Así que me lanzo a mi correo electrónico y compongo un pequeño mensaje:

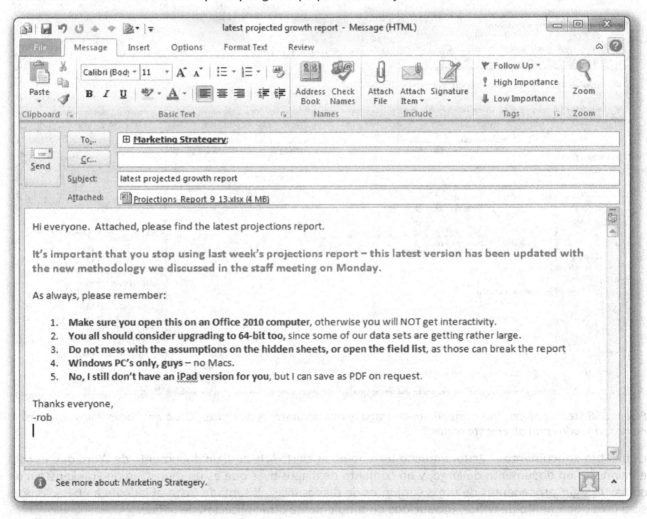

Figura 356 ¿Esto te resulta familiar? Apuesto a que sí.

Vaya, mira eso. Todas esas *instrucciones*. Los hacer y no hacer - limitantes. Por encima de todo, los deseos no cubiertos de mis pobres compañeros de trabajo que sólo quieren los datos en un formato conveniente.

En el extremo receptor: Excel = Word = PowerPoint

Está bien. Ahora vamos a ponernos en los zapatos de otro: uno de nuestros consumidores, que recibe la hoja de cálculo. Vamos a llamarlo Jim.

Jim regresa a su escritorio para encontrar estos tres mensajes en la parte superior de su bandeja de entrada:

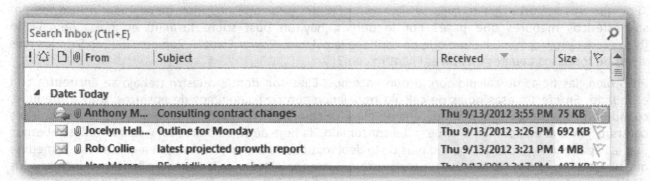

Figura 357 "Hmm, Parece que tengo algunas cosas para revisar."

Entonces Jim abre esos mensajes:

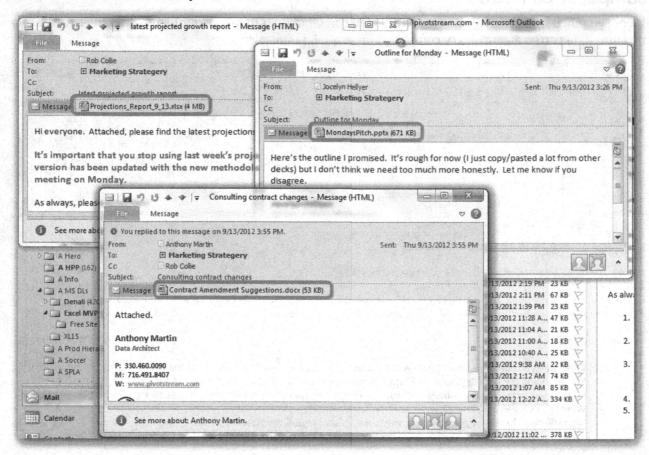

Figura 358 Tres mensajes, tres compañeros de trabajo, tres documentos de Office: "Oh, bien. Documentos adjuntos. Al menos son todos probablemente cortos."

La palabra «documento» - ¿cubre mucho terreno no es cierto? He aquí un documento de Word que es sólo ediciones a un documento de largo, y un conjunto de diapositivas que es un monstruo de Frankenstein de copiar / pegar procedentes de otros conjuntos de diapositivas. Y sentado justo al lado de ambas cosas es sólo otro documento de Office, producidos en simplemente otra aplicación de Office.

Esta asociación psicológica estrecha entre Word, Excel y PowerPoint es muy lamentable, porque en realidad son muy diferentes. Documentos de Word y PowerPoint son contenedores de *contenido estático* - cosas que se *introducen* a través de un método u otro (escribir, pegar, hacer clic en el formato, etc) Una hoja de cálculo bien construida, por el contrario, es una aplicación en sí misma. Excel Pros, nos demos cuenta o no, son *programadores*. Producimos sistemas lógicos - nuestras hojas de cálculo son las *máquinas* que hemos creado.

Excel Pros son los programadores empresariales dominantes del mundo. Somos *ingenieros*. Nuestras hojas de cálculo son, en sí mismas, una forma de *software* - el software que pasa a ser creado en un entorno conocido como Excel, y que también pasa a ejecutar (para los consumidores) en ese mismo entorno.

Sin embargo, esta estrecha asociación con las demás aplicaciones de Office, y con la noción de un "documento", entorpece todo en los ojos del consumidor. No es tu culpa: esto es sólo cómo el cerebro humano digiere lo desconocido - filtra a través de la lente de lo familiar. Documentos son documentos. Aplicaciones de Office son aplicaciones de Office.

Incluso en Microsoft, en el equipo de Office, las personas que trabajaron en Word, PowerPoint y / o Outlook realmente no consideraban Excel como diferente. (Excepto las personas que trabajaron en Excel - definitivamente nos considerábamos diferentes, que *también* te puede sonar familiar.)

De mágico a mundano

Es claro, entonces, que nuestro valor percibido es aún dañado por el hecho de que es el mismo Excel para la creación de documentos como lo es para el consumo de documentos. ¿Por qué? Debido a que Excel tiene un millón de botones y superficies de control - las maneras por las que los consumidores pueden volverse confusos. Por lo que pueden romperse cosas.

Aunque se podría esperar que esta complejidad podría aumentar el respeto por nuestras habilidades, la falta de comprensión de los consumidores en realidad sólo perjudica la reputación de Excel y, por extensión, de sus usuarios. Mi amigo Dick Moffat se quejó ante mí recientemente que "en los viejos tiempos", alguien podría llamarse a sí mismo un desarrollador de Excel y que era algo "cool" que decir. Ser un Excel Pro era una profesión de vanguardia que podrían ganarse la vida de primer nivel, así como un profesional independiente. Sin embargo, ha lamentado, muy pocas personas que se hacen llamar en la actualidad.

Algo claramente ha erosionado en los últimos años. Cuando la hoja de cálculo estalló primero en la escena, se sentía como la magia absoluta - llegó con la corriente original de PC, una fuerza absolutamente revolucionaria.

La gente ha estado haciendo bastantes hojas de cálculo desde la década de 1980, y desde la década de 1990 han estado enviando correos electrónicos a su alrededor. O guardándolas en recursos compartidos de archivos. En otras palabras, tratándolas como documentos de Word.

Durante todo ese período de tiempo, la idea de que Excel = PowerPoint = Word ha sido generalizado, y constantemente reforzada.

Además, el foco del mundo, desde 1996, ha sido rápidamente alejándose del escritorio y hacia... la Internet

La web: de enemigo a oportunidad
Sacando con sifón la mente compartida lejos de nosotros desde 1996

Parte del problema que enfrentamos no es un problema de Excel - se trata de un problema de escritorio, y punto. Tenga en cuenta los siguientes gráficos que me encontré en búsqueda de tendencias de trabajos en Indeed.com:

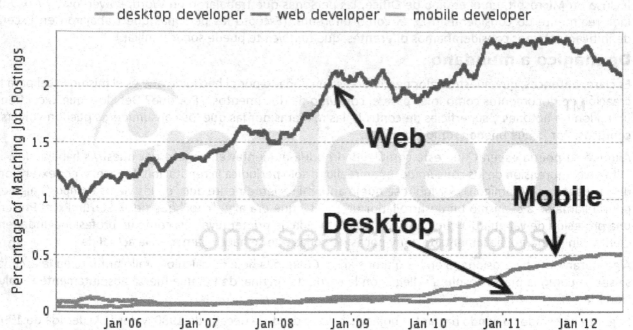

Figura 359 Listados de trabajos tienen una tendencia desde el 2005 por tres tipos diferentes de programadores.

Desearía que los datos de Indeed.com's regresaran más lejos, pero aún muestra el punto: desarrollo de escritorio no es precisamente la moda. La única cosa que cortando en el desarrollo web como una carrera es el desarrollo móvil.

Aquí hay otra:

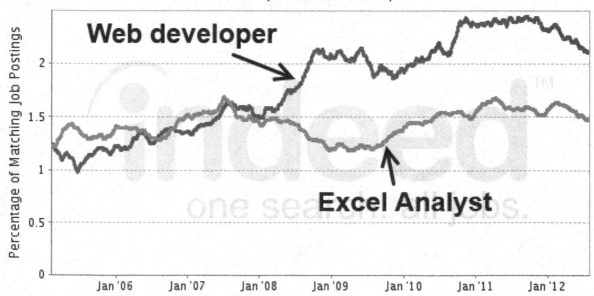

Figura 360 Analista de Excel frente a Desarrollador Web.

Es interesante que Excel se ha mantenido estable y Desarrollador Web no 'paso' hasta finales de 2006.

Desarrolladores Web dominan los listados de trabajo ya que las *aplicaciones* web son las que exige el mundo. Aunque ninguno de nosotros somos "desarrolladores de escritorio" en el sentido de esta gráfica, esto refleja un cambio más amplio en la forma en que el mundo hace su cálculo, lo que nos *afecta*.

Erosión de la importancia percibida del escritorio significa erosión de importancia percibida de Excel (pero no el uso). Cuando llegué a Microsoft en 1996, los informes de gastos eran impulsados por una plantilla de Excel. Para el año 2000, la plantilla de Excel se había ido, reemplazado por un modelo basado en la web.

Si Excel se puede quitar de un proceso, que ha sido por ahora. Lo que queda son las cosas que hablamos en la introducción - las personas que están incrustados en el negocio, conocen el negocio, y son capaces de proporcionar datos directamente digeridos (usando Excel).

Para ver el gráfico de arriba, y ejecutar sus propias búsquedas de este tipo, visite http://ppvt.pro/XLvsWebDev.

Nuestro puente hacia el futuro

Volvamos al escenario de enviarme por correo electrónico en torno a un informe, y esta vez, me imagino enviando el siguiente en su lugar:

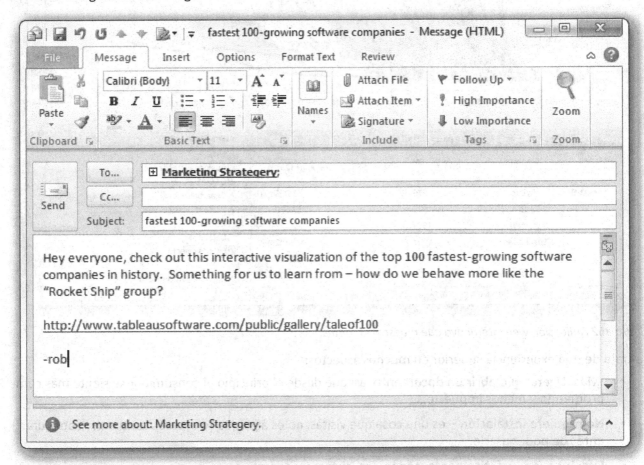

Figura 361 Esto se siente muy diferente a enviar por correo electrónico un documento, especialmente en el extremo receptor.

Jim abre el correo, y de buenas a primeras que está más entusiasmado con hacer clic en un enlace que abrir un archivo adjunto. La web sólo se siente 'ligera'. Documentos que se abren en las aplicaciones de escritorio se sienten pesados en comparación.

Hace clic en el enlace, y ve:

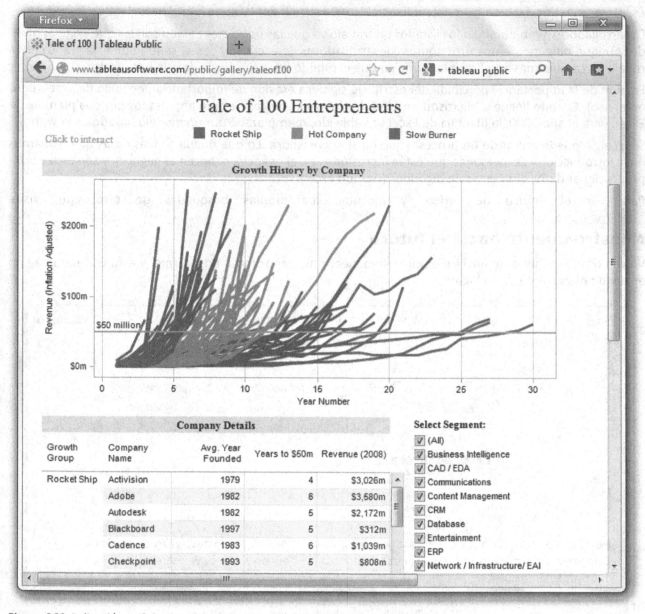

Figura 362 Aplicación web interactiva que muestra los datos.

Se trata de una experiencia superior en muchos aspectos:

- **Más 'Ligera' que abrir un documento**, así que desde el principio el consumidor se siente más comprometido y menos impuesto.

- **No requiere instalación** – es una cosa que visitas, no es algo que te llevarás contigo (¡y configurar!) antes de poder usarlo.

- **Funciona en prácticamente todos los sistemas operativos** – ni disculpas o limitaciones de responsabilidad requeridas en mi e-mail.

- *No* **sufre de una estrecha asociación con los "recipientes de contenido"** como Word y PowerPoint.

- **Sensación moderna**, a diferencia de la década de 1980 con la tecnología de documentos Excel.

- **Menos intimidante y propenso a errores**, ya que proporciona una experiencia de usuario limpia, sin el desorden y el peligro de las herramientas que se utilizaron para *elaborar* el informe.

- **Simplemente se siente mucho más *legítima*** – aplicaciones basadas en web no son el tipo de cosas que el trabajador de oficina promedio puede producir. Requieren equipos para construirla. Y, básicamente, cada experiencia informática que confiamos en estos días es una experiencia web.

La captura de pantalla de arriba es de una empresa llamada Tableau, una empresa que muchos consideran como un competidor para Excel y Power Pivot. ¿Por qué los incluyo, de todas las personas? Porque quiero resaltar con claridad lo que nos ha *faltado*.

Es decir, hasta ahora. :-)

Volvamos a mi hoja de cálculo retail competitive (competencia minorista)

Volvamos a mi versión final con formato:

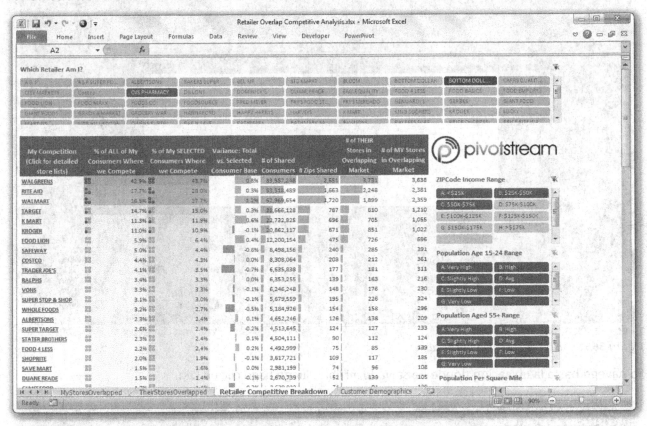

Figura 363 Lo mejor que podemos hacer en el escritorio.

Entonces vamos a regresar a mi navegador, donde estoy mirando algunos libros almacenados en un sitio web en la nube:

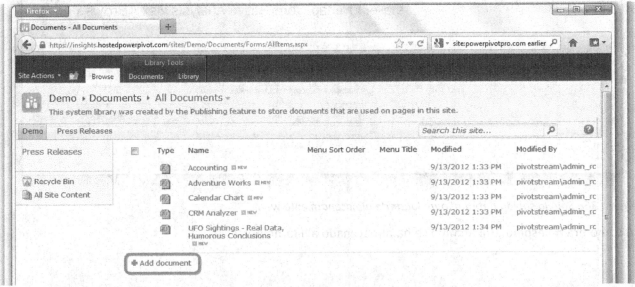

Figura 364 Un sitio web en la nube donde se guardan algunos archivos XLSX. Tenga en cuenta el vínculo resaltado "Add a Document" o "Añadir documento" en español.

Hago clic en ese vínculo Add Document y me pide una ruta de archivo:

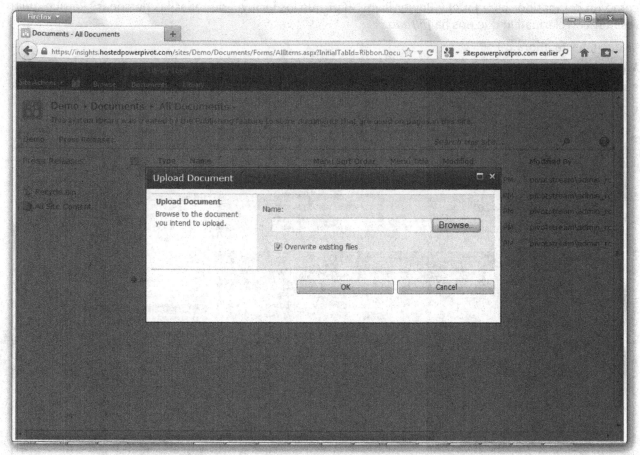

Figura 365 Solicitud de archivo para subir.

Yo navego hasta la ubicacion donde he salvado mi libro, luego hago clic en OK:

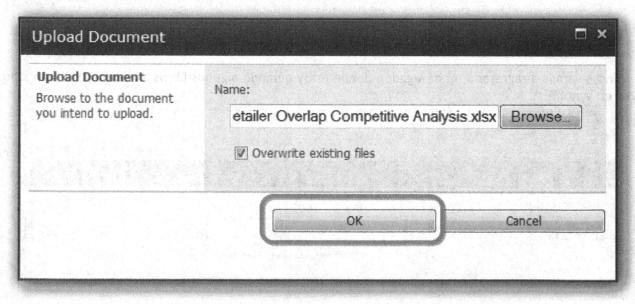

Figura 366 Sólo la subida habitual a un lugar de almacenamiento web.

Y, como era de esperar, mi archivo se ha almacenado allí también:

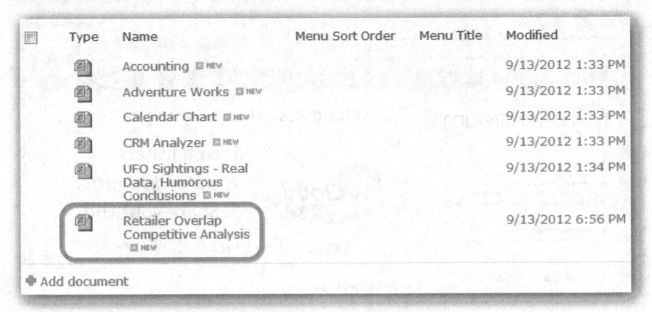

Figura 367 Libro subido correctamente.

Cambio a vista de consumidor

Hasta ahora he estado en el modo "detrás de las escenas" de esta página web, un lugar donde la gente como yo pueda poner los libros que hemos hecho.

Sin embargo, este es un tipo muy especial de sitio web, y tiene un propósito mucho más grande que sólo el almacenamiento de libros. ¡Este sitio web es un sitio web servidor de Power Pivot!

Para mostrar lo que quiero decir, vamos a mirar a la página principal del sitio, un lugar que todos mis clientes pueden ver, y que está dirigido a sus necesidades. El enlace a la página de inicio ya está aquí:

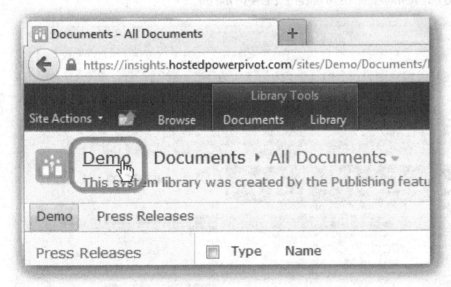

Figura 368 Enlace de nuevo a la páginadeinicio-orientado al consumidor.

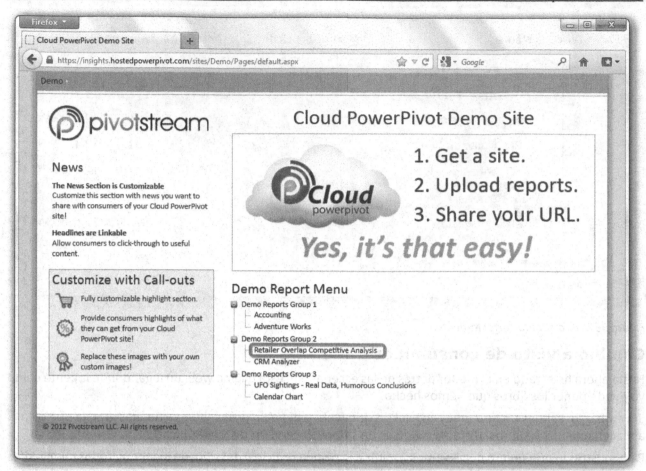

Figura 369 ¡Observa el vínculo al libro que hemos subido! Al hacer clic en eso me da...

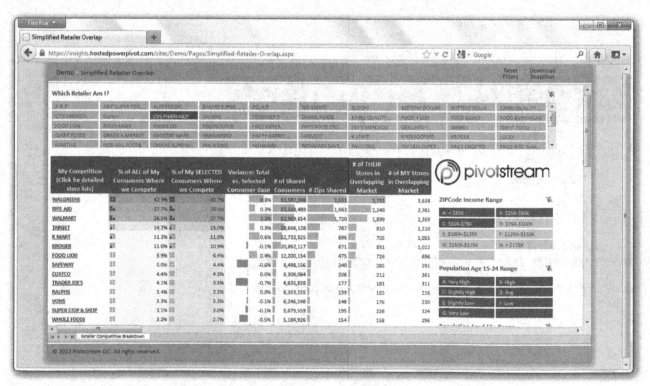

Figura 370 ¡El libro de trabajo! ¿Pero es sólo una imagen? Vamos a hacer clic en una máquina de cortar.

Demo Simplified Retailer Overlap
Which Retailer Am I?
A & P
A&P SUPER FOO...
ALBERTSONS
BAKERS SUPER ...
BEL AIR
BIG KMART
Costco
CVS PHARMACY
DILLONS
DOMINICK'S
FOOD LION
FOOD MAXX
FOODS CO
FOODSOURCE
FRED MEYER
GRADE A MARKET
GROCERY WARE...
HANNAFORD
HAPPY HARRYS ...
HARVEYS
MARTINS
NOB HILL FOODS
OWENS SUPERM...
PAK N SAVE
PATHMARK
My Competition (Click for detailed store lists)
% of ALL of My Consumers Where we Compete
% of My SELECTED Consumers Where we Compete
Variance: Total vs. Selected Consumer Base
# of Shared Consumers
WALGREENS
42.9%
43.7%
0.8%
83,587,248

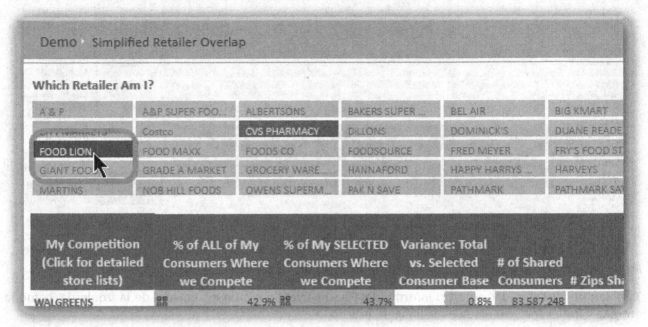

Figura 371 Vamos a hacer clic en Food Lion en lugar de CVS.

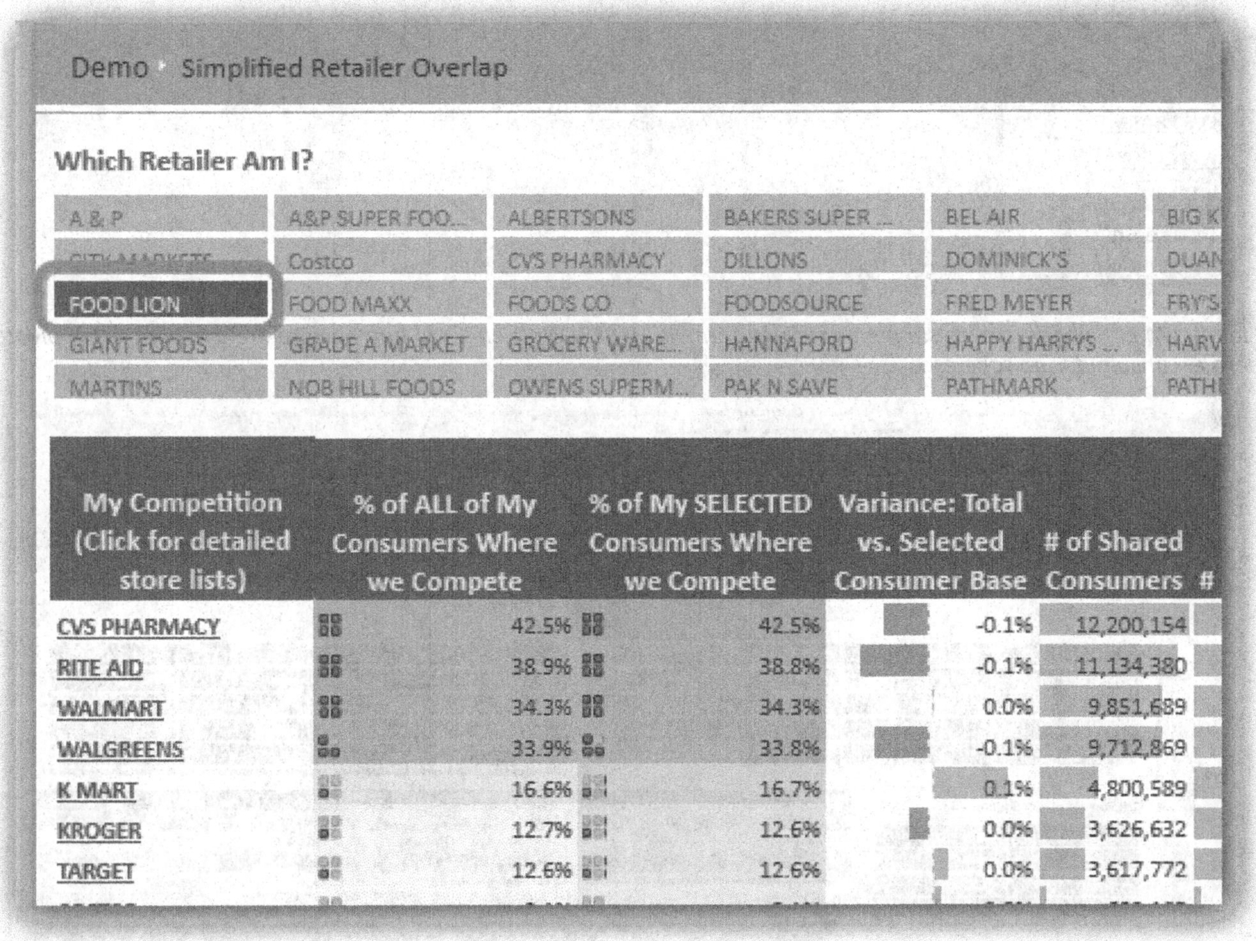

Demo Simplified Retailer Overlap
Which Retailer Am I?
A & P
A&P SUPER FOO...
ALBERTSONS
BAKERS SUPER ...
BEL AIR
Costco
CVS PHARMACY
DILLONS
DOMINICK'S
FOOD LION
FOOD MAXX
FOODS CO
FOODSOURCE
FRED MEYER
GIANT FOODS
GRADE A MARKET
GROCERY WARE...
HANNAFORD
HAPPY HARRYS ...
MARTINS
NOB HILL FOODS
OWENS SUPERM...
PAK N SAVE
PATHMARK
My Competition (Click for detailed store lists)
% of ALL of My Consumers Where we Compete
% of My SELECTED Consumers Where we Compete
Variance: Total vs. Selected Consumer Base
# of Shared Consumers
CVS PHARMACY 42.5% 42.5% -0.1% 12,200,154
RITE AID 38.9% 38.8% -0.1% 11,134,380
WALMART 34.3% 34.3% 0.0% 9,851,689
WALGREENS 33.9% 33.8% -0.1% 9,712,869
K MART 16.6% 16.7% 0.1% 4,800,589
KROGER 12.7% 12.6% 0.0% 3,626,632
TARGET 12.6% 12.6% 0.0% 3,617,772

*Figura 372 Sí, **es** completamente interactivo. En mi explorador. (¡A pesar de que este equipo **no** tiene instalado Power Pivot!)*

Luego lo filtro para ver Whole Foods:

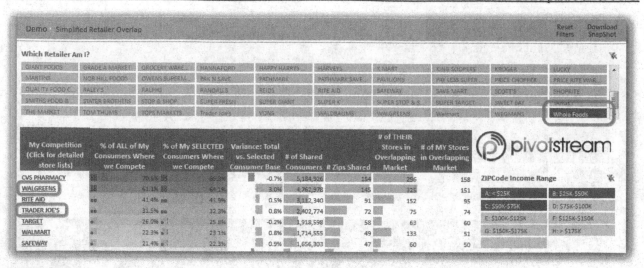

Figura 373 Nota como Walgreens salta al #2, y Trader Joe's salta hasta el fondo a la cuarta posición.

También puedo 'ahondar en' otro informe detallado haciendo clic en los enlaces de la izquierda, como la entrada "Trader Joe" circulada en la imagen de arriba.

Figura 374 El hipervínculo es simplemente una formula HYPERLINK() en Excel que hace referencia dentro del pivote, pero el consumidor no sabe eso...

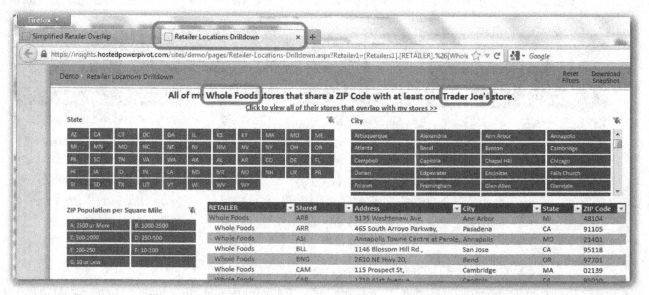

*Figura 375 Abre una nueva pestaña del navegador y me muestra un informe completamente diferente, **pero** parametrizado al Retailer que elegí en la máquina de cortar (Whole Foods) y el Retailer cuyo hipervínculo hice clic (Trader Joe 's).*

¿Quieres más pruebas?

Aquí hay otra *aplicación* de Power Pivot en ese mismo sitio de demostración:

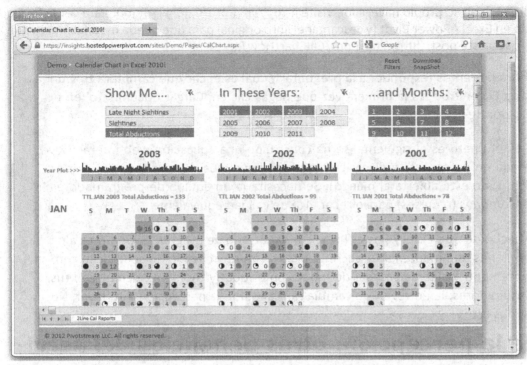

Figura 376 Un gráfico de calendario implementado en un libro de de Power Pivot de Excel.

¡Y aquí está la misma aplicación vista en un iPad!

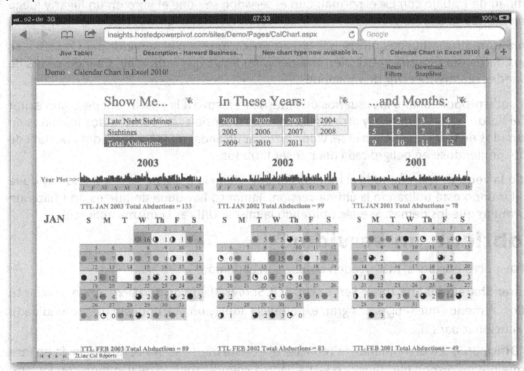

Figura 377 Solo abre Safari (el navegador para iOS) en el iPad y navega a esta aplicación web.

¿Qué hay en un nombre?

¿Observas cómo sigo usando la palabra «aplicación» en lugar de «libro de trabajo" u "hoja de cálculo? Así es como tus consumidores pensarán de esto, también, en la medida en que lo describas como tal desde el principio. Diles que has "construido una nueva aplicación Vide Power Pivot y está disponible en la web para su uso." No digas que "he subido un libro." ¿Captas?

Para probar esta aplicación en su propio navegador, visite http://ppvt.pro/CalChartDemo. Para ver la forma en que fue construido en Excel / Power Pivot (y descargar el libro original para que pueda modificar para que se ajuste a sus datos), vea este post: http://ppvt.pro/CalChartHowTo.

> **Ahora podemos responder a la pregunta "¿Cuál es el clic que cambiará tu vida como Excel Pro?** Es la primera vez que hagas clic en 'Cargar documento' en el servidor de Power Pivot.
>
> El efecto neto es el siguiente: se ha construido una aplicación web interactiva, basada en datos. Está a disposición de todo aquel que decidas (hay que darles acceso, no está abierta al mundo). Se necesitaría un equipo de programadores por *semanas* (o meses) para ofrecer algo de calidad equivalente.
>
> El hecho de que Excel / Power Pivot era el entorno de programación no es algo que tienes que mantener en secreto, pero siempre y cuando no se utilicen constantemente palabras pasadas de moda como "doc" y "hoja de cálculo" con tus consumidores, la entrega web cambia radicalmente la percepción a tu favor. No pierdas esto.

Más allá de la percepción: otros beneficios del servidor

- **El fin al problema de la distribución** – sólo el envío de los libros a sus consumidores es a menudo una gran cantidad de trabajo con Excel normal. Con el servidor, se pone el libro en un lugar y luego enviar una única URL a la *aplicación*.

- **Actualización automática** – puedes programar las sus aplicaciones en el servidor para refrescarse con los últimos datos, sin que tu (o cualquier otra persona) tenga que intervenir. Cuando te vas de vacaciones, puedes realmente *estar* de vacaciones.

- **Seguridad** – puede proporcionar a los usuarios un acceso interactivo a la aplicación, pero aún evitar la descarga del libro. Así, las fórmulas y otra lógica comercial sensible, así como todos los datos en sí, están asegurados de forma segura en el servidor, en lugar de andar en la computadora portátil de todo el mundo, poniéndose en peligro cada día por ser filtrados.

- **Una versión de la verdad** – porque todo el mundo siempre utiliza la copia del servidor, no hay duda de que todo el mundo está utilizando la última versión. Tampoco hay duda de que están utilizando las mismas fórmulas que los demás. Si estás utilizando la misma URL, es la misma aplicación.

¿Cómo se obtiene un servidor?

En estos momentos hay pocas opciones, más pueden abrirse con el tiempo.

1. **Puedes comprar SharePoint Enterprise Server con SQL Server BI** Edition de Microsoft e instalar tu propio servidor. A menos que tengas una gran experiencia aquí (y un presupuesto de profundidad), esto no va a funcionar para ti.

2. **Puedes usar Office 365.** En el momento de redactar esto, esta oferta se encuentra todavía en fase beta y no formalmente disponible. Tampoco se ha dado a conocer todo lo relacionado con los precios. Sé que hay algunas limitaciones - archivos deben ser del tamaño de 10 MB, no se puede auto refrescar nada más que tablas vinculadas, y la estética general todavía grita "hoja de cálculo".

3. **Ofertas de la Nube por Terceros.** Yo no voy a promover cualquier oferta especial aquí, pero hay algunos por ahí. Además, yo podría tener algo bajo la manga también. Vigila http://ppvt.pro/CloudP-PV para noticias.

El futuro de los Excel Pros es brillante, y está aquí. Despega en tu nuevo avión de reacción y disfruta del viaje.

A0- Otra Prueba de que el Juego está Cambiando

En este libro he hecho algunas afirmaciones audaces sobre el impacto de Power Pivot en tu carrera. He usado palabras como "programador", "ingeniero" y "desarrollador" para describir tu papel cambiante. (También me gustaría añadir términos como "Business Intelligence profesional", "científico de datos" y "Especialista en Grandes Datos" a la lista).

Todo esto puede sonar como una exageración atractiva para ti - no es más que una metáfora agradable. Pero en realidad es, literalmente, la verdad.

Microsoft, ya ves, ha rediseñado sus herramientas de programación de datos de análisis de potencia industrial para ser simplemente... Power Pivot.

SQL Server Analysis Services (SSAS) – complejo pero lucrativo

Al principio de este libro, he mencionado que Power Pivot surgió de un producto de Microsoft existente, SSAS. Durante años, SSAS ha sido el producto más ampliamente adoptado en un mercado de alto nivel conocido como "bases de datos OLAP". (Eso es un nombre de fantasía, pero tú y yo podemos pensar en "OLAP" como "motores de cálculo de pivote.")

Mientras Power Pivot y SSAS comparten una gran cantidad de ascendencia común, el producto tradicional SSAS **no** es amigable con Excel Pros. Se utiliza un lenguaje de fórmulas conocido como MDX que es bastante extraño y difícil para nosotros. Además, SSAS tradicionales es fundamentalmente muy formal y rígido. No funciona en tablas, sino que utiliza dimensiones, grupos de medida y jerarquías - conceptos que llevan una gran cantidad de complejidad, rigidez, y efectos secundarios. Por último, es muy abstracto - se invierten grandes cantidades de esfuerzo (y de pensamiento) antes de que usted vea resultados, a diferencia de Excel y la información instantánea y permanente de Power Pivot.

Por supuesto, el puñado de Pros en SSAS en el mundo por lo general ganan más dinero que Excel Pros. Por ejemplo, en 2006 contraté un SSAS Pro por dos meses de trabajo y le pagué $50,000. ¡Eso es un buen dinero!

SSAS ahora se está convirtiendo en Power Pivot

Abramos una **verdadera** herramienta de desarrollo: Visual Studio Ultimate. Aquí es donde los SSAS hacen su trabajo, así como desarrolladores web, desarrolladores de aplicaciones móviles, etc - se trata de **la** herramienta de programación de Microsoft:

Figura 378 Visual Studio Ultimate: Hasta el nombre suena impresionante

Pero en lugar de construir algo desde cero, vamos a intentar algo más simple. Ahora hay una nueva opción llamada Importar de Power Pivot:

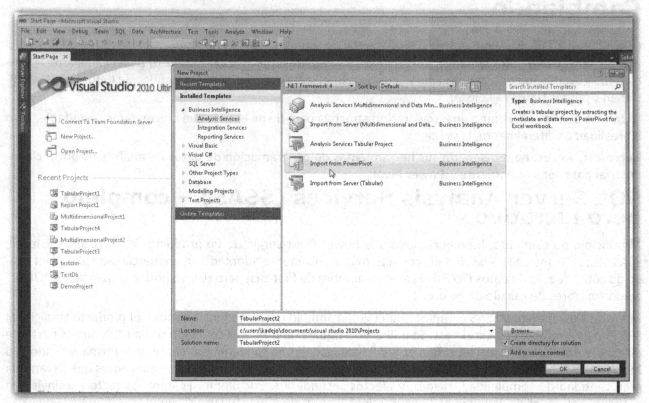

Figura 379 Import from Power Pivot (Importar de Power Pivot)

¿Adivina lo que sucede a continuación? Puedo navegar por un libro de Power Pivot:

Figura 380 Sólo tienes que seleccionar un libro de Power Pivot

Lo que vemos a continuación es una experiencia muy, muy familiar:

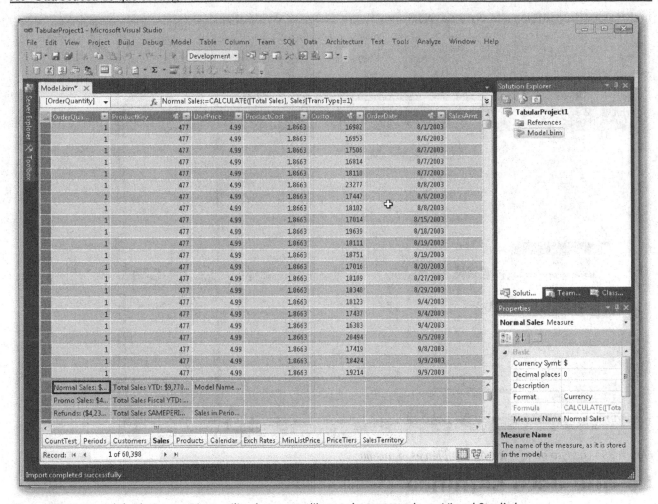

Figura 381 Mi modelo de Power Pivot utilizado en este libro, ¡ahora cargado en Visual Studio!

Aparte del tinte azul frente al tinte verde, y la vista de árbol acoplada a la derecha, ¡esto es precisamente lo que vemos en la ventana de Power Pivot! Las tablas, etiquetas de las hojas, etc.

Nos acercamos un poco, seguimos el tema "idéntico a Power Pivot" tema:

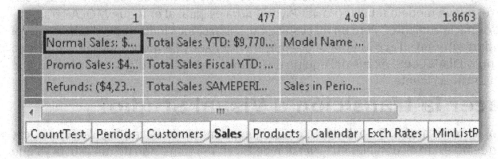

Figura 382 Parrilla de medición y etiquetas de las hojas

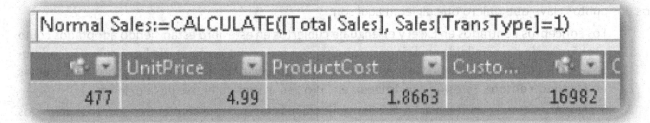

Figura 383 La fórmula DAX es exactamente la misma

Incluso puedo cambiar a la vista de Diagrama, que a su vez se ve idéntica:

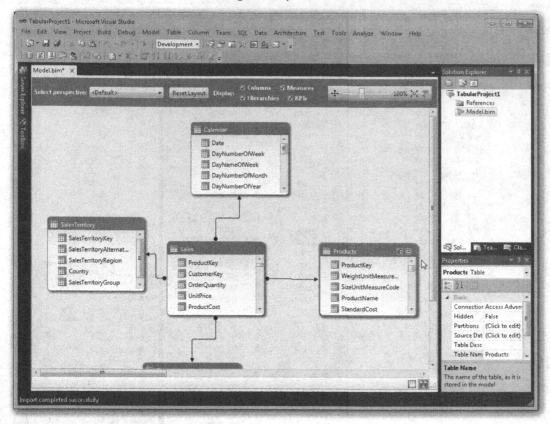

Figura 384 La vista de la relación también es la misma

Lo que esto significa

En resumen, Microsoft ha decidido que el enfoque de Power Pivot (DAX y tablas) es una mejor manera de avanzar que el antiguo idioma SSAS y el enfoque (comúnmente referido como "MOLAP" - MDX, dimensiones, etc) Power Pivot - tablas y DAX, que ahora verá denominado "enfoque tabular" - es el futuro de su producto de calidad profesional, y no sólo algo para Excel Pros.

Para ser justos, es realmente mi propio análisis de la situación - Microsoft no lo diría de esa manera. Se posicionan más en la línea de "el nuevo modelo tabular (Power Pivot) ahora es igual al enfoque MOLAP tradicional, y ambos serán apoyados hacia adelante." Pero en mi evaluación, sus acciones indican que "tabular" es el futuro. Hay novedades importantes en su ecosistema BI que fueron diseñados (al menos inicialmente) sólo para trabajar con Tabular, no MOLAP. Como ex jefe del equipo de ingeniería de Microsoft, te puedo decir que ese tipo de decisión nunca es un accidente.

¿Debes de hacer la transición a Visual Studio?

No, en absoluto. De hecho, no lo he hecho. Probablemente en algún momento lo haga - hay características que están disponibles allí que no están disponibles en la versión de Excel. Y la transición no me asusta ya que puedo importar un archivo XLSX y simplemente seguir cruzando a lo largo.

Pero yo realmente no tengo que hacer eso todavía. El punto es, es bueno saber que está ahí.

Los dos puntos clave que quiero que digieran aquí son:

1. Los conceptos centrados en Excel y el lenguaje cubiertos en este libro están siendo adoptados como el enfoque de desarrollo de análisis de gama alta para todos en Microsoft. No hay nada más poderoso. Ustedes están aprendiendo la más capaz, más de potencia industrial - conjunto de herramientas en el mundo entero. Se están convirtiendo en "Pro" en el sentido fuerte de la palabra.

2. Si alguna vez tiene que "escalar" a una herramienta más fuerte - que contiene conceptos avanzados de seguridad o contiene más datos que el límite de tamaño de 2 GB de árchivos de Power Pivot, por ejemplo - se puede pasar a Visual Studio sin perder el ritmo.

A1- Tanto Poder, Tan Poco Espacio: Otras Capacidades

Mi estimación original de este libro fue de 150 páginas. Bien está que resultó un poco más que eso, y sin embargo, la lista de cosas que no tengo espacio para escribir sigue siendo muy importante.

Quiero por lo menos tomar conciencia de estos temas, aunque, en algunos casos, señalar a los recursos que creo que podrían ser útiles.

Los dos primeros de estos, Power View y Formulas de Cubo, son los que más quisiera haber tenido espacio para escribir. Dicho esto, cada uno de ellos ya ha sido objeto de múltiples libros enteros. Así que fue una decisión sensata el dejarlos fuera.

El resto de ellos no se sienten tan mal. Ninguno de ellos son cosas que uso hoy en día. Tal vez en el futuro lo haré, pero creo que es justo clasificarlas como "puedes ser muy eficaz en Power Pivot mucho antes de que los necesites."

Power View

Power View es una nueva superficie de visualización (¡un nuevo tipo de hoja!) en el Excel 2013 que se puede utilizar para mostrar todo tipo de cosas modernas como mapas, vistas de tarjetas y gráficos animados. (La versión 2013 de Power View es en realidad Power View V2. V1 no está integrado en Excel, y existe solamente como una característica de SharePoint).

Hay al menos un post acerca de Power View en el blog. Este muestra unas pocas capacidades de Power View V1:

http://ppvt.pro/PowerViewCat

Fórmulas Cubo

Cualquier tabla dinámica que creas con Power Pivot puede ser completamente "explotada" en fórmulas - cada celda de la tabla dinámica se convierte en una fórmula cubo. Esto abre posibilidades ilimitadas de formato, la interacción entre DAX y el motor de cálculo en las hojas de Excel, y algunas cosas realmente creativas como la tabla de calendario.

En realidad hay un poco acerca de las fórmulas de cubo en el blog, en la categoría de fórmulas de cubo:

http://ppvt.pro/CubeFormulasCat

GENERATE(), SUMMARIZE(), CALCULATETABLE(), ADDCOLUMNS(), KEEPFILTERS(), ROLLUP(), CROSS-JOIN()

Hay una gran cantidad de funciones que ayudan a trabajar con tablas completamente "virtuales" entre bastidores durante un cálculo de medida.

Todavía no he verdaderamente siquiera intentado su uso. David Churchward ha utilizado algunos de estos en artículos como invitado en el blog, pero en realidad, este es un lugar donde te recomiendo a los italianos - Russo y Ferrari, además de nuestro amigo Chris Webb, Inglés. Creo que tienen un nuevo libro en las obras para Excel 2013 y van a cubrir una gran cantidad de estas cosas más avanzadas con gran detalle.

TOPN()

Esta es una novedad de Power Pivot V2 y creo la que voy a estar usando mucho, pero no he tenido mucho tiempo con ella todavía. Se parece a una versión de FILTER() que hace que sea fácil simplemente devolver las mejores n filas. Así que usarías esto como un argumento <filter> en un CALCULATE().

Jerarquías

La posibilidad de enlazar varios campos en la lista de campos juntos, para que todos se añadan al mismo tiempo y en el orden correcto (piensa País / Estado / Ciudad).

Esta característica no me interesa mucho, la verdad, ya que la gran mayoría de los consumidores no desea siempre ver una lista de campos, y esta característica sólo es realmente útil para la persona que *está* utilizando la lista de campos.

Funciones PATH()

Dicho esto, hay una serie de funciones añadidas a DAX llamadas PATH que todas trabajan con jerarquías, por lo que podría haber alguna utilidad a las jerarquías Aún :-)

HASONEFILTER(), ISFILTERED(), ISCROSSFILTERED()

Las dos primeras tienen sentido semántico para mí y debe ser fácil de descifrar. El tercero es aún bastante desconocido para mí.

USERELATIONSHIP()

Power Pivot V2 permite múltiples relaciones a existir entre un par de tablas, mientras que V1 te restringe a un solo enlace. USERELATIONSHIP() permite seleccionar la relación que se utiliza en una fórmula, en el caso de que haya más de una.

La función de enlace múltiple se aplica a los casos tales como cuando tienes una tabla Calendario pero dos columnas de fecha de la tabla de ventas - FechaPedido y FechaEnviado. A veces se quiere mostrar los datos de ventas en el giro de acuerdo con la fecha del pedido, y otras veces se desea verlo a través de la fecha de envío.

En el pasado has tenido que tener dos tablas Calendario para hacer frente a esa situación. No me queda claro hasta el momento si el USERELATIONSHIP() será de gran valor en mi trabajo, o si voy a seguir utilizando dos tablas diferentes.

Escenarios de relación "Muchos a Muchos"

A veces hay un par de tablas que te gustaría idealmente relacionar, pero no es posible porque hay valores duplicados en cada tabla. Hay una fórmula DAX "Solución alternativa" de esta situación sin embargo, pero es bastante complicado.

En realidad, no es tan complicado, como es difícil de entender. Tengo algunos libros que utilizan esta técnica, pero he copiado la técnica de los italianos :-) Tuve la oportunidad de modificar el patrón para adaptarse a mis necesidades, pero esta técnica me parece "no es algo que los Excel Pros necesiten aprender en su primer año de Power Pivot". Leer Ferrari / Russo / Webb, para obtener más información.

A2- Cuatro Mensajes de error comunes

Hay un puñado de errores que se pueden ver de vez en cuando - los mensajes de error que suenan de miedo pero en última instancia, significan muy poco. He querido dedicar sólo una página rápida o dos para cubrir estos, para que sepas qué hacer cuando los veas.

 Toma en cuenta que todas las figuras aquí mostradas fueron tomadas utilizando la versión de habla inglesa de Excel

"Inicialización de la fuente de datos ha fallado"

Figura 385 Veo esto todo el tiempo

En pocas palabras, se puede ignorar por completo este mensaje de error. Haga clic en Aceptar (OK) y todo está bien. No puedo recordar un solo caso en el que hice clic en Aceptar y algo malo sucedió después.

Literalmente, he visto a este emergente miles de veces, y nunca ha indicado una vez que algo se rompió en realidad.

Desearía no tener que ver este elemento emergente en absoluto, por supuesto. Pero no es algo de qué preocuparse, y nunca sucede en el servidor.

Los otros tres

Tiene sentido cubrir los tres restantes como grupo, ya que todos ellos básicamente significan lo mismo, y los pasos a seguir para solucionarlos también son los mismos.

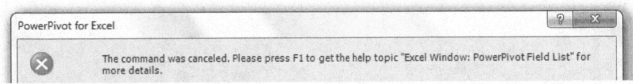

Figura 386 "El comando ha sido cancelado"

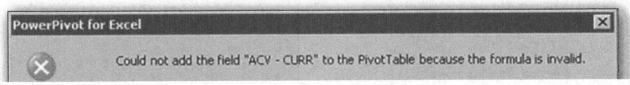

Figura 387 "Formula es inválida"

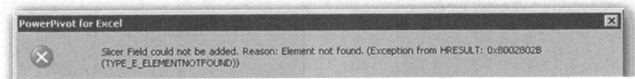

Figura 388 "Elemento no encontrado"

Los tres de ellos indican que el complemento Power Pivot y Excel han estado "fuera de sincronía" entre sí. Más específicamente, Power Pivot sabe sobre el campo que está intentando agregar, pero Excel no cree que existe campo. Esto sucede con los campos que ha creado recientemente - Nunca he visto que esto ocurra con un campo que ya he utilizado en una tabla dinámica.

La solución a esto es esencial para "despertar a Excel." A veces, Excel es un poco más dormido que otras veces, así que aquí está una lista de los pasos que puedes tomar, clasificado de más conveniente (probar estos en primer lugar) a el menos conveniente (probar estos si los otros fallan).

1. Hacer la actualización de la tabla dinámica de alguna manera - haz clic en una máquina de cortar, añadir un campo diferente, filtrarla, etc.

2. Haz clic derecho en una celda de la tabla dinámica y seleccione Actualizar.

3. Agregar una columna calculada en la ventana de Power Pivot y luego eliminarla

4. Guarda y cierra el libro de trabajo, cerrar Excel por completo (¡todas las ventanas de Excel cerradas!), luego se vuelve a abrir el libro.

A4- Las Personas: La característica más poderosa de Power Pivot

Power Pivot es una muy buena pieza de tecnología. Ofrece una gran cantidad de potentes funciones nuevas. Pero la tecnología por sí misma no cambia el mundo - es lo que se hace con ella lo que importa. La revolución, en otras palabras, no es Power Pivot. La revolución es lo que *tú*, el "ejército" de Excel Pros, va a hacer con ella (y lo están haciendo ya).

En la misma línea, comencé el blog a finales de 2009. Sin los lectores, las preguntas y comentarios de la audiencia del blog, este libro nunca habría sucedido. Muchos de los nombres a continuación han estado conmigo durante mucho tiempo. Su apoyo, el entusiasmo y la adopción han sido una gran ayuda para mí en los últimos años. Se han validado, en repetidas ocasiones, mis creencias sobre el futuro de la función de los datos y de Excel en el mismo.

Así que aquí están algunas de las personas en la punta de la lanza:

Figura 389 Algunos de los más avanzados y comprometidos primeros usuarios de Power Pivot

247

Bio de Rob

Un ex líder de ingeniería en Microsoft, Rob Collie es un emprendedor, autor y consultor que cree que Excel está experimentando un renacimiento de energía e importancia – una tendencia que ofrece enormes oportunidades para millones en el mundo de los profesionales de Excel. La pasión de Rob es capacitar e inspirarte a tí - El "Profesional de Excel" - para aprovechar esas oportunidades. Cuando no está entrenando, brindado consultoría o escribiendo, Rob se encuentra en su laboratorio, en la elaboración de nuevas herramientas y técnicas para la comunidad de Excel. También opera el sitio web # 1 de Power Pivot, PowerPivotPro.com, y ocasionalmente duerme.

Bio de Miguel

Panameño – Un usuario de poder, "Power User", de Excel convertido a "sumo sacerdote" gracias a Power Pivot y este libro. Actualmente un entusiasta, consultor y experto en el mundo de la inteligencia de Negocios, Power Pivot y Excel; es una persona que ha decidido llevar las mejores y más rentables soluciones de Inteligencia de Negocio al alcance de las masas utilizando Excel, Power Pivot, Power View y SharePoint. Orgulloso miembro de la Revolución de Power Pivot.

CTRL+SHIFT+ENTER
Mastering Excel Array Formulas

A Book About Building Efficient Formulas, Advanced Formulas, and Array Formulas for Data Analysis and Calculating Problems.

Mike "ExcelIsFun" Girvin

Para mantenerse al día con Power Pivot,
Power BI e Inteligencia de Negocios de Microsoft,
visita el mejor blog en español sobre Power Pivot:
http://blog.poweredsolutions.co